吉光片羽

人工智能时代的出版转型

张新新 著

清华大学出版社

北京

内 容 简 介

本书共计六篇 19 章，主要包括：出版创新发展新理念、AR/VR 等高新技术应用、体制机制创新、人才队伍建设、高端智库、知识服务新标准体系、出版业转型升级政策等。

本书面向出版行业从业人员，可作为出版从业人员深入了解数字出版的参考读物，尤其对从事数字出版工作及出版社中高层领导了解出版转型有极大的帮助。

图书在版编目(CIP)数据

吉光片羽：人工智能时代的出版转型 / 张新新著. —北京：清华大学出版社，2019

ISBN 978-7-302-51403-9

Ⅰ. ①吉… Ⅱ. ①张… Ⅲ. ①电子出版物－出版工作－研究 Ⅳ. ①G237.6

中国版本图书馆 CIP 数据核字(2018)第 237481 号

责任编辑：刘　利
封面设计：傅瑞学
版式设计：方加青
责任校对：李建庄
责任印制：杨　艳

出版发行：清华大学出版社
　　　　网　　址：http://www.tup.com.cn，http://www.wqbook.com
　　　　地　　址：北京清华大学学研大厦 A 座　　　　　　　邮　　编：100084
　　　　社 总 机：010-62770175　　　　　　　　　　　　　邮　　购：010-62786544
　　　　投稿与读者服务：010-62776969，c-service@tup.tsinghua.edu.cn
　　　　质 量 反 馈：010-62772015，zhiliang@tup.tsinghua.edu.cn
印 装 者：北京嘉实印刷有限公司
经　　销：全国新华书店
开　　本：185mm×260mm　　　　**印　　张：**15.5　　　**字　　数：**337 千字
版　　次：2019 年 6 月第 1 版　　　**印　　次：**2019 年 6 月第 1 次印刷
定　　价：68.00 元

产品编号：079935-01

序　言

　　这个时代发展太快，给人瞬息万变、光怪陆离的感觉。于是多多少少就衍生出一些抱怨。诗人说：身体走得太快，灵魂没有跟上；社会学者说：经济发展太快，文化没有跟上；未来派说：技术变动太快，科学没有跟上……总之，跟上与没跟上是一个事实，所以政治家就把这种现象叫作"不平衡，不充分"，并且归结出供给侧与需求侧之间产生结构性矛盾，需要着力关注和解决。

　　诚者斯言。数字出版的概念出来之后，或者是梅洛庞蒂的数字化生存的预言指导我们之后，我们一直纠结的是灵魂跟不上、文化跟不上、科学理念跟不上。身体的步伐，经济的飞速，技术的日新月异，让我们目不暇接、眼花缭乱，甚至常常在多维度空间中找不到北。数字出版领域，我们也羡慕别人家（国际出版大亨）做得好，甚至他们不断把手伸进来侵城掠地，拿走我们的地盘和市场份额，可我们总是找不到一条十分适合自己的路，或者说找不到一条适合自己走得更快的路，缺少解决自身发展更多问题的办法。我们徘徊、茫然、质疑，也不断地躬身自问、解剖自己，期待从自知之明之中找到答案。但是我们很少思考灵魂上的事情、文化上的差异、理念上的问题。自信、自豪、自尊也好，自卑、自谦、自怜也好，两个对立的方向，好像并不是这个世界的全部，我们需要在这六"自"之后，寻找更为深刻的道理。

　　《吉光片羽：人工智能时代的出版转型》一书，似乎想帮助我们解决这些问题。它像一面镜子映照我们十几年来走过的路途，反馈几十年来我们的思考状态，检索和检点我们的步武为什么跟不上去的原因，林林总总的披露，入木三分的剖析，整体综合的集约归纳，虽然，最后的结论并不能完全征服我们，至少这种说服的行为弥足珍贵。

　　初看书名，我以为是一部引人入胜的性情之作，至少诗意的标题、引诱的光晕还是存在的。但阅读完全稿，才发现作者的严肃与深刻，让人看到荷戟独彷徨的清醒与冷峻。这种回顾与思考，与寻找丢失的灵魂，与唤醒被人冷落的文化，与根治科学理念缺乏的"弱钙症"，应当是十分有益的。

　　感谢作者能在如此苛刻的时间段，如此日理万机的繁忙之际，瑰集如此煌煌大作，说是吉光片羽，实在是太谦逊了，这里的全方位扫描，这里的全课题盘算，不信春风换不回的雄心大志昭然若揭，敢教日月换新天的伟大目标火红呈现。胜利属于这些敢想敢干的年轻一代，属于这些创新创造又审时度势、冷静思考、沉淀积累、净化心机的开拓者。人工智能时代，毕竟，人是第一可宝贵的。

马儿啊，你慢些走，灵魂呀，你快跟上！

隅人

2019 年 1 月 11 日

前言：转型背后的沉思

伴随着国家新闻出版署的成立，新闻出版转型升级进入深化阶段：在政策层面，对大数据、人工智能、增强现实、虚拟仿真等人工智能业态的支持力度将会加大；在发展趋势上，知识服务、智能出版、在线教育、全版权运营势必会成为未来转型的重要方向；在人才竞争层面，又有一批知识服务、人工智能、影视 IP 方面的专家、骨干和精英将如泉水一般涌现出来。深化转型升级，意味着要提质增效、要用业绩说话。多年来，全行业一直在呼吁"转型升级"，却鲜有人在为"提质增效"发声。

知识付费与"知识美容"

当许多人在为知识付费欢呼雀跃时，当许多人在为听书产品奔走呼号时，当碎片化阅读、"懒人"阅读成为一种时尚而被追随时，又有几个人在思考：这是知识焦虑症的外化。人们获取知识的过程、认知规律的过程，本该是一个不断迎接挑战的过程、是一个刻骨铭心的过程、是一个破茧成蝶的过程，所以，才有"头悬梁、锥刺股"，才有"韦编三绝""凿壁偷光"，才有"十年寒窗无人问，一朝成名天下知"。若干互联网平台在鼓吹让你半小时读完一本书的同时，其实就是给你喝了一碗知识的鸡汤。而那些以知识付费作为主要学习方法的人们，最后会发现，其实这只是一种"知识美容"。

思路、激情与冷静

在转型升级的过程中，思路、激情都很重要，但最重要的是冷静。一位长者曾经这样形容思路和激情的关系：有思路，才有开展各项工作的规划和指南；有激情，才有创业创新、做好本职的精神风貌；有思路没有激情，等同于想一万遍却一次也做不到；有激情没思路，容易进入蛮干的误区。冷静，即理性思考，在形成思路的基础上，不遗余力地去落实。在这个过程中，还要不断回溯，准确定位自己、定位企业，避免好大喜功、自以为是。

创新与守旧

在人工智能时代，作为社会人，要及时调整思路，用创新的思维方式、工作方式和生活方式来面对。数字产品需要创新、数字技术应用需要创新、市场开拓需要创新、生产要素需要创新、体制机制需要创新，没有创新，转型升级的初衷便无法实现，没有创新，提质增效的目标也无法达成。

AR 技术应用的 3D 模型建构、AR 编辑器研发与应用、输出展示系统这"三部曲"，是创新思考的产物；人工智能与新闻出版业发展研究，需要创新性的思维去突破；大数据的数据采集、数据存储、数据清洗、数据标引、知识计算、数据模型、数据服务，这"七步走"的原理，是创新实践的结果；文化产业高端智库的专家制度、旋转门机制、捐赠机制、报告机制、评估机制……无一不是理论创新的体现。创新，首先是理念的创新。一份智库报告可以售价数千元、数万元，甚至数十万元，而一旦转化为图书，则定价的核心在于纸张价格，知识的价值在哪里？智慧的价值又在哪里？

与创新相对应地，是守旧。上述各种创新的对立面，都会有一个声音：如果出错了怎么办？创新的风险谁去承担？与其冒着巨大风险，还不如按照老思路、老方法、老规矩去干事。新事物诞生之初，总是会受到旧有势力的阻碍。但是，其破土而出的萌芽之力，却总是抵挡不住的。因为这是自然界的规律，也是社会发展的规律所在。所以，为什么不能以广阔的胸襟，迎接新事物的到来呢？

专家与"砖家"

真正的专家，是以建设性的态度，站在建设者的立场，提出积极的建议；而真正的"砖家"，是以破坏性的态度，站在批判者的立场，提出消极的意见。专家，对企业、行业，乃至一个生态圈，都有重要的指导和引领作用；"砖家"，更多的是卖弄所谓的权威，以令人费解的话语体系去批驳，去吸金渔利。

一些"砖家"的做派是不可取的：以强烈的批判主义精神，把项目批倒，来赢得高度关注并下次应邀继续做专家；确实不具备专业性，就抓细节，挑错别字，美其名曰"工匠精神"；极力兜售和鼓吹自己的"当年勇"，来保持存在感和影响力，实则对当下业态发展无缚鸡之力。我们不否认专家的独立评判精神，也不否认专家的严谨细致作风，但是，专家的学术品格、职业尊严、引领示范是应固守的底线，不容逾越半步。

文化商人的"商"与"殇"

"2016 年我国数字出版产业总收入 5720.85 亿元，比 2015 年增长 29.9%。而传统书报刊的数字化总收入为 78.5 亿元，在数字出版总收入中所占比例为 1.37%，相较于 2015 年的 1.69%和 2014 年的 2.06%来说，继续处于下降阶段。"看到这样的数据，我们的数字出版"国家队"不知该做何感想？

有人说，出版人是"杂家"不是"专家"。笔者以为，出版人属于文化商人，文化是根、是魂，是要固守的堡垒；商业素养是术、是技，是要增强的本领。近年来转型升级在持续推进，而提质增效却乏善可陈，深层次原因在于大部分数字出版从业者的文化素质有余，而商业素养不足，难以摆脱传统出版商业模式的束缚，诸多从业者，口头上是数字出版人，骨子里却仍然坚持"出书""卖书"的思维模式。商业素养不足的体现是：财政项目成果转化能力太差，许多项目一旦验收，便束之高阁，很难听到其后续营利状况；数字产品研发不少，赚钱盈利的不多，甚至净收入为零；数字产品的运营体系、销售渠道尚付之阙如，更何谈规模化盈利、产业化发展？

小打小闹抑或大开大合？

近读《大秦帝国》，浅摘心得如下，或有不周，望多包涵：秦军作战，统筹，有上将军、国尉；兵种，有步兵、车兵、骑兵、水兵，建制齐全；分工有主力、有偏师，偏师示形，主力攻坚；危急时刻，有轻兵、有铁鹰锐士，甚至还有黑冰台。正是建制齐全、保障得力、战略得当，并以死不旋踵的精神去武装秦军，才使得"秦锐士"能够与"齐技击""魏武卒""赵边骑"并称为战国四大强军，且居首位。由此及彼，联想到我们身处一个变革的时代、转型的时代，出版转型、人工智能转型、高速到高质量的转型，最终结果无非有二：要么，优雅转型；要么，遍体鳞伤。

就出版转型而言，小打小闹的转型，遍地可寻。一个区区数人的部门、中心、内设机构，是完成不了出版业转型升级的重任的。唯有公司制，唯有以创业创新的企业文化，唯有以经营企业的格局去实施，以自负盈亏、市场拼杀、只争朝夕的精神去组建完整的战略、内容、技术、销售、管理、财务的人才队伍，方可胜任转型升级的大使命。

大开大合的转型，则是在顶层设计上大胆创新、细心求证、确立方向、矢志不渝；在经营管理上，以业绩为导向，重实干、重实绩，众志成城；在产品研发上，精雕细琢、研究用户、服务用户、匠心独运；在技术创新上，前瞻布局、勤学快用、格物致知、知行合一；在队伍建设上，带兵要狠、爱兵要深、严格管理、善于激励。一言以蔽之，唯有以经营企业、发展事业的心态和格局来推进转型升级，才能真正实现转型升级，真正迎来提质增效。

人工智能时代，出版转型的吉光片羽……

人工智能时代的到来，加速了出版转型的步伐。经过激烈的市场竞争后，大浪淘沙，披沙拣金，真正能够存活并发展的数字出版企业将是凤毛麟角……

自入职地质出版社以来，三年时光，如白驹过隙。回想从业经历，先后亲历了新闻出版业转型升级的"技改""特色资源库""行业级运营平台"这最让行业铭记的"三步走"辉煌年代。继而迎来大数据元年、知识服务、ISLI 国际标准、人工智能、千人计划、区块链……新技术、新业态、新模式层出不穷，顿感应接不暇，须为学日进、三省吾身，方可不落于侪辈，不后于时代。

三年以来，团队一道，勠力同心，砥砺前行。从部门到分社，从分社到公司，从公司到中地数媒、瑞尔智讯两家国家级高新技术企业，诸多往事，历历在目：我们获批了"智慧型知识服务"科技与标准国家级重点实验室；我们获批了两项国家标准、两项行业标准，研制了数十项企业标准；我们高举高打，联合知识产权出版社，成立了首家数字出版高端智库——融智库，并以星火之势发展；我们建立了相对完整的内容建设、技术开发、项目实施、市场运营、人才培训的产业链，并将继续完善；我们布局了知识服务、大数据平台、增强现实、虚拟仿真、智能阅读机器人等 AI 时代的业务体系，并将深入推进；我们设立了数字出版、融合发展、科技创新、标准示范四个产学研基地，并将持续合作；我们坚持筚路蓝缕、以启山林，实现了由过渡阶段支持到自负盈亏、自我造血的转型，并继续致力于规模化、产业化的发展。

三年以来，感恩大地出版传媒集团以顾晓华社长为"班长"的领导集体的指导、提携、爱护和支持，方可做成今日格局；感谢从三人到四十人团队的昼夜拼搏、奋进、奉献和相互包容，方能做出些许业绩；感激中宣部、财政部、新闻出版主管部门各级领导的指点、关心和支持，方有今日之小我。

繁华落尽，洗尽铅华。人工智能时代的出版转型，是胆略的考量，是实力强弱的较量；是产品的竞争，是模式高下的评判；是人才的比拼，是格局大小的对比。秋风落叶，沙场点兵。遍观行业，在格局、战略、模式、实力方面还有一批标杆企业和标杆产品，或许，它们是智能时代出版转型的星火、提质增效之原野。

愿十年后，身处智能时代，蓦然回首，反思转型，可寻得吉光片羽。

未来已来，将至已至。

你，准备好了吗？

张新新

2018 年 5 月 31 日

于学院路 31 号

目　录

第一篇　创新发展新理念

第二篇　应用高新技术

第三篇　革新体制机制

第四篇　培养新锐人才

第五篇　谱写业态新篇

第六篇　出版转型简史

创新发展新理念

理念、制度、实践，理念排在第一位。如果对出版转型没有全面而深刻地认识，如果对转型升级的构成要素、实践部署没有充分地理解，那么，在转型理念层面便处于缺位状态。至于转型升级的最终目标—成为知识服务提供商，对传统出版机构将会是梦幻泡影。

——优化顶层设计，重视战略规划。

——创新驱动发展，项目引领发展。

——深化转型升级，持续提质增效。

——充分发挥市场机制的决定性作用，自觉运用好政府调控的引导性作用。

——坚持以人为本，构建健康向上的企业文化。

第一章 "十二五"时期数字出版成果回顾

"十二五"时期，数字出版取得了重大进展。这种进展体现在几个方面：首先，在发展理念层面，上至政府主管部门，下至一线企业，对数字出版的重视程度提高到前所未有的高度。第二，在资金扶持方面，财政部以每年800多个项目，年度金额50亿元左右的力度扶持文化产业发展，以每年10亿元左右的国资预算资金扶持中央文化企业发展，扶持力度之大金额之多，惠及全国新闻出版业范围之广，是以往所没有的。第三，在产业政策层面，先后遴选并公布了第一批、第二批数字出版示范单位，新闻出版业转型升级确立了"基础软硬件、特色资源库、行业运营平台"三步走的基本路径。第四，在科技与出版融合层面，大数据、增强现实、虚拟仿真、3D打印等前瞻性技术与出版业结合的步伐不断加快，新闻出版企业逐步掌握了技术应用于新闻出版的原理，并在项目策划、产品研发等方面实现了局部突破。最后，在人才培养方面，全行业涌现出一大批年轻有为的数字出版从业者。同时，北京市率先在全国推行数字编辑职称，为数字出版人才培养的规范化、职业化奠定了制度基础，提供了较好的示范作用和价值。

第一节 多项政策助力转型升级

在党中央和国务院政策层面，先后出台了多项重大举措，助力新闻出版业转型升级，推进数字出版产业提质增效。

2009年7月，国务院发布《文化产业振兴规划》。其中指出："出版业要推动产业结构调整和升级，要加快从主要依赖传统纸介质出版物向多种介质形态出版物的数字出版产业转型。要大幅增加中央财政文化产业发展专项资金的资金规模，加大对文化产业发展的支持力度。"

2011年11月，中共中央《关于深化文化体制改革推动社会主义文化大发展大繁荣若干重大问题的决定》强调：要构建现代文化产业体系。加快发展文化创意、数字出版、移动多媒体、动漫游戏等新兴文化产业。

2014年8月，习近平总书记在中央全面深化改革领导小组第四次会议上明确要求：坚持传统媒体和新兴媒体优势互补、一体发展，坚持先进技术为支撑、内容建设为根本，推动传统媒体和新兴媒体在内容、渠道、平台、经营、管理等方面的深度融合。

上述党中央、国务院发布的文件，其中对于新闻出版转型升级、支持媒体融合的要求，整体上构成了新闻出版业转型升级大的时代背景和重要机遇，也对新闻出版从业者抓住机遇、迎接挑战、适应"互联网+"时代的发展，提出了更高的职业能力和专业素养要求。

在政府主管部门联动机制构建层面，新闻出版业转型升级的过程中，中宣部、财政部、原国家新闻出版广电总局密切配合,实施部门联动机制,扎实而有效地开展了一系列工作。

2011 年 4 月 20 日,原国家新闻出版总署印发了《新闻出版业"十二五"时期发展规划》,明确指出:"——新闻出版业转型升级进入加速期。随着新闻出版企业自主创新能力和高科技应用水平不断提高,产品形态不断创新,产业融合不断深化,数字出版、数字印刷、数字发行等新业态将进一步加快发展,必将推动新闻出版业转型及技术升级步伐进一步加快。"并提出了"新闻出版科技创新工程",具体包括:"中华字库工程、国家知识资源数据库工程(一期)、国家数字复合出版工程、数字版权保护技术研发工程、电子书包研发工程、国家数字出版服务管理平台建设项目"等六大工程。

2011 年 11 月,原国家新闻出版总署在安徽召开首次全国数字出版工作会议。会议明确了数字出版产业发展的规划和任务,提出了下一步的工作目标和措施。

2013 年 6 月,原国家新闻出版广电总局发布第一批全国数字出版转型示范单位名单。通过遴选,一批在数字出版业务领域起步较早、思路清晰、成效明显的传统出版单位,纷纷成为示范典型,相互交流借鉴和推广实践经验,探索开辟传统出版业升级转型之路。

2013 年 7 月,经广泛调研和深入论证,原国家新闻出版广电总局、财政部对新闻出版业数字化转型升级工作进行了总体部署,确定了以"项目带动、示范引领、央企先行、地方跟进"为原则的实施方案。

2013 年 8 月,中宣部、财政部、原国家新闻出版广电总局联合发起中央文化企业数字化转型升级项目。计划用两年左右的时间,通过国有资本经营预算支持中央文化企业开展数字化转型升级工作。新闻出版业数字化转型升级工作重点支持数字化转型升级的标准研制、技术装备配置(含软硬件改造和升级)、资源数字化加工。总局组织了行业技术需求汇总与技术企业遴选,财政部通过国有资本金预算渠道给予财政支持。

2014 年 4 月,原国家新闻出版广电总局和财政部联合发文推进新闻出版业数字化转型升级。

《关于推动新闻出版业数字化转型升级的指导意见》指出:支持一批新闻出版企业、实施一批转型升级项目,支持企业应用数字化标准、提升数字化技术装备、建设数字化人才队伍以及探索转型升级模式创新。

2015 年 4 月,原国家新闻出版广电总局和财政部联合发文部署推动出版融合发展工作。

《关于推动传统出版和新兴出版融合发展的指导意见》指出,要加大中央文化产业发展专项资金支持力度,更好地与新闻出版改革发展项目库等进行衔接,探索将传统出版和新兴出版融合发展纳入重大项目支持范围,突出重点、分步实施、逐年推进。

2016 年 6 月,原国家新闻出版广电总局公布了《新闻出版业数字出版"十三五"时期发展规划》,指出:"数字出版在"十二五"时期迅猛发展,已经成为新闻出版业的第二大产业,对于新闻出版业实现结构调整和提质增效、加快转型升级和促进融合发展起到了重要的促进作用,其作为战略性新兴产业和出版业发展主要方向的重要地位日益凸显",并且提出了数字出版的八项重点任务:"全面完成传统新闻出版业数字化转型升级;初步实现传统媒体与新兴媒体融合发展;大力提升数字出版产品质量;基本建成数字出版公共文化服务体系；努力拓展数字出版服务领域；积极探索新兴管理体制机制；继续推动数字出版"走出去"；加强数字出版人才队伍建设。"

《新闻出版业"十三五"时期科技发展规划》确立了四项主要任务：①完善行业科技工作政策；②健全行业科技管理与服务机构；③加强行业共性关键技术研发与应用；④深入推进行业标准化建设。

形成了四个领域的重点项目：①推进新闻出版电子政务建设；②提升新闻出版公共服务水平；③支撑行业发展共性需求；④促进产业科技创新与应用。

同时，规定了五个方面的保障措施：①转变政府职能，提高科技管理水平；②加大政府投入，加强政策扶持力度；③加快智库建设，提供智力支持保障；④建立创新联盟，推动产业协同合作；⑤继续树立典型，推进技术创新应用。

2016 年 11 月，原国家新闻出版广电总局在江西召开第二次全国数字出版转型示范现场会。会议提出，我国新闻出版业要顺应新时代的要求，主动承担起伟大而光荣的历史使命。原国家新闻出版广电总局将联合中宣部、财政部进一步加强政策引导，加大资金和项目扶持力度，推动全行业不断深化转型升级，实现融合发展。

2017 年 5 月，原国家新闻出版广电总局公布了《关于深化新闻出版业数字化转型升级工作的通知》，提出相关工作的主要目标是推动新闻出版企业加快完成数字化转型升级，初步建成支撑新闻出版业数字化转型升级的行业服务体系。

2017 年 8 月，原国家新闻出版广电总局印发了《关于开展数字化转型升级动态评估工作的通知》。动态评估的目标在于：进一步深化传统新闻出版业数字化转型升级，跟踪了解转型示范单位最新进展，总结示范引领成果和数字化转型升级成功模式，加速新闻出版业融合发展步伐"。2018 年下半年，经过评估以后的各类型数字出版转型示范单位继续在新时代，以新的精神风貌、新的发展理念、新的体制机制，走在示范单位的行列。同时，也有部分单位因主客观原因，没能继续承担转型示范的重任。

2017 年 8 月底，原国家新闻出版广电总局印发了《关于开展"数字出版千人培养计划"试点培训工作的通知》。通知指出，"新闻出版业转型升级急需一批具有战略眼光、面向新闻出版业未来发展的高端复合型人才和专门人才。'数字出版千人培养计划'是着眼于未来的基础性工程和战略性工程，事关新闻出版事业产业发展全局。实施这一重大工程，既是提升目前新闻出版从业人员综合素质的有力举措，也是深化新闻出版业数字化转型升级工作的重要内容，更是确保新闻出版业在数字化时代继续保持平稳快速发展，巩固意识形态和宣传文化阵地的必然选择。"

2017 年 9 月，原国家新闻出版广电总局印发了《新闻出版广播影视"十三五"发展规划》（公开版），在"三、发展目标和主要任务：（一）发展目标"中指出："——'智慧广电'战略和新闻出版数字化转型升级行动全面推进。……推进传统新闻出版业在人员、理念、模式、市场和服务等更高层面全面加快数字化转型升级步伐。绿色印刷、数字印刷、按需印刷发展加快，智慧印厂建设加速，发行流通的信息化、智能化、标准化、集约化水平全面提升。"

在"（二）主要任务"中，列出了"专栏 3　传统出版与新兴出版融合发展项目"。其中列出了六大工程，涵盖了新闻出版转型升级的内容、技术、平台、评价等各个方面。

专栏 3	传统出版与新兴出版融合发展项目

01　新闻出版业关键技术研发与应用工程

研发应用虚拟现实（VR）、增强现实（AR）等丰富内容呈现方式的关键技术；研发应用人工智能技术，包括基于深度学习、类脑智能的机器写作、机器翻译、机器智能选题策划、智能内容分发的关键技术；研发应用知识组织、知识管理及知识服务的关键技术；研发应用数字印刷、按需印刷装备制造和材料等关键技术；研发应用提升产品供应链效率的关键技术；研发应用提高数字版权管理与保护能力的关键技术；研发应用印刷电子、纳米印刷等关键技术；研发应用"机器人+出版"的关键技术，包括印刷、发行物流、数据加工、数字教育、数字娱乐等领域的关键技术；创新互联网技术应用。

02　国家数字出版创新促进工程

建立数字出版技术研发中心，建设国家数字出版技术服务平台，充分利用国家数字复合出版工程、数字版权保护技术研发工程、中华字库工程等新闻出版重大科技工程项目成果，推进技术应用；加快《国际标准关联标识符（ISLI）》、电子书标准等数字出版领域标准的应用推广。

03　国家知识资源数据库工程

建立国家知识资源服务中心，研发关键技术，研制相关标准、规范，建设国家知识服务平台及其数据、营运、技术支撑中心；支持新闻出版企业建设专业领域的知识资源数据库、服务平台；创新信息内容服务模式，提供知识服务解决方案。

04　国家出版发行大数据工程

汇聚新闻出版行政管理机构及新闻出版单位的基础业务数据，建设行业信息数据库，建设出版产品信息交换平台和新闻出版大数据综合服务平台，实现行业基础数据的开放与共享，支持新闻出版企业开展大数据应用。

05　数字出版产业化应用服务示范工程

在教育出版领域，支持出版单位开发数字教育内容资源产品、课程体系和服务平台，推出一批服务于教育领域的整体解决方案；在专业出版领域，支持出版单位整合同类资源，开发专业内容知识资源产品和垂直服务平台；在大众出版领域，支持出版单位创新产业化推广模式；在全民阅读及信息服务等领域，开展数字出版模式创新。

06　出版融合发展示范引导工程

支持传统新闻出版单位与新媒体企业、渠道运营企业、技术企业开展合作。设立出版融合发展课题研究专项资金和出版融合发展项目引导资金。到 2020 年，鼓励支持 100 家出版融合发展示范单位，建立一批国家级出版融合发展研究重点实验室。

2018年6月，国家新闻出版署1号文，公布了12家优秀科技与标准重点实验室，并给予了相应的课题支持。为进一步探索新闻出版业深化转型升级、推进提质增效，打了一剂强心针，吃了一颗定心丸。

第二节 转型升级行业整体进度[①]

新闻出版企业数字化转型升级项目经过近五年的推进，为全行业的新闻出版企业提供了基础硬件配置和升级服务，配备了从数字化加工到数字运营平台的全流程软件系统。同时，采取自主加工、外包加工等方式，将全行业的资源数字化比例提升到55%。

一、全国数字出版转型示范单位

2013年以来，原国家新闻出版广电总局（以下简称总局）聚焦转型升级工作的全景分析。以综合评估指标为抓手，先后公布了第一批、第二批全国数字出版转型升示范单位，同时建立起了省级转型升级示范单位制度。自项目启动以来，全国共计产生了170家国家级数字出版转型示范单位。

2013年7月，总局公布了首批70家数字出版转型示范单位。其中出版集团5家、图书出版社20家、报业集团5家、报社20家和期刊社20家，占全部申报单位的16.3%全国出版单位的0.56%。

2015年2月，推动传统出版单位数字出版转型升级工作向更大范围更高层次发展，在2014年开展省一级转型示范评估的基础上，2015年2月总局如期启动"第二批"转型示范评估工作。经过单位申报、资格审查、数据采集转换、专家评估、主管部门审核等流程，在遵循评估标准同时适当兼顾区域性差异基础上，确定了100家"第二批"转型示范单位名单：包括报业集团10家、出版集团5家、报纸单位30家、期刊单位29家、图书单位（含音像电子）26家，占全国出版单位的0.8%，详见图1-1和图1-2。

图1-1 新闻出版业数字出版转型示范单位遴选大事记

---

① 本章所涉及的数据，来自于原国家新闻出版广电总局数字出版司第十三届深圳文博会转型升级成果展，笔者参与了部分成果起草工作，相关数据有所更新。

首批70家数字出版示范单位分布   "第二批"数字出版转型示范单位数量

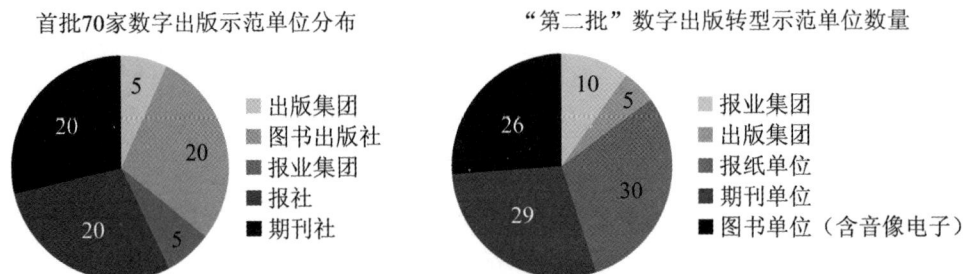

图 1-2　新闻出版业数字出版转型示范单位分布图

2017 年 8 月，新闻出版业转型升级动态评估工作启动。这意味着各新闻出版机构的内容、技术、产品、销售、人才、体制、机制等方面的转型升级工作将步入深水区；意味着目标导向、动态考核的机制将作为指挥棒，指引着"示范单位""准示范单位"的新闻出版企业继续沿着出版转型、业务升级、媒体融合的方向前进。

二、转型升级专项试点示范单位

近几年，原国家新闻出版广电总局牢牢抓住转型升级工作的关键环节，以国家标准和重点行业标准为抓手，分类开展了内容关联、知识服务与数据交换三种新模式的试点示范工作，建立了各类试点示范单位 200 多家。

——MPR 应用示范单位 22 家。

——ISLI 标准注册试点：截至 2017 年 11 月，广东省已经完成 45 家网络出版服务单位、77 家报纸、200 余家期刊单位的注册工作。广东省确立了 20 家新闻出版单位作为第一批 ISLI 标准应用示范单位。①

——CNONIX 应用示范单位第一批 22 家、第二批 29 家。

——知识服务试点单位第一批 28 家、第二批 27 家、第三批 55 家。

目前，各示范单位可复制可推广的经验已快速形成，示范效果迅速显现，实现了对转型升级工作的突破、带动和示范的目标，为下一步进入全行业范围内的实施与推广提供了参照与标杆。

三、全行业基础软硬件改造升级

技术装备的升级改造是数字化转型升级的基础。调查统计数据显示，190 个转型升级项目中，项目内容包含配置硬件的有 73 个项目，共采购 2.68 万台设备；包含配置基础软件的有 115 个项目，共配置了 289 套基础软件，共投入 14 395 万元，详见表 1-1 和表 1-2。

---

① 王坤宁，李婧璇. 广东确定首批 ISLI 标准应用示范单位[N]，中国新闻出版广电报，2017 年 11 月 14 日.

表 1-1 基础硬件配置情况

硬 件 名 称	数量/台
服务器	1045
网络设备	1038
储存设备	688
台式机和笔记本	5087
打印机	426
其他	18 484
合计:	26 768

表 1-2 基础软件配置情况

软 件 类 型	软件数量/套	软件平均价格/万元·套$^{-1}$	软件总价/万元
数字化加工类软件	82	26	2132
复合出版物生产和投送类软件	34	42	1428
关联标识符编码嵌入类软件	28	15	420
产品发布类软件	84	36	3024
编辑加工类软件	73	47	3431
内容资源管理类软件	88	45	3960
合计	389	211	14 395

注：本次调查是原国家新闻出版广电总局数字出版司对全行业转型升级情况的一次深入调查，数据截止日期为 2017 年上半年。统计基础软件总平均价高于央企基础软件总平均价（181 万元），央企采取的有组织的集中采购效果较为明显。

四、全行业数字资源建设

截至 2017 年上半年，新闻出版企业在推进数字化转型升级项目过程中，已开展资源数字化加工的有 99 家单位，已经完成的存量资源数字加工总量为 548 万本（册），增量资源的数字化加工总量为 270 万本（册），资源数字化比例达到了 55%。从加工方式看，39 家以自加工为主，37 家以外包为主，55 家采用自加工与外包相结合，如表 1-3 所示。

表 1-3 资源加工方式

加 工 方 式	单位数/家
自加工	39
外包	37
自加工+外包	55
合计:	131

截至 2017 年上半年，有 98 家企业通过 119 个项目共建立各类资源库 371 个。其中内容资源库 197 个、数字产品库 142 个、其他数据库 32 个，如图 1-3 所示。

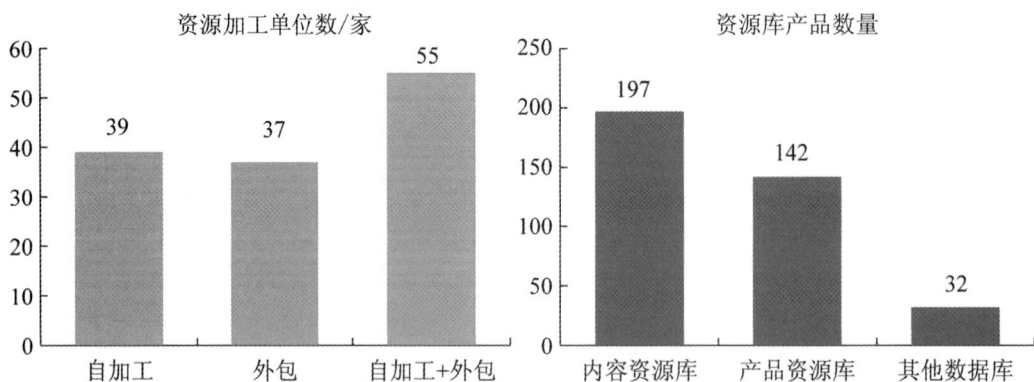

图 1-3　全行业数字资源建设情况统计

第三节　财政资金扶持力度加大

十二五期间，累计下达中央文化企业国资预算资金 37.91 亿元，支持项目 282 个；安排文化产业发展专项资金 202 亿元，支持项目 3533 个[①]，其中支持新闻出版行业 87.17 亿元，占资金总量的 43.15%；项目 1268 个，占项目总数的 35.89%。具体到出版传媒集团，支持金额 24.47 亿元，占新闻出版行业总金额的 28.07%；项目 224 个，占新闻出版行业项目的 17.67%。除了专项资金，中央文化企业国有资本经营预算共安排资金 37.91 亿元，其中支持新闻出版行业 25.97 亿元，占资金总量的 68.5%。可以看出，无论是项目数量还是支持金额，新闻出版行业在总盘子里都是最多的。[②]

详细分析可得知，2013 年以来，财政部文资办共投入 20.39 亿元，扶持出版发行企业实施新闻出版业数字化转型升级项目 301 个。2013 年，国有资本金预算投入 1.6778 亿元，支持 53 家出版企进行生产流程再造，带动 37 家技术公司参与项目实施。2014 年国有资本金预算投入 3.3448 亿元，支持 48 家出版企业开展数字资源库建设。2014 年，文化产业发展专项资金投入 6.274 亿元，支持 77 家出版企业开展转型升级工作。2015 年，文化产业发展专项资金再次支持 98 家出版企业开展转型升级工作，国有资本金预算投入支持行业级数字内容运营平台建设，共投入 9.1 亿元，如图 1-4 所示。

---

① 胡兆燕. 2017. 财政部明确文化产业发展专项资金改革思路[EB/OL]. http://www.mof.gov.cn/zhengwuxinxi/caizhengxinwen/201605/t20160531_2067222.htm.

② 王家新. 在出版传媒集团主要负责人座谈会上的发言[EB/OL]. http://whs.mof.gov.cn/pdlb/ldjh/201601/t20160108_1646066.html.

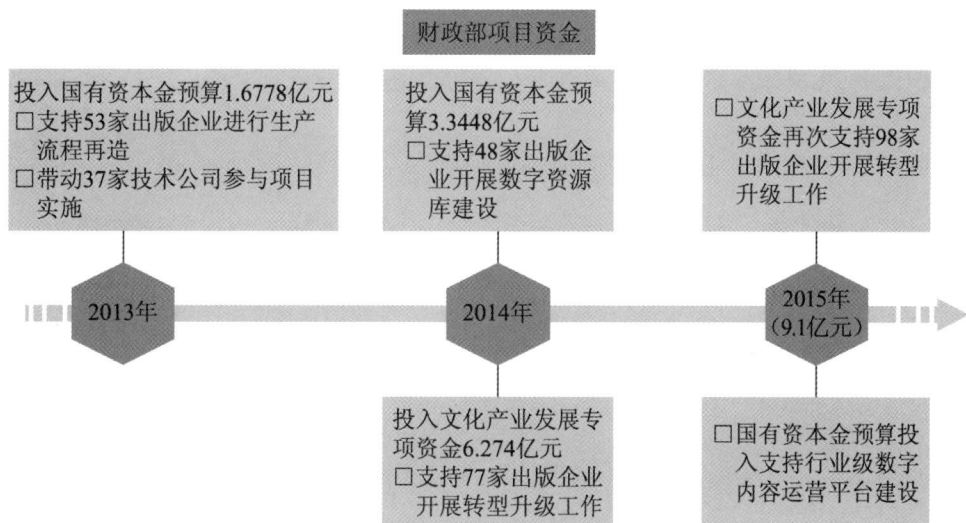

图 1-4　新闻出版转型升级财政支持及自筹资金

保守数据显示，190 个转型升级项目共获得财政资金支持 12.81 亿元，占 2013—2015 年转型升级项目财政资金总投入的 62.8%。其中国有资本金预算 3.37 亿元，文化产业发展专项资金 9.44 亿元，同时，190 个转型升级项目共投入自筹资金 28.64 亿元、地方配套资金 1.7 亿元，合计总投入 43.15 亿元，如表 1-4 所示。

表 1-4　财政资金投入情况

项　　目	经费/亿元	比　　例
国有资本金	3.37	26%
文化产业发展专项资金	9.44	74%
合计：	12.81	100%

财政资金与自筹资金、地方配套资金的比例为 1∶2.37，杠杆作用较为显著，有效提升了企业开展数字化转型工作的动力，增强了企业发展后劲。

第四节　标准先行、技术保障与重点实验室

"十二五"期间，数字出版标准化工作取得了卓越进展。国际标准、国家标准、行业标准、项目标准均展示出了较强的发展潜力和空间，同时，大数据、3D 打印等各项新技术、新理念广泛被采纳，新闻出版业重点实验室也由筹划步入到实际操作阶段。

一、标准化工作

标准是规范数字化转型升级工作的关键。总局根据转型升级工作的思路和目标，提出了重点推进的四大标准体系，即央企数字化转型升级系列标准、MPR 国家标准应用示范产

业项目系列标准、CNONIX 国家标准应用示范项目系列标准和知识服务试点项目系列标准。目前已完成 67 项标准的制定，具体情况如图 1-5 和表 1-5 所示。调动参与标准制定企业 106 家，占比 47.8%。

新闻出版转型升级标准化工作

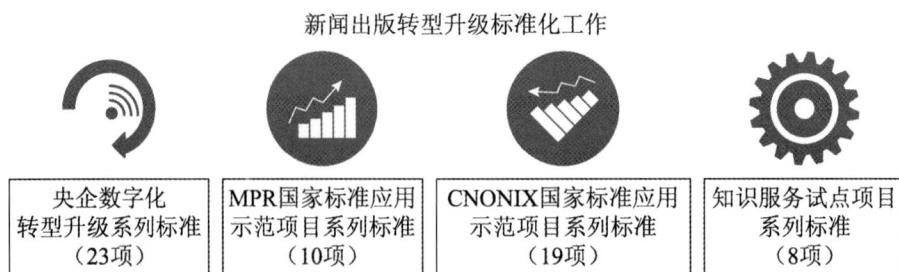

| 央企数字化
转型升级系列标准
（23项） | MPR国家标准应用
示范项目系列标准
（10项） | CNONIX国家标准应用
示范项目系列标准
（19项） | 知识服务试点项目
系列标准
（8项） |

图 1-5　新闻出版转型升级标准化工作

表 1-5　标准编制情况

名　　称	数量/项	参与单位/家
央企数字化转型升级系列标准	23	20
MPR 国家标准应用应用示范项目系列标准	10	7
CNONIX 国家标准应用示范项目系列标准	19	10
知识服务试点项目系列标准	8	31
知识服务国家标准	7	38
合计：	67	106

调查统计数据显示，截至 2017 年 5 月，37 家单位建立了企业级的数字出版转型升级标准，共计 216 项。企业标准的建立不仅极大丰富和完善了转型升级的标准体系建设，而且促进了转型升级项目实施，保障了实施效果。

2016 年，数字出版的标准化工作取得了重要进展，标志性事件有：8 月，国家质量监督检验检疫总局和国家标准化管理委员会批准发布实施了《中国标准关联标识符（ISLI）》国家标准；11 月召开的全国新闻出版标准化技术委员会年会公布了八家专业数字内容资源知识服务模式企业标准示范单位和五家新闻出版标准示范基地；同时，2016 年年底前国家复合出版重大工程的 38 项工程标准均已完成验收。其中，知识服务系列标准已经正式通过国家标准委审核，正处于国家标准的研制进程中，这意味着转型升级领域的标准化工作又将提升到一个新的高度。

五家新闻出版标准示范基地的知识服务色彩鲜明，分别是由化学工业出版社承担的专业领域知识服务标准化示范基地，由地质出版社承担的国土资源行业知识服务标准研制与应用示范基地，由中国铁道出版社承担的轨道交通专业新闻出版标准研制及应用示范基地，由深圳市天朗时代科技有限公司承担的 ISLI 标准产业基地，由航天数字传媒有限公司承担的数字内容卫星发行标准化应用示范基地。由此可见，标准带动、标准先行，标准工作与深度转型升级有着密不可分的关联。

2018 年 6 月 21 日，知识服务国家标准启动会在京召开。由大地出版传媒集团、人民交通出版社等单位牵头的七项国家标准正式步入研制环节。这也是自 2015 年启动知识服务团体标准及试点工作以来，在国家层面，对新闻出版转型升级尤其是知识服务进展的认可与肯定。

二、融合发展实验室、科技与标准实验室两翼齐飞

2016 年是新闻出版业重点实验室的"元年"，原新闻出版广电总局先后遴选并公布了20 家融合发展重点实验室和 42 家科技与标准重点实验室，如图 1-6 所示。2018 年 6 月 1日，国家新闻出版署 1 号文，公布了 12 家优秀科技与标准重点实验室，并在课题研发方面给予相应的支持。

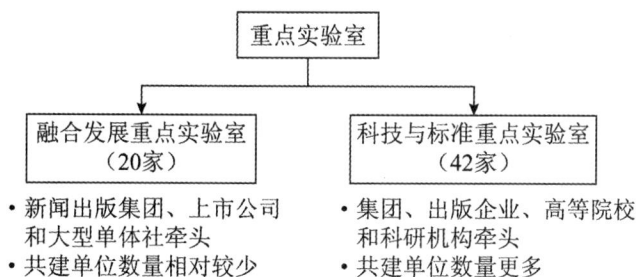

图 1-6　融合发展重点实验室、科技与标准重点实验室

融合发展重点实验室、科技与标准重点实验室，两者之间既有共同点，也有差异性。共同点在于都是致力于新闻出版业深度转型升级，都是致力于传统出版业态和新兴技术、新兴传播规律的融合，都是致力于提高新闻出版生态圈的科研能力和行业话语权。其差异性在于：在牵头单位方面，出版融合重点实验室主要由新闻出版集团、上市公司和大型单体社构成，共建单位数量相对较少；科技与标准重点实验室的牵头单位呈现出多样化、全方位的特点，包括集团、出版企业、高等院校和科研机构等，共建单位的构成数量更多。在研究领域和方向层面，融合发展重点实验室专注于传统出版和新兴出版融合发展，紧密围绕融合发展的指导意见展开，与融合发展示范单位、示范基地呈现出一脉相承的特点；科技与标准重点实验室专注于关键技术应用和标准研制落地，与数字出版的 ISLI、MPR、知识服务、大数据应用、版权保护、标准化工作等核心范畴紧密衔接，围绕全面深化转型升级的指导意见开展。

三、技术供应商遴选，助力行业发展

在总局 2015 年推出 28 家专业数字内容资源知识服务模式试点单位、32 家专业数字内容资源知识服务模式试点工作技术支持单位的基础上，2016 年继续推出 67 家数字化转型

升级软件技术服务商，面向全行业、全国范围提供转型升级技术支持和知识服务。

技术创新是数字化转型升级工作的重要驱动。随着转型升级工作的不断深入，在总局的指导下，逐步带动了一批高新技术企业参与到转型升级工作中。通过政府采购、征集推荐行业技术服务商的方式，加强引导和培育，加快出版与科技相融合，全方位提升了行业技术应用水平。调查统计数据显示，原新闻出版广电总局共推荐了 191 家技术服务商，如表 1-6 所示。

表 1-6 技术服务商情况

企 业 类 型	方 式	数量/家
央企数字化转型升级技术服务商	政府采购	21
央企资源加工服务商	征集推荐	8
央企系统集成服务商	征集推荐	8
CNONIX 国家标准应用技术服务商	征集推荐	7
知识服务技术服务商	征集推荐	20
全行业数字化转型升级软件技术服务商	征集推荐	67
专业数字内容资源知识服务模式试点单位	征集	28
专业数字内容资源知识服务模式试点工作技术支持单位	征集	32

第五节　项目管理制度和培训

为做好顶层设计与战略布局，切实发挥财政项目的撬动作用，在推进数字化转型升级项目期间，中宣部、财政部和原新闻出版广电总局先后召开各种形式座谈会、研讨会、方案论证会、项目管理会等 30 多次。

2015 年 3 月，原新闻出版广电总局数字出版司在 2015 年度数字出版工作会期间专门发布了《关于加强新闻出版业数字化转型升级项目管理工作的通知》（新广出函〔2015〕104号），明确提出"分级管理、分工负责和阶段管理"，要求各级管理机构加强项目管理工作。

2016 年 9 月，原国家新闻出版广电总局数字出版司在充分调研、认真论证的基础上，发布了《新闻出版单位数字化转型升级制度保障体系建设规范》。调查统计数据显示，90%以上的新闻出版企业都建立、沿用了项目管理制度及配套措施，形成了由完善的转型升级战略规划、运营管理、出版管理、人才培养、版权保护、资本运营、风险防控、监督激励等共计 25 大类数百个制度所构成的制度体系，如表 1-7 所示。

表 1-7 新闻出版单位数字化转型升级制度保障体系

序 号	制 度 类 型	制 度 名 称
1	战略规划	《数字出版转型升级规划》
2		《融合发展战略规划》

序　号	制 度 类 型	制 度 名 称
3	运营管理	《新闻出版单位数字出版社会效益指标考核评价办法》
4		《数字出版中心（公司）职能定位及运营管理办法》
5		《数字出版重大项目立项制度》
6		《数字出版重大项目招投标制度》
7		《数字出版业务综合绩效动态评价办法》
8	出版管理	《数字出版及新媒体内容审查制度》
9		《数字出版审稿流程实施办法》
10		《数字出版技术标准》
11		《数字出版流程标准》
12		《数字内容资源管理制度》
13	人才培养	《高端创新人才选拔聘用制度》
14		《数字出版编辑职称评定聘用管理办法》
15		《数字出版从业人员的评优奖励办法》
16		《数字出版人才联合培养计划》
17		《数字出版领军人才交流学习计划》
18	版权保护	《数字出版业务版权保护制度》
19		《数字出版业务版权信息登记管理办法》
20		《数字出版版权贸易流程管理规定》
21	资本运营	《重大数据、技术资产处置决策制度》
22		《数字出版专项资金管理办法》
23		《创新业务投资管理办法》
24	风险防控	《数字出版业务风险防控制度》
25	监督激励	《数字出版业务绩效考核管理办法》

第六节　数字出版产业化成果

十二五期间，按照原国家新闻出版广电总局、财政部的整体规划和协同推进，新闻出版企业数字化转型升级工作分为"两阶段、三层次"。两阶段：中央文化企业先行先试、全行业转型升级稳步推进；三层次：基础软硬件改造、特色资源库建设、行业级运营平台研发。"设备、资源、平台"三位一体，压茬推进，同时带动新闻出版企业在产品研发、技术革新、人才建设、效益转型等多方面的优化升级。

新闻出版业数字化转型升级工作带动了一批新闻出版企业的转型，提升了一批技术企业的能力，锻造了一批数字出版骨干人才和领军人才，研发了一批特色鲜明、专业聚集的数字产品集群，搭建了一批形态各异、服务精准的数字运营平台，取得了较好的社会效益和经济效益，有力地推进了传统出版与新兴出版的融合发展。

通过数字化转型升级工作的推进，借助两批转型示范单位遴选这个有力抓手，切实提升了传统新闻出版单位的各项能力：数字化生产能力、数字资源建设能力、数字内容运营能力及数据管理能力。

一、体制机制优化

转型升级工作的开展，促使全行业在体制上更加重视数字出版，在机制上更加灵活创新，在整体上推动了全行业数字出版部门的成立，促进了一大批数字出版公司的成立，使得数字出版由部门向着公司制、股份制的方向不断迈进。通过转型升级项目的实施，各单位逐步建立和完善专门管理机构和管理制度，明确了工作职责，完善了工作程序，规范了项目预算编制与执行。

二、多形态数字产品研发

数字出版产品在市场的投放，是"产品、流程、渠道、人员"数字化转型升级中最容易量化的部分，也是数字化转型升级工作成果的最重要体现。调查统计数据显示，190 个项目共生产数字化产品 204 489 种，其中数字阅读类产品 134 183 种、数字视听类产品 53 498 种、数字动漫类产品 1846 种、数字游戏类产品 554 种、其他相关产品 14 408 种。

三、数字运营平台搭建

数字出版平台建设是数字化转型升级工作的支撑，在完成软硬件配置和资源数字化加工的基础上，出版企业结合自身的特点，建设了一批各具特色的数字出版平台。调查统计数据显示，截至 2017 年上半年，142 家企业共建设数字出版平台 160 个，总投入 9.47 亿元，其中在建平台 111 个，已经实现运营的平台 49 个。

近年来，新闻出版业推出了一批导向正确、内容优质、技术含量高、用户体验好、市场反响强烈、两个效益俱佳的数字平台，提高了数字时代内容产品供给能力。如，人民法院出版社的"法信"平台，汇聚 2000 多万篇法律专业文献和案例裁判，5000 种法律图书，知识分类体系做到 15 层级（国外同类产品为 12 层级），形成 100 亿字的资源规模，覆盖司法机关和法律职业专业人群 300 万人；农业出版社的"智汇三农"平台，汇聚 1 万本图书、10 万张图片、4000 个视频课程，包含 110 万知识条目、5 万条百科词条，覆盖农业领域不同群体用户 2000 万人；北京语言大学出版社的"对外汉语教学平台"专门面向海外市场，覆盖全世界 162 个国家和地区的 2000 多所大学和 1000 多所中小学课堂；地质出版社的"国土悦读移动知识服务平台"，包含知识词条 3 万余条，覆盖专业用户 5000 万人；人民交通出版社的"车学堂"驾培网远程教育平台，汇聚 2000 分钟动画、1000 分钟视频的驾驶知识资源，已经在多省落地，面向 2200 万名学员提供驾驶理论知识在线培训服务。

四、人才建设成果

转型升级工作的全面实施，催生了新闻出版业第一个数字出版职称序列——北京市数字编辑职称。这也是在新形势下转型升级工作在统一战线领域对新媒体从业者的重要贡献。一大批致力于转型升级工作的数字出版主任纷纷成长为业务骨干甚至是社领导，反过来又对转型升级工作起到了积极的推动作用。

北京市数字编辑专业技术资格评价，是在原国家新闻出版广电总局的支持下，由北京市人力资源和社会保障局与北京市新闻出版广电局组织实施的。2016 年度首次评价工作圆满完成。其中，首次申报数字编辑专业高级专业技术资格的有 76 人，经答辩评议和专家评审，有 65 人获得高级职称，平均年龄 40 岁。[①]2017 年，如期开展了第二批数字编辑副高级、高级职称评审工作。

调查统计数据显示，截至 2017 年上半年，142 家单位中有 122 家单位设立了数字出版部门，占比 86%；培养了相关技术、数字编辑、数字加工、数字运营等 3923 名数字出版工作人才，如表 1-8 所示。

表 1-8　数字出版人才构成

工 作 种 类	人 　 数	所 占 比 例
技术人员	972	25%
数字编辑	1122	28%
数字加工	659	17%
数字运营	586	15%
其他	584	15%
合计：	3923	100%

---

① 代丽丽. 北京：65 人首批获评数字编辑高级职称[N]，北京晚报，2017 年 2 月 17 日.

第二章 "十三五"时期数字出版前沿问题综述

2016 年是"十三五"规划的开局之年，是文化产业政策的改革之年，是重点实验室的"元年"，也是"出版智库"崭露头角的"元年"。与此同时，全媒人才日益受到重视，数字出版"千人计划"明确写入"十三五"规划，数字编辑的职业化步伐加快，国内首个数字出版职称重磅推出。这一年，数字出版标准化建设再创新高，以标准化示范单位、标准化示范基地为抓手的标准化工作提升到了更高水平。这一年，媒体融合走向深水区，深度融合在新闻、出版、广电等各领域百花齐放。出版业知识服务续写辉煌，新闻广电融媒体建设如火如荼。

2017 年面向中央文化企业的国资预算支持由"项目制"改为更加注重绩效的"规划制"。2018 年，国家文化产业发展专项资金重大项目区分为"中央本级"和"地方转移支付"两种类型，同时，确立了以"影视产业"和"文化走出去"为重点支持的方向。原国家新闻出版广电总局公布了《新闻出版广播影视"十三五"发展规划》，数字出版"千人计划"重磅推出以及数字出版转型示范动态评估的启动……这一系列动作预示着整个"十三五"时期数字出版的重头戏已经纷纷拉开大幕。

第一节 深度融合发展

在媒体融合的政策出台层面，继 2014 年 2 月 26 日国务院以国发〔2014〕10 号印发《关于推进文化创意和设计服务与相关产业融合发展的若干意见》、2014 年 8 月 18 日中央全面深化改革领导小组第四次会议审议通过了《关于推动传统媒体和新兴媒体融合发展的指导意见》、2015 年 3 月 31 日原国家新闻出版广电总局、中华人民共和国财政部以新广发〔2015〕32 号印发《关于推动传统出版和新兴出版融合发展的指导意见》之后，2016 年 7 月，原国家新闻出版广电总局发布《关于进一步加快广播电视媒体与新兴媒体融合发展的意见》，提出"深度融合"理念，以融合型节目体系建设、融合型制播体系建设、融合型传播体系建设、融合型服务体系建设、融合型技术体系建设、融合型经营体系建设、融合型运行机制建设、融合型人才队伍建设作为"重点任务"。

深度融合在新闻、出版、广电等各领域都有不同的表现。就新闻领域来看，"移动媒体优先发展"、移动新闻产品不断创新、移动前沿技术持续推出、移动传播矩阵日益丰富完善，这些都是深度融合的重要方向；就出版领域来看，国家复合出版工程 1.0 版本的即将上线，67 家新闻出版业数字化转型升级软件技术服务商推荐名录正式发布，AR 等技术与大众出版、教育出版加速融入，出版大数据项目持续得到支持，以"基金"和"文投"为支持方向的财政项目市场化改革导向凸显并被验证；就广电领域来看，中国广播电视网络有限公司携手贵州等 11 省广电网络公司成立中广投，旨在加速推动全国"三网融合"的一体化发展，北京、济宁、开封等地的电视图书馆陆续开通和上线，融媒体中心为代表的"中央厨房"建设被作为"龙头工程"加以配置和推广。

第二节 数字出版职称

目前数字出版职称主要由北京市新闻出版广电局的数字编辑职称和原国家新闻出版广电总局的数字副编审、数字编审职称构成。

一、数字编辑职称

2016 年，北京市新闻出版广电局首开全国先河，为全国数字出版从业者带来了政策利好和职业福音，隆重推出国内数字出版的第一个职称序列：数字编辑职称。以数字新闻、数字出版、数字视听为"三横"，以内容编辑、技术编辑、运维编辑为"三纵"的"三横三纵"职称设置广为行业称道。

截至 2016 年 10 月底，累计共有 400 名从业者通过数字编辑初级、中级职称考试，65 名从业者获得数字编辑副高、正高职称。2017 年 10 月，北京市启动了第二批数字编辑副高、正高职称的评审工作，参评人数仍然保持较大的规模。同时，民营技术企业、互联网公司的参评人数占比较高。[①]

二、数字副编审与数字编审

值得关注的是，2017 年原国家新闻出版广电总局的职称评审中，将数字副编审、数字编审明确列入其中。《关于做好 2017 年度出版专业高级职称评审有关工作的通知》中具体表述如下：

（1）关于数字副编审转评：具有其他专业副高级职称申报数字副编审职称，可不受上述编辑工作转评年限要求限制（转评）。

（2）关于数字编审转评：具有其他专业正高级职称申报数字编审职称，可不受上述编辑工作转评年限要求限制（转评）。

（3）关于申报副高级职称的论文论著。需提交任现职以来发表的出版专业论文或相关专业论文 2 篇（出版专业论文至少 1 篇，申报数字副编审需提交数字出版专业论文至少 1 篇），或提交出版专业或相关专业论著 1 部。（注：申报人必须为论文第一作者，合作的论著本人独立撰写内容须超过 3 万字。）

（4）关于申报正高级职称的论文论著。需提交任现职以来发表的出版专业论文或相关

---

① 详见本书关于数字出版人才的章节。

专业论文 3 篇（出版专业论文至少 2 篇，其中，申报数字编审需提交数字出版专业论文至少 1 篇），或提交出版专业或相关专业论著 1 部。（注：申报人必须为论文第一作者，合作的论著本人独立撰写内容须超过 5 万字。）

在《关于做好 2017 年度出版专业高级职称评审有关工作的通知》附件 2《申报材料说明》中规定：

1. 申报数字编审需提供

（1）申报人正式出版的数字出版物的选题报告或立项可行性报告 2 篇。

（2）申报人正式出版的数字出版物的设计制作方案 1 篇。

（3）申报人责编并出版的数字出版物的审稿意见或复审意见 1 篇。

（4）申报人在公开发行的专业期刊（不包括内部期刊）、行业报纸上发表的有关出版或相关专业论文 3 篇（出版专业论文至少 2 篇，其中，数字出版专业论文至少 1 篇）。

2. 申报数字副编审需提供

（1）申报人正式出版的数字出版物的选题报告或立项可行性报告 1 篇。

（2）申报人正式出版的数字出版物的设计制作方案 1 篇。

（3）申报人责编并出版的数字出版物的审稿意见或复审意见 1 篇。

（4）申报人在公开发行的专业期刊（不包括内部期刊）、行业报纸上发表的有关出版或相关专业论文 2 篇（数字出版专业论文至少 1 篇）。

三、数字编辑职称与数字副编审、数字编审的异同比较

北京市数字编辑职称与原国家新闻出版广电总局出版专业高级职称关于"数字编审、副编审"的规定异同点如下：

相同点在于都给予数字出版从业者身份认证，尤其是在副高、正高职称序列中，将数字出版从业者的职称进行了单独规定。

同时，上述两种职称序列还存在着较大的差异：

（1）从效力级别来看，北京市数字编辑职称的效力目前局限于北京市区域，而数字副编审、数字编审的效力在全国都适用。

（2）从职称名称来看，原国家新闻出版广电总局出版专业高级职称仅仅在副高、正高职称中规定了"数字副编审""数字编审"两种情况，仍然沿用了传统出版的职称称呼和序列规定；而北京市数字编辑职称则属于开创性的创举，建立起了从初级编辑、中级编辑、主任编辑（副高级）、高级编辑（高级）的完备职称体系，囊括了初级、中级、副高、正高四个层级的数字出版职称。

（3）从职称完备性来看，北京市数字编辑职称推行在前，隶属于新闻系列，包括了数字新闻、数字出版、数字视听三个领域，覆盖了内容编辑、技术编辑、运维编辑三种类型，具有较高的完备性；而总局数字副编审、编审职称隶属于出版系列，仅仅确立了数字副编

审、数字编审两种类型，在初级、中级职称独立性方面没有体现。

（4）从适用范围来看，总局数字副编审职称、数字编审职称的适用群体是新闻书报刊社的编辑、校对人员以及出版、版权科研院所人员[①]；而北京市数字编辑职称的适用范围更加广阔，是指"在国家有关行业主管部门批准开展数字内容传播相关业务的单位中，利用计算机技术、通信技术、网络技术、存储技术和显示技术等数字技术手段，从事文字、图像、音频、视频等作品选题策划、稿件资料组织、编辑加工整理、校对审核把关、运营维护发布等工作的专业技术人员"。换言之，北京市数字编辑职称打破了国有和民营的界限，更加注重实际业绩，更加符合职称改革的发展方向。民营技术企业、互联网企业人员也可以参与数字编辑职称评审，符合各种考评指标后取得相应的职称认可。

第三节　数字出版千人计划

在数字出版人才培养、评价、激励机制方面，2016 年初，北京市委宣传部推出了北京市新闻出版百人工程（第一批）人才，共计 12 名数字出版骨干获得该项殊荣。2016 年下半年，北京市新闻出版广电局推出第三批新闻出版领军人物，数字出版从业者占比较之前有显著提高。

2017 年 9 月，原国家新闻出版广电总局办公厅发布《关于开展"数字出版千人培养计划"试点培训工作的通知》。自此，数字出版业酝酿已久的"千人计划"终于出台。《通知》主要包括重要性和紧迫性、主要内容、培养对象和条件、2017 年试点工作安排和工作要求五个部分组成。

数字出版"千人计划"主要分为面向未来出版社领导层、数字出版企业总裁的"战略班"和面向数字出版中坚力量的"骨干班"两种类型。

培养工作包括三个阶段。第一阶段是高校脱产学习，在经总局遴选确定，并且具有数字出版相关专业和课程设置的高等院校集中脱产学习，时长 30 天（2017 年试点班确定的中央文化企业学员在武汉大学参加学习，地方出版企业学员在北京印刷学院参加学习）；第二阶段是企业实训，进入在市场领先的相关互联网企业进行实训（时长 30 天），深入了解学习互联网企业先进成熟的运作模式；第三阶段是境外学习交流（时长根据班次类型确定，最长不超过 21 天，主要是由战略班成员参加），进一步强化素质，拓展视野。每个阶段都将进行考核，考核不通过的，取消下一阶段培养资格。最终考核通过的，由总局授予"数字出版千人计划"荣誉称号。

---

① 《关于做好 2017 年度出版专业高级职称评审有关工作的通知》规定："（一）参评人员：在出版社、期刊社出版编辑现职岗位从事编辑（包括美术编辑、技术编辑、数字编辑）工作并取得责任编辑证的人员和校对人员；在报社、时政类期刊从事校对工作的人员；在出版研究机构从事出版专业研究工作和在版权机构从事版权工作的专业人员。"

数字出版"千人计划"的推出，为广大数字出版从业者提供了一剂强心针。面向数字出版领域，分批次、按步骤的推出千人左右的高端人才和专门人才，开展高校理论培训、互联网企业实训和国外传媒集团调研三个层次的培养，培养出面向新世纪、面向现代出版、面向融合发展的高端优秀人才，使之具备互联网思维、国际眼光和全球视野。

数字出版"千人计划"的主要意义和价值在于：

首先，立足政产学研一体化的视角，旨在培养融合型的出版人才，贯彻"走出去"的培养思路；

其次，旨在健全和丰富数字出版人才体系，分别针对高端人才和专业人才进行遴选和培养；

最后，目标是培养面向现代出版、面对国际竞争的复合型出版人才，使之具备理论高度、实务经验和全球视野，使之能够在网络空间驾轻就熟，使之有效把握和守住互联网阵地，使之能够应对民营企业、互联网企业和境外出版传媒集团的多重竞争。

2017 年 12 月，在武汉大学信息管理学院集训的中央级出版社的"千人计划"学员和在北京印刷学院集训的地方出版社的"千人计划"学员，同时完成了第一阶段——理论学习的任务，取得了预期的培训效果，分别在意识形态、企业管理、产品研发、技术应用、队伍建设等方面接受了前瞻的理论学习和熏陶。

第四节　知识服务产业链

转型升级、知识服务与融合发展之间的关系在于：转型升级是个过程，是个有起点无终点的过程，新闻出版业将处于并将长期处于转型升级的过程中；融合发展是一种状态，是传统媒体与新兴媒体、传统出版与新兴出版、传统业态与新兴技术相互交融、通融、互融、共融的状态；知识服务是目标，是新闻出版业转型升级的最终目标，只有当传统的新闻出版企业由资讯提供商、图书提供商成功转型为全方位、立体化、多层次的知识服务提供商时，转型升级的初衷才会实现，提质增效的目标才会达成，传统出版与新兴出版、传统媒体与新兴媒体融合发展的状态也才会出现。

出版社所开展的知识服务，是指出版社围绕目标用户的知识需求，在各种显性和隐性知识资源中有针对性地提炼知识，通过提供信息、知识产品和解决方案，来解决用户问题的高级阶段的信息服务过程。出版社开展知识服务需要遵循战略策划、模式策划、资源采集、资源组织和资源应用等流程。相对于图书馆知识服务而言，出版社开展的知识服务，无论是扩展性的知识服务还是定制化的知识服务，其性质、特点和内容都有着鲜明的不同之处，这也意味着出版社开展知识服务具有良好的社会效益和经济效益。在"互联网+"的时代背景下，在媒体融合、出版融合的形势驱动下，未来的出版业转型升级的最终方向必然是知识服务，为目标用户提供全方位、立体化、多层次、多介质的知识服务。

在原新闻出版广电总局 2015 年推出 28 家专业数字内容资源知识服务模式试点单位、32 家专业数字内容资源知识服务模式试点工作技术支持单位的基础上，2016 年，继续推出 67 家数字化转型升级软件技术服务商，面向全行业、全国范围提供转型升级技术支持和知识服务，如图 2-1 所示。

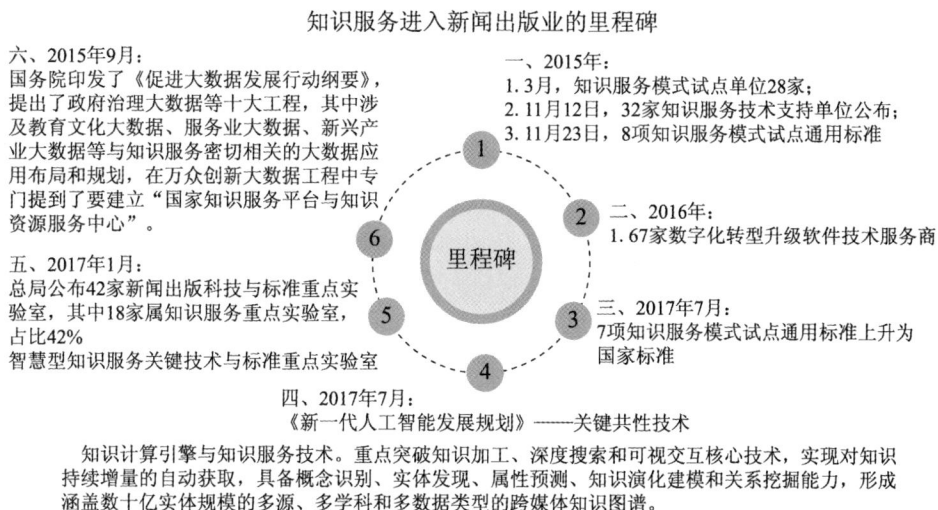

知识服务进入新闻出版业的里程碑

六、2015年9月：
国务院印发了《促进大数据发展行动纲要》，提出了政府治理大数据等十大工程，其中涉及教育文化大数据、服务业大数据、新兴产业大数据等与知识服务密切相关的大数据应用布局和规划，在万众创新大数据工程中专门提到了要建立"国家知识服务平台与知识资源服务中心"。

五、2017年1月：
总局公布42家新闻出版科技与标准重点实验室，其中18家属知识服务重点实验室，占比42%
智慧型知识服务关键技术与标准重点实验室

一、2015年：
1. 3月，知识服务模式试点单位28家；
2. 11月12日，32家知识服务技术支持单位公布；
3. 11月23日，8项知识服务模式试点通用标准

里程碑

二、2016年：
1. 67家数字化转型升级软件技术服务商

三、2017年7月：
7项知识服务模式试点通用标准上升为国家标准

四、2017年7月：
《新一代人工智能发展规划》——关键共性技术
知识计算引擎与知识服务技术。重点突破知识加工、深度搜索和可视交互核心技术，实现对知识持续增量的自动获取，具备概念识别、实体发现、属性预测、知识演化建模和关系挖掘能力，形成涵盖数十亿实体规模的多源、多学科和多数据类型的跨媒体知识图谱。

图 2-1 知识服务进入新闻出版业的里程碑

值得一提的是，尽管"数字出版成效年"的概念没有正式从官方提出，但是各数字出版企业已经在原有的基础软硬件改造、资源库建设的基础上，向着数字出版效益、市场化和产业化的方向迈进了！数字出版生态链正常循环的最关键主线——自我造血机制，已经被正式提上了日程。没有自我造血能力，仅靠财政支持、项目扶持，数字出版的道路走不远，生态链将会非常脆弱，并且随时有断裂的可能。

可喜的是，诸多数字出版企业已经在垂直型知识服务领域做出了有益尝试和大胆探索。如人民法院出版社法信大数据平台在法院系统内部产生了较大的影响，地质出版社的土地督察移动知识服务平台，实现了全国土地督察系统的"一办九局"的全覆盖等等。

2017 年 10 月所公布的《新闻出版广播影视"十三五"发展规划》中多处提及"知识服务"。具体包括：①研发应用知识组织、知识管理及知识服务的关键技术。②启动 ISLI 国家标准的应用推广工作，继续推进中国出版物在线信息交换（CNONIX）、电子书内容、知识服务、绿色印刷等标准的应用推广工作，加强对物联网、无线射频技术（RFID）在出版物生产、流通、零售等环节应用的研究。③国家知识资源数据库工程，见表 2-1。

表 2-1 专栏 3 传统出版与新兴出版融合发展项目

03 国家知识资源数据库工程
建立国家知识资源服务中心，研发关键技术，研制相关标准、规范，建设国家知识服务平台及其数据、营运、技术支撑中心；支持新闻出版企业建设专业领域的知识资源数据库、服务平台；创新信息内容服务模式，提供知识服务解决方案。

第五节 重点实验室带动科研创新

2018 年 6 月 1 日，国家新闻出版署公布了 2017 年度优秀新闻出版业科技与标准重点实验室名单，共计 12 家。由三类构成：

第一类，以技术创新为代表的实验室。包括上海出版印刷高等专科学校的"柔版印刷绿色制版与标准化实验室"、中科院自动化所的"数字版权服务技术实验室"、中国新闻出版研究院的"新闻出版技术与标准应用国家重点实验室"、北京印刷学院的"新闻出版领域关键技术应用研究与服务综合实验室"、北京师范大学的"新闻出版大数据用户行为跟踪与分析实验室"、北京大学的"新闻出版智能媒体技术重点实验室"。

第二类，以国家标准、行业标准应用为特征的实验室。包括九州出版社的"ISLI 标准应用研发联合实验室"、北方工业大学的"CNONIX 国家标准应用与推广实验室"、北京语言大学出版社的"ISLI 在汉语国际推广与中国文化'走出去'产品的应用创新研究实验室"。

第三类，以知识服务为典型突破口的实验室。包括中华书局的"古籍数字化与知识工程重点实验室"、知识产权出版社的"知识产权知识挖掘与服务实验室"、地质出版社的"智慧型知识服务关键技术与标准重点实验室"。

这些科技与标准重点实验室，在科研创新、制度运行、成果产出等方面均走在了行业前列，具备较好的示范效应和较高的创新水平。

第六节 新技术引领新业态

"十三五"时期，高新技术在出版业的应用步伐加快，大数据、AR、VR、MR 等技术与出版业的结合成果逐步产出，AI 作为更加前瞻的技术形态，对出版业的影响业已初现端倪。

一、大数据技术应用于数字出版

大数据的项目与成果：2014 年，国家文化产业发展专项资金用于大数据的项目共计 9 个，2015 年该数字上升为 16 个，2016 年的大数据项目数量没有公开。但是，文化产业发展专项资金仍然将大数据作为支持的具体内容之一，如贵州出版集团的出版业应用大数据、非物质文化遗产大数据，是重大项目类型中获得支持力度较大的项目。同时，一大批大数据的产品推向市场，例如人民法院出版社的法信大数据、知识产权出版社的 DI Inspiro 大数据等。

大数据技术应用于新闻出版业的主要原理是："以数据为生产要素,重塑出版产业链,按照'数据存储、数据采集、数据清洗、数据标引、数据计算、数据建模、数据服务'的七步原理分别构建专业出版、教育出版、大众出版等各自领域的大数据服务系统"。

2018 年 5 月 28 日,首届(2018)新闻出版大数据高峰论坛在中国国际大数据产业博览会上召开,其中颁发了六个创新成果奖,分别是:北大方正电子有限公司、北京拓尔思信息技术股份有限公司、知识产权出版社、中国海关出版社、人民法院出版社、中地数媒(北京)科技文化有限公司。该六家获奖单位或是建成了自身的大数据平台,或是在大数据技术创新方面有重要突破和较好的解决方案。

二、AR 技术应用于数字出版

AR 技术在出版业的应用步伐加快。在总局层面,高度重视 AR 技术应用标准、AR 技术应用报告,中国新闻出版研究院启动了 AR 技术在新闻出版业应用的预研究课题,原新闻出版广电总局数字司委托融智库研制 AR 技术在出版业应用的发展报告;在企业层面,地质出版社委托南京大学信息管理学院研制 AR 出版物企业标准、AR 白皮书报告;在产品层面,中信出版社、江苏凤凰教育出版社、山东教育出版社、中国法制出版社等一大批出版社分别出版发行了自己的 AR 图书,掀起了一股 AR 图书热潮;在技术层面,以苏州梦想人科技为代表的 AR 技术公司积极融入出版业,大力推广 AR、VR 技术在出版业的应用。

出版企业自主运用 AR 知识服务系统需要以下几个条件:

第一,要具备专门的 3D 模型库,3D 模型的嵌入和展示是 AR 图书最核心的亮点,也是出版企业在 AR 出版产业链中所能够发挥核心竞争力的唯一板块。对于专业性出版社而言,3D 模型的数据科学性、权威性和知识专业性是其生产和制作三维模型的天然优势和竞争筹码。

第二,需要能熟练掌握和操作 AR 编辑器系统的专业化编辑,能够准确地将相关的 3D 模型嵌入到指定内容板块。

第三,需要建设自身的 AR 产品营销展示系统,即构建 AR 产品 APP 商城。通过商城展示自身所拥有的 AR 数字产品,提供服务,收取费用。

第四,需要具备安全系数较高的网络环境,确保所嵌入的 3D 模型不被攻击,不被篡改网页,这在 AR 教育出版领域显得更为重要。

第七节 新型智库发力转型升级

数字出版是一个创新的产业,没有了创新,便失去了进步的助推力。高新技术融合内容资源是一种创新,开创垂直型的知识服务市场是一种创新,而新的发展业态的出现,则更不失为一种创新,智库便是其中的代表。

2016 年，出版业智库建设格局得到了新的发展，新思路、新模式、新实践在数字出版人的努力下不断产生。智库作为一种新的业务形态，对于数字出版而言，扮演了"外脑"的角色，可以有效填补传统出版人的智慧欠缺，集合众人之智，起到辅助决策、资政献言、补充发展的重要作用。

除了作为继续担任辅助政策决策、助力行业发展的新闻出版官方智库——中国新闻出版研究院以外，华闻传媒产业创新研究院仍然在前瞻性的政策指标、智库报告方面进行发力；2016 年 9 月地质出版社、知识产权出版社、江苏睿泰数字产业园有限公司联合打造了"融智库"；出版"老炮儿"的代表《出版头条》主创人胡守文打造了金鸡湖出版智库并举办了高端论坛；中国农业出版社刘爱芳主任面向农业出版发行系统，打造了"三农"出版发行高端智库；一时，出版智库如雨后春笋一般冒了出来。

值得一提的是，融智库自成立一年以来，先后在 AR 出版物标准、AR 技术出版业应用研究报告、知识体系标准、数字出版流程与管理标准、新闻出版转型升级蓝皮书等方面取得重要进展，并获得政府主管部门、行业协会以及出版企业的高度认可。与此同时，融智库先后成立了总库、吉林分库、重庆分库、广东分库，共计拥有 100 多名专家。

2017 年 10 月所公布的《新闻出版广播影视"十三五"发展规划》关于"高端智库"表述："加强新闻出版广播影视行业新型智库建设，重点建设一批具有较大影响力的高端产业智库，造就一支坚持正确政治方向、德才兼备、富于创新精神的政策研究和决策咨询队伍，通过项目招标、政府采购、直接委托、课题合作等方式，引导相关智库开展新闻出版广播影视政策研究、决策评估、政策解读等工作。"与此同时，列出了"国家新闻出版智库建设工程"，如表 2-2 所示。

表 2-2　新闻出版广播影视市场体系建设项目

01 出版物现代发行网络建设工程
依托互联网技术，构建覆盖城乡、布局合理、便捷高效、线上线下相结合、垂直纵深的现代发行网络体系。加快建设乡镇网点、城镇社区网点，推动大型出版物物流配送中心升级改造，完善出版物在线交易系统，鼓励相关服务企业开展出版物经营业务，推动网上书店健康发展，鼓励在农村开展多种形式的出版物代购、代销和流动销售服务。
02　全国新闻出版征信系统建设工程
整合新闻出版行业内信用信息资源，建立新闻出版企业基本信息、奖励表彰、行政许可、行政处罚、重大违法违规行为记录等基础信息档案，建设行业信用信息基础数据库，构建新闻出版行业基础信用服务系统。探索建立国有新闻出版企业社会责任报告制度，建立和规范新闻出版企业信用信息发布制度、信用监管制度和失信惩戒制度。
03　国家新闻出版智库建设工程
统筹整合优质资源，建设若干家国家亟须、特色鲜明、制度创新、引领发展的新闻出版专业化智库，支持有条件的新闻出版科研单位先行开展高端智库建设试点，鼓励国有及国有控股新闻出版企业兴办产学研用紧密结合的新型智库。

第八节 三个规划统筹数字出版

在以下三个规划之中，涉及数字出版的内容如下所述。

一、新闻出版广播影视"十三五"规划

2017 年 9 月所公布的《新闻出版广播影视"十三五"发展规划》规定了六大目标。经过五年努力奋斗，到 2020 年争取实现以下目标：①舆论传播力、引导力、影响力、公信力大幅提升；②公共文化服务全面升级；③对经济的拉动作用显著增强；④"智慧广电"战略和新闻出版数字化转型升级行动全面推进；⑤保障国家文化安全的能力显著提高；⑥传播中国声音、提升中国形象、产品服务走出去的成效和作用更加凸显。

规定了 11 项主要任务：①加强主流媒体建设，提高舆论引导能力；②弘扬社会主义核心价值观，提高内容生产和创新能力；③深化一体发展，推动媒体融合取得新突破；④构建现代新闻出版广播影视公共服务体系，促进公共文化服务提质增效；⑤加强科技创新，构建现代传播体系；⑥做优做大做强新闻出版广播影视产业，进一步提高规模化、集约化、专业化水平；⑦加快构建现代新闻出版广播影视市场体系；⑧深化新闻出版广播影视改革，健全确保把社会效益放在首位、实现社会效益和经济效益相统一的体制机制；⑨加强国际传播能力建设，传播中国声音、展现中国精神、提升中国影响；⑩加强文化信息安全建设，提升新闻出版广播影视安全保障能力；⑪加强版权管理，大力发展版权产业。

二、数字出版"十三五"规划

2016 年各个行业都要提及的一个热词便是"十三五"规划，数字出版也不例外。一方面，"数字出版"这个概念正式出现在国家"十三五"发展规划纲要之中，这对整个行业来讲，是个振奋人心的信号；另一方面，尽管正式的新闻出版广电规划还没有发布，但是数字出版专项规划、科技与出版规划都几近定稿，政府主管部门的相关负责人也在多个场合讲解未来五年数字出版的发展规划要点、科技与出版的发展规划要点。

"十三五"期间，数字出版的主要目标可以从状态、企业、产品、人才、功能五个方面阐述：第一，新闻出版业数字化转型升级全面完成，传统出版与新兴出版融合发展初见成效；第二，打造一批新兴出版与传统出版俱佳、具有示范效应和强大国际竞争力的复合型出版机构，培育一批具有国际领先水平的新兴数字出版企业；第三，出版一批导向正确、质量上乘、形态多样、效益突出的数字化出版精品；第四，培养一批面向未来产业发展需要的数字出版专门人才和高端复合型人才；第五，数字出版业服务于经济社会发展和公共文化服务体系建设的能力显著提升。

为完成上述目标，重点任务包括：第一，全面完成传统新闻出版业数字化转型升级；第二，初步实现传统媒体和新兴媒体融合发展；第三，大力提升数字出版产品质量；第四，基本建成数字出版公共文化服务体系；第五，努力拓展数字出版服务领域；第六，积极探索新兴管理体制机制；第七，继续推动数字出版"走出去"；第八，加强数字出版人才队伍建设。

三、新闻出版业"十三五"时期科技发展规划

科技与出版"十三五"专项规划确立了四项主要任务：①完善行业科技工作政策；②健全行业科技管理与服务机构；③加强行业共性关键技术研发与应用；④深入推进行业标准化建设。

形成了四个领域的重点项目：①推进新闻出版电子政务建设；②提升新闻出版公共服务水平；③支撑行业发展共性需求；④促进产业科技创新与应用。

同时，规定了五个方面的保障措施：①转变政府职能，提高科技管理水平；②加大政府投入力度，加强政策扶持；③加快智库建设，提供智力支持保障；④建立创新联盟，推动产业协同合作；⑤继续树立典型，推进技术创新应用。

第九节　财政项目的"市场化"与"规划制"

对于整个数字出版业界而言，2016 年最令人印象深刻的是文化产业发展专项资金的支持范围、支持方式、遴选管理进行了重大改革。这种改革，令许多数字出版企业措手不及，也让数字出版生态圈对自我造血机制的重要性产生了更为深刻的思考和实践。2017 年最大的变化莫过于国资预算支持由以前的"项目制"改为"规划制度"，财政支持"退后一步、站高一层"的改革理念充分彰显。2018—2019 年文产资金支持的方向实现了进一步聚焦，仅仅支持影视和文化走出去，相对以前而言支持范围、方向有了明显"瘦身"。

一、文化产业发展专项资金的"市场化"改革①

2016 年文化产业发展专项资金仍然保留了"项目补贴"的方式，并将获得支持的财政项目界定为"重大项目"。根据财政部有关文件，重大项目部分是指围绕党中央、国务院重大决策部署，开展的巩固文化金融扶持计划、支持特色文化产业发展、促进文化创意和设计服务与相关产业融合、加快推动影视产业发展、推动广电网络资源整合和转型升级、继

---

① 这里的"市场化"改革，主要是指 2016 年文产资金支持方向中增加了"市场化配置资源"部分，并且从 2016 年资金拨付来看，支持力度达 14 亿多。

续扶持实体书店发展、推动传统媒体和新兴媒体融合发展和推动对外文化贸易等八个重大项目,着力提高财政推动文化领域供给侧改革贡献度。根据财政部公开的数据来看,2016年重大项目部分支持的金额为 223 413 万元,支持项目数量较以前没有太大变化,但是支持金额较前几年减少了近乎一半。

2016 年文化产业发展专项资金的最大亮点在于支持范围中新增了"市场化配置资源部分"。市场化配置资源部分是指为落实《国务院关于改革和完善中央对地方转移支付制度的意见》(国发〔2014〕71 号)有关要求,引入市场化运作模式,培育、遴选一批中央、地方和市场的优秀文化产业基金,支持重点省级国有文投集团加大债权投资力度,切实发挥财政资金引导和杠杆作用,积极撬动社会资本支持文化产业发展。市场化配置资源主要包括两个方向,其一是优秀文化产业基金,其二是省级文投集团。数据统计表明,2016 年文化产业发展专项资金支持市场化配置资源部分的金额为 141 000 万元,共有北京、河北、江苏、贵州等 12 个省份获得了市场化配置资源部分的支持,最少省份获得的支持为 5000万元,而最多的省份则拿到了 55 000 万元的支持。

文化产业专项资金改革对数字出版圈最大的启发在于:数字出版企业不能总是本着"等、靠、要"的心态,不能只是依靠财政扶持来维持生存,而应该及早地根据市场规律,发挥市场在配置资源中的决定性作用,自负盈亏、自主经营,真正埋头研究市场,真正扎根于市场,快速形成自我造血机制,在市场中锻炼和造就经营发展的本领。

二、国资预算支持的"规划制"改革

2017 年国有资本金支持调整了方向,由以前的支持中央文化企业申报项目改为"引导中央文化企业科学制定发展战略,支持中央文化企业做好三年规划"。

在《关于做好 2017 年中央文化企业国有资本经营预算支出管理工作的通知》(财办文〔2017〕22 号)的"二、支持重点"部分指出:

贯彻落实中共中央办公厅、国务院办公厅《印发<关于推动国有文化企业把社会效益放在首位、实现社会效益和经济效益相统一的指导意见>的通知》《关于印发<国家"十三五"时期文化发展改革规划纲要>的通知》等文件精神,国有资本金注入支持重点主要包括:

(一)落实国家重点文化发展战略

支持中央文化企业把社会效益放在首位,实现社会效益和经济效益相统一。支持企业公司制、股份制改造,组建成立集团公司,壮大企业整体实力和竞争力。支持"专、精、特、新"中小中央文化企业发展。解决中央文化企业改革历史遗留问题。

(二)推进文化领域供给侧结构性改革

推动传统媒体与新兴媒体融合发展,促进中央文化企业数字化转型升级。支持文化科技创新，整合广电网络资源，建设知名文化品牌，提升版权资源价值。加大"文化+"创新力度，推动文化与旅游、体育等紧密融合，弘扬中华优秀传统文化，培育新型文化业态。

（三）调整文化领域国有资本布局结构

以资本为纽带，支持中央文化企业跨地区跨行业跨所有制并购重组。支持文化资源与金融资本、社会资本有效对接，整合优质文化资源、平台和内容。支持中华文化走出去，扩大对外文化贸易和文化投资，打造外向型骨干中央文化企业。

在"四、绩效管理与决算"中指出：加强对中央文化企业国资预算绩效管理。企业在申请国资预算时，要紧密结合国资预算内容，设置预算绩效目标及指标，做到指向明确、细化量化、合理可行。执行中，企业要对照预算绩效目标，加强绩效执行监控；年度终了后，开展绩效自评。财政部要对中央文化企业国资预算定期组织开展重点绩效评价，绩效评价结果要作为改进管理、完善政策和以后年度预算的依据。

由上可知，国资预算支持由支持单体项目转变为支持企业战略规划，并根据规划进行绩效考核，以考核结果作为后续支持的依据。这种改革方向的意义和价值如下：

第一，体现了财政作为调控手段的"宏观性"。放松了企业的手脚，给企业"松绑"，更有利于新闻出版企业根据市场发展规律自主投入，更有利于实现预期的社会效益和经济效益。

第二，对企业的考核机制更加科学合理。以新闻出版企业的社会效益、经济效益等各项指标作为考核内容，有利于全面、综合的考量企业实力，有利于对新闻出版转型升级工作作出更加客观、全面的评判，有利于充分发挥财政资金的杠杆、示范和扶持作用。

第三，体现了短期效益与长期效益相结合的特点。"规划制"的支持方式，以三年为一个周期，全面考察企业的经营管理情况，包括传统业务和数字业务；以三年为扶持周期，根据年度指标完成情况，酌情予以增减支持额度和范围，体现了动态评估、长线与短线结合的支持理念。

第三章　数字出版业务流程与管理规范①

自 2012 年数字出版得到国家级文化产业发展专项资金和国有资本经营预算金支持以来，数字出版的业务流程、管理规范便成为传统出版机构重点关注的领域。数字出版流程的创新，传统出版与数字出版生产管理流程的一体化、协同化、同步化，始终是数字出版领域难以突破的难题。在国家级政策和重大工程方面，复合出版重大工程的启动，旨在从标准、业务、产品层面解决复合出版流程问题；在企业级实践中，法律出版社、北京大学出版社等企业也试图构建出能够同时支持纸质产品和数字产品生产制作的 ERP 系统。尽管如此，迄今为止，数字出版流程的复合性、协同性实践应用尚未实现实质性重大突破。本章主要是对目下主流的数字出版业务流程和创新性的管理规范做出介绍和阐述。

数字出版业务流程主要包括：产品策划、资源组织、产品设计、内容审校、产品加工、产品发布、运营维护和售后服务等八个环节。八个环节对应的是策划人员、内容管理人员、设计人员、审校人员、加工人员、发布人员、运维人员和售后人员等八种职务角色。从传统出版与数字出版的关系来看，数字出版还是要承继和延续"三审三校"的优良传统，这也是确保数字出版产品导向正确、质量合格的关键性环节。同时，在策划、运维和售后环节，数字出版的技术依赖性强于传统出版，或者说这三个环节的能力要求、服务要求更严于传统出版。

数字出版管理，主要涉及规划管理、项目管理和团队管理。规划管理，主要是指顶层设计、发展模式、规章制度、标准体系的建立和完善。数字出版管理的核心在于如何通过管理提高效益。在当前的环境中，准确地表达是如何更加有效地调动从业者的积极性，通过物质激励、精神激励手段，充分挖掘数字出版人的能动性和创造性，进而为实现新的经济增长点的预期目标打下牢固的人力资源基础。本章主要介绍了数字出版项目奖励、协议工资制、人才评价机制等激励性管理制度和措施。

第一节　数字出版业务流程

数字出版业务流程，包括数字出版的产品策划、资源组织、产品设计、内容审校、产品加工、产品发布、运营维护和售后服务，见图 3-1。

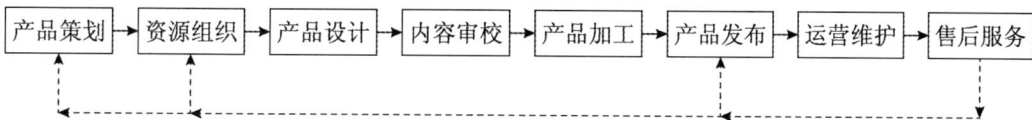

产品策划 → 资源组织 → 产品设计 → 内容审校 → 产品加工 → 产品发布 → 运营维护 → 售后服务

图 3-1　数字出版业务流程

---

① 本章主要修改于作者主持起草的新闻出版行业标准——《数字出版业务流程与管理规范》(CY/T 158—2017)。

数字出版业务流程中涉及业务角色见表 3-1。

表 3-1　数字出版业务流程及业务角色

序　号	流　程	角　色	职　责
1	产品策划	策划人员	用户需求分析、市场调研、商业模式策划、撰写策划方案、方案论证与优化
2	资源组织	内容管理人员	资源获取和组织
3	产品设计	设计人员	形态设计、内文设计、脚本设计、界面设计、功能设计等
4	内容审校	审校人员	内容三审、内容三校
5	产品加工	加工人员	数字出版产品加工制作
6	产品发布	发布人员	数字出版产品入库、封装、测试及发布
7	运营维护	运维人员	数字出版产品运营、数字出版产品维护
8	售后服务	售后人员	提供培训等服务，收集反馈信息

一、产品策划

数字出版物的产品策划，从类型角度划分，包括单一型数字出版物策划，例如单本电子书、融媒体电子书等；也包括复合型数字出版物策划，如专业领域的数据库、知识库或者大数据平台等。从策划流程来看，包括用户需求分析、市场调研、产品形态策划、商业模式策划、撰写论证和优化策划方案等环节。

用户需求分析：包括从目标用户类型、竞争产品和服务、用户使用场景以及用户购买力等几个方面，进行分析和论证。

市场调研：在了解数字出版产品目标市场概况的基础上，对市场供需现状、市场销售价格、产品市场竞争力等数据进行收集并作分析，形成市场调研报告。

产品形态策划：根据市场需求和出版机构自身实际情况，选择电子书、数据库、知识库、MOOC 平台、手机图书、MPR 出版物等不同形态，研发适销对路的数字出版产品。

商业模式策划：根据行业特征和市场需求，筹划采用 B2C、B2B、B2G、O2O 等不同类型的商业模式。可选择单一商业模式，也可综合采用多种商业模式。

撰写策划方案：根据调研和分析结果，遵循价值性、适应性、效益性和可行性原则，对数字出版产品的产品形态、商业模式、推广策略、执行计划等内容进行描述，撰写形成策划方案。策划方案要兼顾研发和销售，确保数字出版产品具备较强的稳定性和较长的生命周期。

方案论证与优化：策划方案要提交审核，审核通过之后，经过数字出版产品论证会论证。审核未通过的，要按照程序进行回退、修改、补充和完善，之后再次进行审核和论证。

方案论证主要包括精神文化价值判断（可从引导性和独创性两方面评估）、市场适应性判断（可从针对性和前瞻性两方面评估）、效益性判断（可从经济效益和社会效益两方面评估）、可行性判断（内容合理性和技术可行性）四个方面。

方案论证通过后，如市场发生变化，策划人员应适时对策划方案进行修改、补充和调整，对数字出版产品方案不断打磨和优化，以提高方案的清晰度和可操作性。

在实践中，传统出版机构的产品，如社科文献出版社的"皮书"数据库、人民法院出版社的"法信"大数据平台、大地出版传媒集团的"融智库"是数字出版产品策划中较为成功和有影响力的代表。新兴互联网企业，如"得到""知乎""掌阅"移动阅读、"喜马拉雅"听书等数字出版产品策划的经济效益和社会影响力也较为突出。

二、资源组织

策划数字出版产品需要调取数字资源，而资源的获取主要包括已有的传统图书等存量资源的获取以及通过抓取、购置等方式所实现的增量资源的获取。

（一）内容资源获取

存量资源获取：根据策划方案，出版机构在存量资源范围内，选取所需内容资源，并根据不同数字出版产品形态，提出数字化、碎片化要求。

增量资源获取：根据策划方案，出版机构通过资源置换、资源购置等方式和手段，获得所需的内容资源。

（二）内容资源组织

内容资源的组织，包括基于知识体系组织资源、基于行业应用组织资源以及基于用户定制组织资源。

基于知识体系的内容资源组织：构建概念型、事实型等类型知识元，确立知识元相互之间的逻辑层次，从学科层面构建知识体系，以知识体系为依据，对内容资源进行标引和组织。

基于行业应用的内容资源组织：以特定行业或特定领域应用需求为基础，对文字、图片、音频、视频等各种类型内容资源进行组织。

基于用户定制的内容资源组织：根据具体用户的特定需求，围绕应用场景，对相关内容资源进行组织、聚类和关联。

数字资源组织的过程，需要将"数据"作为生产要素的理念贯穿始终；单个条目、单本图书、单张图片、单个音视频均是"数据"的具体体现，也是新闻出版业展开知识服务、构建产业大数据的基础性资源。当前新闻出版业的数据建设亟待加强，数据格式不规范、数据标引没启动、数据计算未开展等问题将长期存在，这也是 2014 年中宣部、财政部、原国家新闻出版广电总局启动中央文化企业"特色资源库"建设所要解决的主要问题。

三、产品设计

数字出版产品广义地讲，包括数字阅读、数字视听、数字动漫、数字游戏等产品。数字出版的产品设计，主要包括形态、内文、界面、脚本和功能设计等方面。

（一）形态设计

根据选题策划方案目标要求，策划编辑在电子书、数据库、知识库、MOOC 平台、手机图书等不同的数字出版产品形态中选取一种或多种适合的产品形态进行设计和规划，典型数字出版产品可按照固定模式设计。

（二）内文设计

对数字出版产品内文版式进行设计，以取得既定的展示效果，为用户提供较好的阅读体验感。

（三）界面设计

针对数字出版产品的使用特点，对数字出版产品的界面、人机交互和操作逻辑进行整体设计，使得数字出版产品外观、操作与内容和谐有机统一。

（四）脚本设计

根据视频、电影、动漫等特定产品的需要，设计其拍摄时所依据的脚本，主要包括标题、画面说明、解说、同期声、字幕等。

（五）功能设计

根据数字出版产品目标用户的需求偏好，对数字出版产品的阅读、视听、交互等功能进行设计，以更好地满足目标用户的使用需求。

在实现上述产品设计之后，要对数字出版产品的设计方案进行审查，审查按照三审制要求进行。

四、内容审校

数字出版产品要遵守"三审三校"的基本制度，确保内容资源的政治导向正确、专业科学权威，符合语言学逻辑和语法常识。

内容审校环节的设置，数字出版企业可根据自身实际情况和特定数字出版产品形态，做适当调整。对电子书等单种数字出版产品，可参考传统出版的三审三校制度。数据库产品应将审校工作重点放在试运营阶段，确保其功能完善，信息完整。运用数字化工具进行数字化编辑、校对工作的，可将编辑校对环节合并，简化审校流程。内容审校流程及人员角色见表3-2。

表3-2　内容审校流程及业务角色

序　号	流　程	角　色	职　责
1	初审	责任编辑	全面审查，侧重内容和文字技术层面
2	复审	复审责任人	侧重于内容的专业性和价值性审查
3	终审	终审责任人	专业性、价值性审查基础上政治性把关
4	一校	一校人员	与原稿对照进行一校
5	二校	二校人员	汇总作者修改意见，进行二校
6	三校	三校人员	最终校对
7	整理	责任校对	在文字技术层面对书稿进行全面审查，做好入库准备

（一）内容三审制

数字出版产品内容要确保符合新闻出版法律法规规定，审查过程可采用敏感词过滤系统、内容审查系统、协同编辑系统等数字化软件。

1. 初审

由初审责任人进行审查，侧重于数字出版产品内容和文字技术层面的审查。初审编辑必须认真审查数字出版产品的全部内容，对其政治倾向、思想水平、学术或艺术价值、科学性、知识性等各个方面进行把关，对其内容质量、社会效益和经济效益进行评价，并提出取舍意见和修改建议。

2. 复审

由复审责任人进行审查，侧重于内容的专业性和价值性审查。复审应审查全部内容，并对内容质量提出意见，作出总的评价。

3. 终审

由具有正、副编审职称的终审责任人或由终审责任人指定的具有正、副编审职称的人员进行审查，在专业性、价值性审查的基础上侧重于政治性把关。

终审根据初审、复审意见，主要负责对思想政治倾向、社会效果、是否符合党和国家的政策规定等方面作出评价。如果内容涉及敏感问题，选题属专项报批的，初审和复审意见不一致的，终审者也应通读。

内容经过三审后，符合出版制作条件的，进入数字出版产品校对环节。

（二）内容三校制

数字出版产品校对，可采取对校、本校、他校、理校的基本方法，有条件的出版机构可采用人机结合校对、过红与核红、文字技术整理、无纸化校对等现代校对方法。

1. 一校

由一校人员对待加工的内容资源进行第一次校对，在此基础上责任编辑进行问题处理，处理后发送至产品质量管控部门。

2. 二校

在第一次校对的基础上，二校人员参考、合并作者方的修改建议，进行并样和第二次校对，责任编辑处理二校后遗留问题。

3. 三校

三校人员在二校基础上进行第三次校对，责任编辑处理三校后遗留问题。

4. 整理

责任校对脱离原稿审查待加工内容资源，对资源进行文字技术整理，使得内容质量达到制作要求，策划编辑处理最后遗留问题。

内容"三审三校"是开展数字出版业务所要坚守的底线，也是确保数字出版物导向正确、质量合格的关键性流程。在这方面，传统出版企业因其长期的职业训练和质量意识，把关较好，而新兴互联网企业则经常因为质量问题而被国家主管部门关闭、下架或者暂停相关产品的应用推广。

五、加工制作

产品加工，主要包括两种：一是对已经形成纸质图书的存量出版资源重新进行数字化、结构化、重排和标引；二是对已经数字化、矢量化的内容资源进行结构化和深度标引。内容资源加工的核心环节集中于元数据加工、结构化加工和内容要素加工。

产品制作，是在产品策划、设计方案的基础上，根据市场需求，调取、整合经过审校、加工的内容资源，封装、组织为数字产品的过程。包括对单一条目数据、单本电子书等单一性数字出版产品的制作，也包括对知识库、数字图书馆等集合性数字出版产品的制作。

六、产品发布

数字出版产品发布主要指在不同媒体平台的呈现，包括平面媒体、磁光介质媒体、网络媒体及移动媒体等。数字出版产品发布主要流程如图 3-2 所示。

产品入库 → 产品DRM封装 → 产品检测 → 产品试运行 → 产品发布 → 产品更新

图 3-2　数字出版产品发布主要流程

（一）产品入库

将数字出版产品发布到数字出版产品运营系统，由管理员审核该数字出版产品是否可以进入数字产品资源库。

（二）DRM 封装

使用数字签名技术或数字水印技术等对数字出版产品内容进行加密，并通过设置身份认证、授权认证等使用限制技术，限制使用范围、非法打印和复制等。

（三）产品检测

对数字出版产品进行内容检测和技术检测，其中技术检测应包含安全检测、链接检测、功能检测等。

（四）产品试运行

数字出版产品检测完成后，根据数字出版产品设计方案在实际业务流程中对数字出版产品进行充分试用，试用通过后即可正常对外发布。

（五）产品发布

数字出版产品制作加工完毕后，可通过媒体、终端、平台向外推送。

媒体包括纸质媒体、网络媒体、移动媒体等；终端包括 PC 端、智能移动终端等；平台包括自营运营平台、第三方运营平台等。

（六）产品更新

系统可实时向用户推送数字出版产品的改进、升级信息，并可通过在线更新和离线下载方式对产品进行更新。

七、运营维护

出版机构开展数字出版业务，应设立专门工作岗位对数字出版产品进行运营和维护。运营维护环节业务角色配置见表3-3。

表3-3　运营维护环节业务角色配置表

序　号	流　程		角　色	职　责
1	产品营销		市场营销人员	通过自营平台、第三方运营平台推广、销售数字出版产品
2	产品维护	内容维护	内容维护人员	维护内容，确保合法、合规、功能齐全
3		功能维护	功能维护人员	确保电子书阅读器、技术统计等工具功能运转良好
4		平台维护	平台维护人员	确保平台正常运营，防止出现网络攻击

（一）产品运营

数字出版产品运营人员可采用合适的运营方式和商业模式，通过自有平台或第三方平台对数字出版产品进行营销。运营人员应采用相关的数据统计工具，对实现销售的数字出版产品进行统计分析。

运营人员可将发布后的数字出版产品在自主运营平台进行销售，可根据数字出版产品性质不同，选择对个人销售和对机构销售等不同的商业模式。

运营人员可将数字出版产品在第三方运营平台进行推广和销售，可选择互联网、移动终端等多种形式的第三方平台进行合作运营。

数字出版产品运营人员应熟练掌握数字出版产品内容概况、功能详情，具备一定的培训技巧，如有需要可向用户提供说明或培训服务。

（二）产品维护

产品维护，是指对处于销售状态或者已经销售的数字出版产品进行维护和升级，使之具备应有的功能和价值。出版机构可设立单独的维护人员对数字出版产品进行维护和升级。

1. 内容维护

维护人员应定期或不定期对数字出版产品的内容进行维护，防止数字出版产品出现内容瑕疵和缺陷，确保数字出版产品内容上的合法性、合规性。

2. 功能维护

维护人员应定期或不定期对数字出版产品进行功能、技术性上的检测和升级，确保数字出版产品保持应有的使用功能，确保数字出版产品技术处于正常状态。

3. 平台维护

维护人员应定期或不定期对数字出版运营平台进行维护，确保运营平台处于正常的运转状态。

八、售后服务

在实现数字出版产品销售之后，由售后服务人员为用户提供培训服务和其他增值服务，并及时与用户进行沟通，获取用户的反馈信息，以不断更新数字出版产品内容、改进数字出版产品技术，为数字出版产品的迭代更新提供新的策划创意。

步入新时代以来，数字出版销售、运营的重要性立刻凸显出来，无论是传统出版企业还是新兴互联网企业，都需要在市场化运营方面加大力度，取得实质性突破。

强化数字出版销售和运营的必要性在于：

（1）经过连续六年的财政资金扶持，数以千计的转型升级项目存在的普遍问题是"只开花未结果"，或者说"结果较少"。新闻出版企业的项目成果转化能力较弱，财政资金扶持的"杠杆""示范""撬动"效应没有充分展现出来。

（2）中央文化企业的公司制改革，要求传统出版企业必须加强转型升级力度，在新兴出版领域更加提质增效。以市场为导向、以用户需求为驱动、以现代企业制度为引领的改革趋势，对运营、销售提出了更高标准和更严格的要求。

（3）2018年中央文化产业发展资金的重点支持方向仅仅保留了"影视"和"文化贸易走出去"两个板块。传统出版企业要想继续开展转型升级，一方面必须用好原有的项目资金，提高项目成果的产业化应用和市场化盈利水平；另一方面，必须扎根市场，充分发挥市场资质在资源配置中的决定性作用，在市场上"摸爬滚打"，直至探索出一条可行的商业模式路径。

第二节　数字出版管理

向管理要效益。数字出版管理涵盖面广，涉及领域宽泛，广义地讲，一切围绕数字出版的人、财、物的管理，都属于数字出版管理的范畴。这里仅就新闻出版企业开展数字出版密切相关的规划管理、项目管理和团队管理作出阐述。

一、规划管理

数字出版的规划管理，是指对涉及数字出版业务发展的整体规划进行管理，包括顶层设计的优化和完善、体制机制的创新与改进、发展模式的论证与选取、规章制度的建立和修订、标准化体系的形成与更新等。

（一）优化顶层设计

出版机构应围绕着数字出版社会效益和经济效益的实现，从全局出发，对数字出版业务进行全方位、多层次、多要素统筹规划和安排。制定数字出版战略规划、确立数字出版发展模式、形成数字出版人才队伍、构建数字出版软硬件基础等。

（二）创新体制机制

数字出版体制主要包括数字出版的组织架构、数字出版部门（公司）的权限范围及其相互关系。数字出版机制主要包括资源机制、数字出版产品机制、技术机制、运营机制、人才机制、项目机制等。

出版机构应根据自身实际状况，推动组织架构创新，实现业务管理模式的创新，对数字出版部门（公司）在合理约束的基础上，进行充分授权，遵循"责权利一致"原则，以推动其尽快完成资源转化、数字出版产品研发和销售等工作。

出版机构应依据市场发展需要，本着"充分激励、有效约束"的原则，积极推动人才机制、项目机制和运营机制建设和完善。

（三）确定合理发展模式

出版机构应根据发展目标确定合理的发展模式，设置合适的数字出版机构，来承担数字出版的项目实施与管理、数字出版产品研发和市场运营等职能。

（四）完善规章制度建设

制度建设应贯穿于数字出版业务开展的始终。出版机构在不同的发展阶段，要逐步建立和完善数字出版产品制度、技术规定、人才制度、项目管理制度和市场营销制度等。

（五）建立健全标准体系

出版机构应高度重视标准化工作，积极参与国家标准和行业标准的制定，编制企业标准，形成涵盖管理、产品、技术、营销、人才等全方位的企业标准体系。

二、项目管理

数字出版的项目管理，涉及数字出版项目策划、申报、实施、验收、审计的全流程。在实践中，许多出版社均设置了单独的项目管理部门，履行项目管理的职责。值得一提的是，理念较为前瞻的出版社，都建立了项目激励制度，对项目策划、申报、实施、管理等相关人员进行一定比例的物质奖励和精神激励。

（一）项目策划

项目策划要符合行业发展形势，遵循互联网、移动互联网的传播规律，契合出版机构自身发展需要，与出版机构的长期、中期、短期发展规划相一致。

（二）项目申报

项目申报应严格按照有关部门规定进行，把控住关键节点，避免个别环节的延误所导致的项目申报失败。所申报的项目应具备良好的市场前景，具有可行性、创新性和示范性。

（三）项目实施

项目实施应坚持以下原则：确保专款专用，保证项目质量；提高实施效率，按时进行验收；组建实施团队，引进第三方监督机制；程序公开公正，实体符合预期。

项目实施应遵循"运动员与裁判员分离"的基本规则，由项目管理部门、招投标管理部门和项目实施部门分别承担监督、招投标和实施职责，推进项目实施。

（四）验收审计

出版机构可根据项目本身情况，分别开展项目的分项验收、阶段性验收和终期验收。当在建项目已经独立完成硬件配置、软件开发、标准研制、资源加工等分项内容时，可以开展项目的分项验收；当在建项目取得阶段性成果时，可以进行阶段性验收；当项目实施进度达到100%时，应该开展项目的终期验收。项目验收应由专家组审查业务文档、技术文档、财务文档和绩效报告，专家组在听取项目承建方的汇报后，对项目作出综合评定，出具专家审核意见，决定项目验收是否通过。

项目验收完成后，项目管理部门应及时收集、整理项目的业务文档、技术文档和财务文档，以备审计随时检查。

（五）项目激励

项目激励主要适用于从多种渠道申报、获批的数字出版项目。

申报项目获得立项资助后，对项目团队在策划申报、实施验收、绩效审计等阶段所付出的劳动和工作给予一定的物质性奖励。由项目总负责人按照效率优先、兼顾公平的原则，拟定各阶段奖励分配方案。分配方案包括奖励依据、奖励比例、具体奖励人员及金额、奖励金额发放方式等。

奖励额度视项目申请成功的复杂程度、重要性及资金额度综合确定。出版机构可采用阶梯式提成方式，依据批复项目金额给予相应比例的项目奖励。奖励资金由申报企业从自有资金列支。

三、团队管理

数字出版团队主要由策划人员、内容管理人员、设计人员、审校人员、加工人员、发布人员、运维人员、售后人员所构成。对数字出版团队的管理，包括对其通用能力进行评估考核、对专业技术资格进行评定、对人才评价机制的创新以及对从业者薪资待遇的保障。

（一）通用能力要求

出版机构应多角度、立体化地提高团队的各项通用能力，包括写作能力、组织能力、协调能力、执行能力、演讲能力等。

（二）专业技术资格

出版机构应为提升数字出版从业者专业技术资格创造条件，积极申报国家、各省市的数字出版相关的专业技术资格，使得数字出版从业者具备内容、技术、运维等方面的专业技术资格（职称）。

（三）人才评价机制

出版机构应鼓励、支持和推动数字出版从业者参加国家级、省市级、行业级的各项数字出版人才评选，例如领军人才、影响力人物、新锐人物等。

（四）薪资保障机制

数字出版人才的引进要创新薪资机制，可以采用年薪制或协议工资制，同时要形成引进人才、使用人才、留住人才、擢升人才的制度和保障机制。

第四章 企业级数字出版规划

——以自然资源领域专业出版为视角

数字出版是新闻出版业的战略性新兴产业和出版业发展的主要方向，也是国民经济和社会信息化的重要组成部分。"十三五"时期是形成传统出版和新兴出版融合发展格局的重要阶段，是新闻出版企业贯彻转型升级、落实融合发展的重要五年，也是贯彻多元化经营战略、组建新型出版传媒集团的关键五年。

围绕"四个全面"战略布局，根据国家创新驱动发展战略要求，按照《中共中央关于深化文化体制改革、推动社会主义文化大发展大繁荣若干重大问题的决定》《中华人民共和国国民经济和社会发展第十三个五年规划纲要》《新闻出版广播影视"十三五"发展规划》《数字出版"十三五"时期发展规划》《关于推动新闻出版业数字化转型升级的指导意见》和《关于推动传统出版和新兴出版融合发展的指导意见》的部署，以及出版社关于"十三五"规划编制的思路要求，编制一个企业的数字出版短期、中期乃至长期战略规划显得至关重要。

第一节 形势与挑战

一、"十二五"时期数字出版发展现状及问题

传统出版社在"十二五"时期发展的基础上，已经形成了数字出版的发展模式、产品、技术和人才基础：

——发展模式基本确定，出版社确立了数字出版"事业部+公司制"的发展模式，一方面可以有效衔接政府项目的申报、实施和成果转化，另一方面突出市场的决定性作用，充分运用市场机制，挖掘数字出版发展的潜力，激发数字出版发展的活力。

——产品基础初步具备，出版社已经形成了数字图书馆、悦读 APP、4D 电影、动漫动画等基本产品线，产品市场化推广已经逐步开展，取得了一定的社会效益和经济效益。

——技术应用能力正在培养，出版社在大数据、云计算、移动互联网、特效电影等技术的应用方面已经开始布局和规划，技术认知、理解、应用和转化能力日渐形成和增强。

——人才储备初步实现，出版社在项目实施、产品研发、市场销售等领域的人才培养工作已经开展，数字出版的基本能力已经具备并不断提高。

与此同时，作为单体出版社的数字出版业务发展，也会存在一些亟待解决的问题，主要表现为以下几个方面：

——思想观念落后，战略认知不足。编辑们整体停留在传统出版的思维框架模式下，对新闻出版业整体转型升级与出版融合的趋势理解不到位，对新技术、新思想、新业态的了解和认知欠缺，对数字版权的重视程度不够，全员、全流程数字化转型升级意识有待提高。

——内部流程机制不顺，存在诸多掣肘环节。在排版文件管理、政府项目实施、传统与数字流程衔接等方面存在着不顺、不畅等问题，随着出版结构的日渐调整、出版业态的日益更新，这些问题亟须加以解决。

——数字出版人才匮乏，骨干人才尤其缺乏。尽管各社数字出版已经具备了一定的人才基础，但是"千军易得，一将难求"，领军、骨干级的数字出版人才仍旧十分缺乏，尤其缺少能够在内容、技术、销售等产业链各环节独当一面、业务娴熟的骨干人才。

——制度建设不足，标准化工作滞后。在数字出版的内容质量、产品研发、技术应用、企业标准建设等方面，相关制度缺位，部分制度落后，有些制度需要及时地修订和确立。

二、"十三五"时期数字出版行业发展形势

"十三五"时期，数字出版产业承担着新闻出版业结构转型和媒体融合发展的重任。在经济新常态下，抓住历史机遇，保持产业高速发展，持续扩大产业规模，是"十三五"时期数字出版产业的核心任务。

——国家高度重视文化产业发展，着力将文化产业打造成为国民经济支柱产业，为数字出版产业发展提供了制度保障和政策保障。

——国民经济将继续保持又好又快的发展势头，人均收入不断提升，阅读习惯转向数字阅读的趋势更加明显，数字媒介设备持续更新和增长，信息消费意愿和支付能力不断增强，为数字出版业发展提供了重要的物质基础和市场前景。

——产业生态环境日臻完善，技术门槛逐渐降低，产业链日趋成熟，盗版打击力度不断加大，为数字出版产业的繁荣发展提供了良好的生态环境。

——政府项目支持力度不断提升，财政资金对转型升级、融合发展的撬动和杠杆作用日益凸显，政府对数字出版业的宏观调控能力不断增强，文化发展专项资金、国有资本经营预算金等项目的产业拉升效果逐步体现。

——新闻出版业示范性工作持续开展，数字教育的示范性单位评比、融合发展的示范单位评比将继续进行，将在全国范围内遴选出一批起步较早、模式清晰、示范价值显著的出版企业。

——新闻出版业将成为"互联网+"环境下融合发展的示范领域。新闻出版业必须充分发挥科技的融合作用，实现与互联网的融合；提高生产要素流动性，实现生产流程的再造；加速产业分类融合；提高出版业与其他相关产业的融合水平；出版机构必须尽快实现由图书提供商向知识服务提供商的转型和升级。

第二节　指导思想、规划原则与总体目标

一、指导思想

深入贯彻落实党的十九大精神，以习近平新时代中国特色社会主义思想为指导，紧紧围绕统筹推进"五位一体"总体布局和协调推进"四个全面"战略布局，牢牢把握"两个巩固"根本任务，树立和贯彻新发展理念，按照党中央国务院关于坚定文化自信、推动社会主义文化繁荣兴盛的决策部署，以先进技术为支撑，以内容建设为根本，以供给侧改革为主线，全面深化新闻出版业数字化转型升级，加快推动新旧动能转换，加快构建新型产业体系，加快实现新闻出版数字化生产、网络化传播、数据化运营、智能化服务，推进社会主义文化强国建设，促进我国经济社会创新发展，满足人民群众高品质、多样化、个性化的精神文化需求，提升人民群众文化幸福感和获得感，为智慧社会和数字中国提供有力支撑，为建设现代化经济体系和创新型国家奠定坚实基础。

二、遵循原则

——坚持把创新驱动作为根本理念。坚持"创新、改革、合作、融合、双效"的五大理念，提高出版社自主创新水平，加快推进出版社的理念创新、内容创新、产品创新、技术更新、模式创新和业态创新。

——坚持把融合发展作为根本方向。遵循传统媒体和新兴媒体优势互补、协同发展的原则，借助传统媒体的资源优势，依托新兴媒体的技术优势推动融合发展。适应移动互联网发展，应用云计算、大数据、物联网等相关技术，促进传统出版与新兴出版在内容、渠道、人才等方面形成多样化、多层次的互融互通，加速与外部产业的跨界融合。

——充分发挥市场机制的决定性作用，自觉运用好政府调控的引导性作用。坚持以市场为导向，以企业为主体，以目标用户需求为导向，推动出版社实现由产品提供商向服务供给商的转型。同时，运用好政府调控的各项政策和项目，抓住政府扶持、引导数字出版产业发展的机遇，尽快实现自身的转型升级。

——坚持以人为本，构建人才培养的长效机制。创新出版人才培养和管理机制，通过培养和锻炼，形成一支包含管理人才、项目人才、产品人才、技术人才、运营人才在内的高效精干的人才队伍。

三、总体目标

深入推动出版业态转型与升级，促进传统出版和新兴出版融合发展；创新出版人才培

养与管理机制，建设精干高效的人才队伍；有效提高出版效能，不断创新出版方式，形成丰富的知识服务体系，实现数字出版的社会效益和经济效益相统一。在五年内，逐步实现数字出版的开局、持平、盈利，在盈利的基础上，实现数字出版产业化、规模化和国际化发展；将数字出版培育成出版社新的经济增长点和支柱性盈利板块，推动我社数字出版的发展，使之成为国内出版业的示范性企业和品牌，不断提升我社数字出版的社会影响力和行业话语权。

第三节　主要任务

一、建立健全数字出版知识服务体系

遵循"立足两个行业、服务两个行业"的原则，一方面服务于自然资源行业，围绕"山、水、林、田、湖、草"领域，逐步确立由自然资源数字图书馆、知识库、移动知识服务、数字报纸、大数据平台、科普电影和数字教育等所构成的产品体系，面向全国国土地质机构和专业人士，进行知识服务的高端定制和精准定投；另一方面服务于新闻出版行业，采取融智库分库加盟发展战略，在吉林、重庆、广东、陕西、湖南等条件成熟的地区设立分库，以智库报告、咨询服务、高端培训为三大核心业务，为政府和企业提供切实可行的解决方案，为数字出版从业者提供系列培训和定制化知识服务，在全国新闻出版行业转型升级和融合发展过程中发挥重要的引领作用。

（一）服务于自然资源行业的产品体系

（1）数字图书馆。以前瞻性、务实性、持续性为原则，根据我社纸质产品用户习惯和渠道规模，研发和推广中国国土地质专业数字图书馆、中国国土地质专业移动数字图书馆。

（2）数据库产品。以纸质图书为基础，以知识服务为方向，以行业应用为指南，逐步建立和健全涵盖应用地质、基础地质和地质政策法规在内的中国地质资料数据库。

（3）移动知识服务。按照图书出版与移动通信技术相结合的要求，加强与国内知名电信运营商的合作与交流，开发和推广移动互联型的知识产品和知识服务。

（4）新媒体业务。遵循融合发展思路，以新媒体中心为主体，以4D特效电影为突破口，有序开展科普电影、数字游戏、数字动漫、微课程、微视频等新媒体业务，为科普爱好者和广大青少年提供多层次、全方位、立体化的知识服务。

（5）大数据平台。以国土地质专业领域词表和领域本体为逻辑主线，逐步构建自然资源知识体系，以文字、图片、视频、电影为数据素材，以云计算、语义分析和大数据技术为应用支撑，以静态资源、动态资源和活化资源为数据来源，构建规模巨大、内容丰富、形式新颖的国土地质专业资源大数据分析统计平台。

（6）技术开发培训服务。充分运用新闻出版行业的资源优势，逐步探索在数字出版从

业者职称培训、技能培训、高端培训等方面的经营模式；以中地数媒公司为发展依托，不断完善技术队伍建设，不断提高对外承接数字出版项目研发的数量和质量，形成数字出版技术开发领域的经济增长点。

（二）服务于新闻出版行业的核心业务

（1）智库报告。每年度围绕数字出版发展热点、难点问题，进行核心概念梳理、现状分析和趋势预测等研究，发布相关报告、白皮书，为政府政策制定、企业决策提供参考和建议。

（2）咨询服务。面向出版企业提供咨询服务，提出转型升级、融合发展、知识服务、大数据等行业前瞻问题的发展理念和解决方案，为企业研发创新产品、探索盈利模式、应用高新技术、培养融合人才提供科学模式和路径。面向高等院校提供咨询服务，从专业体系课程设置、标准研制、财政项目申报等方面提供专业咨询和辅导等。

（3）高端培训。利用"融智库"在全国的优质专家资源，以及丰富的培训经验，推动"融智库"总库及分库在各地开展数字出版专业系列培训，为从业者提供定制化知识服务。

二、全面提高新技术应用能力

在"互联网+"的时代背景下，积极提高新技术、新业务和新业态的认知、理解和应用能力，力争在下述技术领域有所建树：

1. 移动互联网

高度重视移动互联网技术的应用和推广，确立移动媒体优先发展的战略，在数字图书、数字报纸、微视频、微课程等方面取得突破性进展，实现移动互联领域的弯道超车和快速发展。

2. 大数据技术

加快引进大数据分析与统计技术，结合国土地质专业数据特点，打造集数据采集、数据存储、数据标引、数据计算、数据服务于一体的综合型、开源性大数据分析与服务平台。

3. 知识标引技术

大力研发国土地质专业领域词表，以地质专业知识标引系统为抓手，尽快构建国土地质专业领域本体；在条件允许的前提下，适时研发自然资源知识体系及开展本体构建工作。

4. 云计算技术

及时响应自然资源领域的五年发展战略规划，将分布式计算、离线计算、存储计算等多种计算方法运用于国土地质专业资源的统计与分发，为精准定投和个性定制奠定技术基础。

5. 自主知识产权

在提高各种新技术应用能力的基础上，及时总结和转化技术成果，向国家有关部门申请相关技术的专利、著作权等知识产权成果，为中地数媒公司向高新技术企业迈进奠定扎实的智力成果基础。

三、重点加快人才建设步伐

按照融合型人才的标准，采用对内培养、对外引进的办法，通过培养和锻炼，形成一支包含管理人才、项目人才、产品人才、技术人才、运营人才在内的高效精干的人才队伍。不断提升人才队伍的专业化和职业化水平，提高队伍的整体职称水平，促进队伍整体科研能力的增强。积极参与数字出版"千人计划"，培养具备现代化、国际化视野的复合型高端人才和专门人才。

四、综合提高市场销售能力

数字出版业务要综合运用B2G、B2B、B2C、O2O、B2F等多种盈利模式，以确保实现良好的社会效益和经济效益。

数字出版知识服务采取全员营销、全员销售的经营模式，鼓励全社各个事业部、中心、部门开展数字出版销售工作。

注重数字出版与传统出版的衔接，通过会议、论坛、培训等方式对传统图书经销商普及数字出版业务，使传统渠道能够部分转化成为数字产品销售渠道。

销售工作重心放在组建市场运营部上，通过打造一支作风扎实、开拓性强的销售队伍，在较短时间内建立起数字产品独立的销售系统。

第四节　保障措施

——贯彻落实一岗双责。继续延续开放式党建的思路，将党风廉政建设与数字出版业务工作两手抓，两手都要硬，不能偏废其一。允分发挥党文部的战斗堡垒作用，发挥党员干部的先锋模范作用，以党建工作提升业务工作，以业务工作深化党建工作。

——坚持正确出版导向。坚持社会效益与经济效益相结合，把社会效益放在首位的原则，坚持正确的舆论导向。坚持以创新为根本发展理念，以社会主义核心价值观为引导，确保出版优质和精品文化内容。

——以政府项目为支撑。抓住政府宏观调控的机遇，以数字出版财政项目为支撑和依托，发挥财政资金的撬动作用，积极提高项目成果转化能力，打造出数字出版的行业示范性项目和标杆性项目。

——加快数字出版人才队伍建设。依托南京大学数字出版基地，通过内部培养、外部引进、业务培训和高端论坛等多种方式，加快数字出版骨干人才、核心人才的建设步伐，以体制机制吸引人才，以动力压力机制培养人才，以激励奖励机制留住人才，形成鼓励数字出版人才成长、促进数字出版人才队伍壮大的良好企业文化。

——奉行全员营销策略。组建市场运营部，打造一支作风扎实、开拓性强的销售队伍，在较短时间内建立起数字产品独立的销售系统。同时采取全员营销的模式，鼓励全社各部门开展数字出版销售工作。

——立足"事业部+公司制"的发展模式。数字出版采取"事业部+公司制"的发展模式，在数字出版事业部稳步发展的基础上，成立纯粹市场化运营的数字出版公司，适时引入股权激励、股权奖励等机制，推动数字出版的产业化发展和规模化盈利。数字出版公司在发展到一定规模和程度时，适当引入社会资金，按照现代企业制度进行经营和管理，实行独立的绩效考核、薪资待遇和经营策略，详见表4-1。

表4-1 专栏8 新兴出版培育工程（地质社企业发展战略规划）

01 国土资源知识服务工程
充分运用大数据、云计算、增强现实、虚拟仿真、人工智能等高新技术，立足出版社自身的国土资源内容优势，研发国土资源数字图书馆、知识库、大数据分析系统等数字产品服务，面向国土资源系统内部进行垂直分销，逐步构建国土资源知识服务体系，形成新的自我造血机制，产生出版社新的经济增长点。
02 信息化建设工程
全面提升出版社、大地出版集团的软硬件装备，提升网络安全水平，加强机房建设，提升出版社第二机房——国土资源数据中心建设；围绕出版社的 OA、ERP、保密工作、视频播控中心等重点投入；加强 CNONIX 、ISLI 国家标准落地，购置相关系统，实现出版业数据回流和用户行为精准分析；在适当的时机，购置云服务，尝试建立国土资源知识服务云平台。
03 融智库智慧出版工程
建设国家级重点实验室，逐步提高国有资本持股比例，制定分库加盟战略，横向建立区域级分库，纵向建设领域级分库，为新闻出版行业及国民经济特定行业提供智库报告、咨询服务、标准制定、方案设计等智慧型知识服务。
04 高新技术自主研发工程
采用市场并购的手段，拥有高新技术开发资质，为新闻出版行业及出版社自身提供技术开发服务，尽快拥有自主研发实力，重点布局知识服务、增强现实领域的高新技术企业并购战略，为出版社转型升级和融合发展提供技术支撑和智力支持。
05 中地数媒蓝海工程
重点推进中地数媒市场化、产业化、集团化发展，以中地数媒为依托，以融智库和高新技术公司为两翼，以知识服务中心、数据出版中心和智慧出版中心为发展主体，在高新技术人才、市场营销人才、新兴出版专门人才、高新技术系统购置、AR、 VR、 AI 等前瞻技术研发等方面加强投入，推进中地数媒公司尽快成为转型升级、出版融合新的经济增长点，加速推动传统出版和新兴出版的融合发展，逐步将数字化利润比例提升至出版社整体利润的20%以上。

第五章　企业级融合发展规划

"十二五"时期，传统出版机构在融合发展方面分别取得了机构设置、人才引进、高新技术应用等成果，也适时地推出了部分融合型产品；在未来的五年，出版企业坐拥政府财政支持的利好政策，纷纷进行融媒体、数字视听、数字动漫等方面的规划布局。要想真正实现传统出版、新兴出版融合性的发展状态，出版企业应该在坚持正确的政治方向和出版导向的前提下，不断创新生产管理流程，力促传统出版和数字出版生产流程的一体化；应该努力开创覆盖互联网、移动互联网的新型数字产品服务体系；应该持之以恒的学习新技术、应用新技术，以大数据、增强现实、虚拟仿真等新技术催生出数据出版、智慧出版等出版新业态；最后，要以全方位、立体化多层次的人力、财力、物力资源为出版融合保驾护航，不忘初心，继续前行，直至实现传统出版和新兴出版在内容、渠道、平台、经营、管理等方面深度融合和相得益彰。

遵循新闻出版规律和新兴媒体发展规律，运用传统出版的内容优势和渠道优势，发挥新兴出版的新媒体优势和技术优势，推动传统出版和新兴出版融合发展是新闻出版业的主要方向，也是"互联网+"时代新闻出版业转型升级的最终目标。"十三五"时期是形成传统出版和新兴出版融合发展格局的重要阶段，是出版企业贯彻双创理念、落实融合发展的重要五年，也是多元化经营战略执行、新型传媒集团组建、转型升级见成效的关键五年。

笔者2015年曾撰文指出："从媒体融合发展到出版融合发展，短短的一年时间，在政府信息层面，先后经历了三个阶段：2014年4月，人民日报上刊登了'加快推动传统媒体和新兴媒体融合发展'的文章；2014年8月，中央全面深化改革领导小组第四次会议审议通过了《关于推动传统媒体和新兴媒体融合发展的指导意见》；2015年4月，原国家新闻出版广电总局、财政部联合印发了《关于推动传统出版和新兴出版融合发展的指导意见》。"[①] 继上述融合发展的"三步走"之后，2016年，关于出版业融合发展的政策、项目频出，宏观形势利好的趋势依然保持——财政资金支持的力度不断加大，财政项目支持的比例不断提升，出版融合发展重点实验室政策也适时推出……这一切都预示着出版业融合发展步入了深水区，融合新政策应运而生，融合新思路层出不穷，融合新举措遍地开花。

第一节　"十二五"时期融合发展的成绩与不足

经过"十二五"时期的发展，国内的出版企业在出版融合的机构设置、业务布局、产

---

① 张新新. 融合发展的现状认知与路径思考——以传统出版单位为视角[J]. 科技与出版，2015（5）：18.

品创新、高新技术和人才引进等方面已经取得了部分成绩，实现了较好的社会效益和一定的经济效益。

——机构设置有所创新。首先是前两年，人民交通出版社成立文化创意发展中心，宣布进军影视产业引起传媒业震动；紧接着，地质出版社于 2015 年专门成立了融合发展事业部，分别由大众出版中心、科普中心、国际出版中心、新媒体中心和影视中心等部门构成，在机构设置方面已经基本实现了全媒体、多层次的布局和安排。

——业务布局已经展开。出版融合的业务布局已展开并取得了一定的成绩，就出版与视听融合而言，诸多出版企业纷纷进军影视产业或者动漫产业，成功拍摄并推广电视剧作品、电影作品或者是动漫原创作品。就出版与国民经济各行业的深度融合而言，各专业出版机构在新闻出版广电总局的统一部署下，2015 年完成了专业出版领域的八项知识服务通用标准研制，并将结合医药、法律、建筑、交通等国民经济各领域的具体特点和规律，开展知识服务模式的探索工作。

——创新性产品成功研发和推广。在"十二五"期间，出版企业勇于创新，积极尝试，先后推出了一批代表性强、示范性效应突出的融合型产品。例如，中国财经出版社投拍电视剧《大熔炉》并于 2015 年 7 月在北京影视频道上映；中国水利水电出版社投拍 30 集中英文 3D 动画片《中国治水故事》，并于 2016 年 4 月举行了验收会；地质出版社自主策划、自主编剧和自主导演的 4D 特效电影——《会飞的恐龙》于 2015 年进行了首映，并于项目验收前已经取得了 7 个国家级、行业级大奖，实现了逾百万元的市场收入，在社会效益与经济效益的统一方面产生了良好的示范效应。

——高新技术应用有所突破。"十二五"时期，出版企业都在为自身的转型升级积极思考，努力探寻，以文化产业的视野、文化产业与其他领域相结合的视野来谋求转型出路。就技术而言，相当多的出版人，尤其是数字出版人，已经跨越了传统出版技术的范畴，打破了传统出版技术提供商的束缚，分别在移动互联技术、多维特效电影技术、大数据分析统计技术方面进行了尝试和布局，成功获得了国家财政项目的有力支持，为出版机构进一步在互联网高新技术、移动互联传媒技术的应用方面积累了宝贵的经验。

——人才引进与调整基本到位。过去的五年，是复合型人才流动的五年，也是数字出版人才格局重整的五年；具备战略眼光的出版企业，往往通过丰厚的薪资聘任人才、通过科学的机制吸引人才、通过和谐的环境塑造人才、通过广阔的发展空间留住人才。这种全方位、立体化的人才策略，为部分出版企业汇聚了新媒体出版、数字化出版、智慧型出版、数据化出版等大批次人才，为出版社的转型升级打下了坚实的基础，也为出版融合发展提供了丰富的人力资源。

在看到成绩的同时，我们也应该清醒地认识到，"十二五"时期，出版业融合发展面临着一些不足：部分出版企业的认知还不够清晰，资源互融、渠道通融、技术兼融的布局和规划尚不到位；机构组织的设置，大部分出版机构还没有成立单独的出版融合领导小组或者工作小组，遑论独立的融合发展部门；高新技术应用方面，许多出版企业申报了相关高新技术的项目并且也获批，但是科技与出版融合的示范性项目还没有大规模的出现，技术应用于出版的社会效益和经济效益还需要时间来检验。

第二节　"十三五"时期融合发展的行业形势分析

"十三五"时期，在媒体融合、出版融合的时代背景下，新闻、出版、广电等文化产业领域呈现出百花齐放、百家争鸣的基本格局，新闻出版逐渐涉足影视动漫，广播电视逐步布局新闻出版，文化产业内部的深层次融合将不断提升。总体而言，出版融合面临着以下几个方面的发展形势。

首先，财政政策支持力度将不断加大。"十三五"时期有关主管部门将继续发挥财政引导示范和带动作用，着力改善传统出版和新兴出版融合发展环境。通过完善和落实项目补助、贷款贴息、保费补贴、产业基金、股权投入、绩效奖励等措施，实现财政政策、产业政策与企业出版融合需求的有机衔接。同时将继续实施新闻出版业转型升级重大项目，探索将传统出版和新兴出版融合发展纳入重大项目支持范围，突出重点、分步实施、逐年推进。值得注意的是，《关于申报 2016 年度文化产业发展专项资金的通知》（以下简称《通知》）支持范围由以前的主要支持项目，转变为一方面支持市场化配置资源，另一方面支持重大项目。《通知》中明确规定由原新闻出版广电总局负责媒体融合项目的征集和遴选，包括对出版业融合项目的征集和遴选。随着财政部下达 2016 年度 44.2 亿元文化产业发展专项资金，今年文化产业资金拨付的重大特点之一便是："首次取消一般扶持项目，其他 28.6 亿元全部投入重大项目，聚焦媒体融合、文化创意、影视产业、实体书店等八个方面，着力提高财政推动文化领域供给侧改革贡献度"[①]。由此可以看出，媒体融合是文化产业资金的重点支持方向，并且支持的范围、支持的力度相比其他领域都名列前茅。

第二，新闻、广电行业将深入推动融媒体建设。在"十二五"的基础上，"十三五"时期新闻报刊行业、广播电影电视行业将深入开展融媒体建设，采取单体企业设立融媒体中心、集团企业成立融媒体集团的方式，分别在行业性融媒体、区域性融媒体和品牌性融媒体的构建方面持续发力、有所作为。例如，河南省新闻广电系统成立了大象融媒体集团，浙江报业集团推出了"媒立方——融媒体传播服务平台"，光明日报则较早地创建了融媒体中心，布局媒体融合的产品和业务。

第三，出版行业进军数字视听领域是大势所趋。传统出版企业在进军电视剧、院线电影、动漫作品、娱乐节目等数字视听领域的基础上，仍将继续运用资本投资、自主拍摄、版权授予、纸电互动等多种方式，不断推动传统出版、数字出版与数字视听的产品互融、技术共融、渠道通融和业态创新。在 2016 年所申报的文化产业资金、国有资本经营预算金

---

① "财政部下达 44.2 亿元文化产业发展专项资金"，来源：财政部官方网站，http://wzb.mof.gov.cn/pdlb/gzdt/201608/t20160805_2376596.html，2016 年 8 月 17 日访问。

等项目中，为数不少的出版企业选择将"动漫 IP"作为申报重点，这表明出版机构在未来的发展蓄势方面，已经开始着手数字视听领域的布局了。

第四，传统出版与新兴出版多层次、立体化互融势不可挡。"十三五"时期，传统出版业务与数字出版、数据出版、智慧出版、全媒体出版等多种新兴出版业态将在资源互融的基础上，逐步实现内容、平台、渠道、人才、经营、管理等产业链各环节的深度融合与高度协同。

第三节　出版融合的策略机枢与发展保障

在发展新兴出版的过程中，出版企业必须始终把坚持正确政治方向和出版导向贯穿到出版融合发展的各环节、全过程，自觉体现社会主义核心价值观，始终坚持把社会效益放在首位，努力实现社会效益和经济效益有机统一；坚持正确处理传统出版和新兴出版关系，以传统出版为根基实现并行并重、优势互补、此长彼长；奉行"创新驱动发展"和"项目驱动发展"的双驱动战略，充分发挥财政项目在融合发展推进中的重要作用；坚持强化互联网思维，积极推进理念观念、管理体制、经营机制、生产方式创新；坚持一体化发展，推动传统出版和新兴出版实现出版资源、生产要素的有效整合；坚持多元化并行，重点突破和整体推进相结合，因地制宜、积极探索，将创意创新与出版融合紧密结合、有序衔接。

出版业的融合发展，需要在传统出版生产管理流程向现代出版生产管理流程方面进行转型和升级，需要开创覆盖互联网和移动互联网的数字产品服务体系，需要将大数据、AR、VR 等新理念、新技术、新业态及时与出版产业相结合，更需要在发展模式方面逐步实现部门制向公司制、股份制方面的迭代和演进。

一、创新生产管理流程

流程融合是传统出版和新兴出版融合的重要组成部分。一直以来，我们的数字出版都是在传统出版制作出产品的基础上，再进行内容资源的数字化、碎片化和数据化工作；所用的生产管理流程也是两套，传统出版自有传统的 ERP 系统，数字出版有独立的内容资产管理、编辑加工和产品发布系统。这种流程方面的滞后性、生产管理系统的双重性，导致了我们的生产方式较为落后，生产力没能得到解放和提高。

故而，创新生产管理流程的关键在于实现出版生产流程的一体化改造。出版企业要积极探索和推进出版业务流程数字化改造，建立选题策划、协同编辑、结构化加工、全媒体资源管理等一体化内容生产平台，推动内容生产向实时生产、数据化生产、用户参与生产等方面转变，实现内容生产模式的升级和创新，最终实现纸质图书产品与新兴出版产品的生产过程同步化、生产流程统一化、上线发布协同化。在生产管理流程一体化这个问题上，主管部门通过推动复合出版重大工程，为出版企业研发和配置复合出版系统；而市场推动层面，也不乏 Advance[①]等复合出版生产管理系统可以作为有益的借鉴和补充。

同时，创新生产管理流程，要实现流程的一体化，必不可少的是要建立健全绩效考核一体化体系。部分出版企业已经开始尝试采取"部门试点、有序推进、全员转型"的思路，在单品种图书产品、某部门图书产品的业绩考核方面，实现纸质图书考核与数字产品考核的一体化推进，既考核单品种图书的利润绩效，也考核该图书的数字产品利润绩效，将数字化绩效分配到每位策划编辑。从长远来看，全员、全社、全流程的数字化转型升级，必然要通过绩效考核的一体化推进来加以实现。

二、开创产品服务体系

传统出版和新兴出版的融合发展，必然呼唤融合型产品和服务的出现及普遍获得社会认可。传统出版的产品不必赘言，新兴产品的产品领域较为宽广，涉及数字游戏、数字动漫和数字视听，也包括基于移动互联所研发的数字新闻资讯等产品。

融合型产品服务体系的研发要遵循"七个一"的原则，要在变革和融合传统出版和新兴出版生产经营模式的基础上，建立健全"一个内容多种创意、一个创意多次开发、一次开发多种产品、一种产品多个形态、一次销售多条渠道、一次投入多次产出、一次产出多次增值"[②]的生产经营运行方式，激发出版融合发展的活力和创造力。需要说明的是，笔者以为，"七个一"的原则应该说是较高或者最高的要求，出版企业如果能在其中三四个环节实现互通互融，则出版融合的社会效益和经济效益就显得较为可观了。

具体而言，出版企业将要或者正在研发的融合型产品服务体系主要如下：

——构建移动互联型的数字新闻资讯服务体系。充分发挥微信、微博等移动互联型产品的传播优势，面向国民经济各行业提供个性化、专业化、精准化的数字新闻资讯服务，通过新闻资讯服务的开展，提升融合出版的社会效益和经济效益。

——健全数字视听产品体系。在传统出版资源优势的基础上，以 IP 打造为核心，尝试在特效电影、动漫产品、网络视频、网络剧、微视频等领域进行突破，充分运用出版社的大众出版、科普传播、幼儿教育等方面的优势资源，面向广大公众用户，提供喜闻乐见、普及性强的科普动漫、视听类产品。

——尝试进军数字游戏领域。在纸质图书、数字产品、特效电影、动漫作品的基础上，继续衍生出版融合产业链，探索网页游戏和手机游戏开发，逐步形成具有自主知识产权的数字游戏类产品。

---

① Advance 复合出版生产管理系统，系英国出版科技集团旗下的技术产品，由英捷特数字出版技术公司引入国内，中文名称"领先"复合出版生产管理系统。

② 晋雅芬."蒋建国在出版传媒集团主要负责人座谈会上强调加快推动传统出版和新兴出版融合发展"[N]，中国新闻出版报，2014 年 10 月 13 日。

三、推动新技术新业态

作为一种发展状态，传统出版和新兴出版融合，实现的关键是借助科技的翅膀，让出版业实现腾飞和跃升。不断地将新技术应用于新闻出版业，不断地开拓和实现出版新业态，对于融合发展的实现将会起到主要的推动作用。新技术所催生出来的新业态如下所述：

——以大数据技术领衔数据化出版。在技术层面，出版企业要运用大数据、云计算、知识标引、移动互联网、物联网等技术，加强用户数据、内容数据、交互数据建设，提高数据采集、存储、管理、分析和运用能力；在硬件建设方面，要重视信息化建设，购置足够数量的硬件设备，形成完善的数据安全机制，为数据出版奠定扎实的物质基础。

——以 AR、VR 技术推动智慧出版。AR 技术、VR 技术的应用主要在大众出版领域。出版企业不妨在认真学习、积极研究、严肃论证的基础上，运用财政项目支持，结合大众、科普传播优势，分别在增强现实、虚拟仿真等产品和技术方面实现突破和开创。

——以移动阅读技术推动移动出版。随着咪咕公司的成立和数字阅读白皮书的发布，以中国移动手机阅读为代表的移动出版，已经步入了发展新阶段。对于那些立足市场、以大众读者为用户的出版企业而言，移动出版始终是转型升级的出路之一。

四、尝试体制机制革新

2016 年 6 月 16 日，中地数媒公司正式入驻新的办公地点，这标志着地质出版社的数字出版成功实现了由"分社制"向"公司制"的迭代和升级。在未来的发展历程中，"公司制"的发展格局中能否探索和实现股权激励，又是考量数字出版人智慧和能力的一道论述题。

2017 年 9 月底，地质出版社下属子公司中地数媒成功收购了国家级高新技术企业北京瑞尔智讯科技有限公司，并且持股 51%。这意味着地质出版社的数字出版已经拥有中地数媒、中地睿知、瑞尔智讯三家公司共同支撑，形成了集团化发展、规模化发展的态势。与此同时，地质出版社数字出版业务 2017 年已经突破了千万元收入大关，实现利润 400 多万元，占全社利润的 20%以上。

要想真正达到传统和新兴融合的发展状态，就要坚持行政引导和市场机制相结合，探索以资本为纽带的出版融合之路，增强出版企业的市场竞争意识和能力，健全技术创新激励机制和容错、纠错机制，探索建立股权激励机制，逐步形成"部门制+公司制+股权制"的市场化出版融合发展机制。

五、强化配套保障措施

要保质保量地实现上述流程创新、产品开创、技术应用和机制革新，必然要求有切实可行的保障措施。只有保障措施到位，出版融合才能尽早到来。

　　——一岗双责确保融合导向。2015 年，地质出版社、人民法院出版社和知识产权出版社联合开展了"三严三实与数字出版主题活动"，在数字出版党建、开放式党建方面进行了有益尝试，也取得了业界广泛参与、高度认可的积极效果。2016 年，地质出版社牵头组织开展了"京津冀新闻出版界两学一做教育实践主题活动"，由北京、天津、河北三地的数十家新闻出版企业参与，取得了较好的交流效果，提高了数字出版人的党性修养。在全新的形势下，新兴出版需要建立健全一岗双责机制，充分发挥党支部的战斗堡垒作用，发挥党员干部的先锋模范作用，以党建工作提升业务工作，以业务工作深化党建工作；需要坚持社会效益与经济效益相结合，把社会效益放在首位的原则，坚持正确的舆论导向；需要坚持以创新为根本发展理念，以社会主义核心价值观为引导，按照"工匠精神"的要求，确保出版优质和精品文化内容。

　　——以资金、基金保障发展。在政府大力推动文化产业发展的时代背景下，作为出版企业，应该牢牢抓住政府宏观调控的机遇，以文化产业基金、国有资本经营预算金、源动力动漫工程等项目为支撑，以出版社企业基金为助力，发挥财政资金的撬动作用，积极提高项目成果转化能力，确保融合型产品的研发、融合性技术的应用和融合型人才的培养。

　　——强化融合人才队伍建设。融合型人才是推动出版融合，实现转型升级的关键和中坚，出版机构应制定出版融合发展人才培养规划，按照"政产学研一体化"的思路开展出版融合发展人才培养，尝试与高校合作成立出版融合研究基地；加大新兴出版内容生产人才、技术研发人才、资本运作人才和经营管理人才培养引进力度，进一步优化人才结构；设立出版社融合型人才基金，加强领军人才和复合型人才队伍建设；最重要的是，靠建立健全绩效考核体系，创新项目用人机制，探索出版融合发展条件下吸引人才、留住人才、用好人才的有效途径。

第二篇

应用高新技术

AR 技术应用于出版产业链的主要环节：3D 模型库、AR 编辑器、运营展示系统。3D 实景建模和 3D 虚拟建模，已成为 AR 技术应用于新闻出版业的关键性环节，但是目前存在着建模成本高、费用居高不下的问题；AR 编辑器的研发成为各技术企业竞相投资的方向，目前已形成"红海竞争"的态势；营销展示系统，因硬件设备的局限性，致使 AR 出版物走进千家万户、发掘每个潜在消费者存在一定的困难。

　　大数据技术应用于新闻出版业的主要步骤："以数据为生产要素，重塑出版产业链，按照'数据存储、数据采集、数据清洗、数据标引、数据计算、数据建模、数据服务'的步骤分别构建专业出版、教育出版、大众出版等各自领域的大数据服务系统"。大数据作为第三次人工智能热潮的基石，必将越来越受到重视和重用，成为人工智能时代新闻出版转型升级的不可或缺内容。

　　人工智能时代的来临，对出版业的各个方面、各种业态都将产生深刻影响：以协同化、同步化、一体化为典型特征的智能出版流程将在群体智能理念的引导下得以建立和健全；数据将被作为智能时代的能源和生产要素，大数据技术将全面作用于新兴出版的各种形态，包括在线教育、知识服务和 AR 出版等。出版的智能化升级将会推进知识计算引擎的研发和智能知识服务的提供，并进一步催化出各个行业的知识解决方案；AR、VR 智能出版将以智能建模作为新的突破口，聚焦于虚拟对象行为的智能化、社交化和交互性；智能教育将会体现在智能教育助理、智能教育机器人以及在线教育的智能化等方面；随着人工智能产业升级，智能机器人、增强现实和虚拟仿真的标准体系亟待健全和完善，同时，版权的碎片化、版权的复合性问题以及网络监管的复杂性会得到法律层面的回应。

第六章 AR 技术应用于出版的现状与趋势

随着增强现实和虚拟仿真技术的不断发展，国内 AR 出版技术厂商越来越火，不仅有传统 IT 的大型企业，还出现了一大批创业公司，不过仍然存在着技术依赖性强、设备粗糙、标准规范缺失等问题。AR 技术应用于出版业的结果是融合出版了一大批 AR 图书、AR 游戏出版物，并且逐步催生出 AR 知识服务系统。

AR 技术原理应用于出版产业链的主要环节包括：3D 模型库的建立、AR 编辑器的应用和图像识别显示。尽管目前 AR 出版物存在着研发成本高昂、盈利能力薄弱等问题，但是随着 AR 硬件设备、软件系统的不断发展，将会催生出 AR 出版物的快速增长、AR 出版物标准的不断完善、AR 出版技术的不断更新和 AR 显示输出设备的不断改进。

增强现实（Augmented Reality，AR）技术：是指借助计算机图形技术、可视化技术等技术将虚拟信息叠加集成在真实世界，使得真实世界和虚拟信息同时存在，从而达到超越现实的感官体验。基础技术包括跟踪定位技术、用户交互技术、虚拟融合技术和系统显示技术。

AR 技术具有三个突出特点：第一，真实世界和虚拟信息的集成；第二具备实时交互性；第三，在三维尺度空间中增添定位虚拟物体。AR 技术应用的范围特别广泛，主要包括旅游、教育、医疗、建筑、设计、游戏等领域。

增强现实技术原理应用于新闻出版业，主要包括几个核心环节：3D 模型库的建设、AR 编辑器的应用和图像识别显示。这三个环节，技术商主要发力点在 AR 编辑器的技术研发和推广、图像识别显示系统的构建，而作为新闻出版企业的内容提供商，其优势仍然在内容资源领域，在 3D 模型库的建构，尤其是专业出版领域的 3D 模型建构。相对而言，技术商在 3D 模型建构方面显得捉襟见肘和信息完全不对称，不过，仍然有大量的技术厂商通过购置、版权引进、自主研发等方式，在市场准入门槛不高的大众出版领域获取了大量的 3D 模型。他们不仅瞄准了 AR 出版的技术，同时也考虑向 AR 出版的内容领域，即 3D 模型建设方面进行渗透和抢占市场先机。

第一节 AR 技术应用的现状分布

一、AR 技术厂商现状分布

目前，国内大型企业如联想、百度、腾讯、阿里巴巴均在布局增强现实业务；与此同时，在创业公司层面，国内也涌现出梦想人科技、猫眼科技、奥图科技、亮风台、云视智通、央数文化、上海塔普仪器、大连新锐天地、视辰信息科技等增强现实公司，这些公司目前都表现出了较强的市场竞争力。这些技术企业目前主要研发领域包括：从事 AR 可穿戴设备研发（如奥图科技的酷镜）、从事 3D 建模进而构建自身的 3D 模型库、提供 AR 技术开发软件等。

目前国内 AR 技术厂商在技术研发方面存在的主要问题有：其一，芯片和软件等底层核心技术严重依赖于国外厂商，自主知识产权比例较低，野蛮生长现象比比皆是；其二，设备研发粗糙，图像、3D 模型大量存在着粗制滥造的情况，头盔、眼镜等安全系数低，潜在的安全风险较大；其三，国家标准、行业标准缺位，尽管工信部、国家新闻出版广电总局等有关主管部门在加快标准制定步伐，但是市面现有的大量 AR 出版物仍处于无章可循、无序发展的状态。①

二、AR 出版物的分布状况

国内已经有近百家出版企业纷纷试水 AR 图书的生产和制作，许多出版社已经开始布局用财政项目资金从事 AR 图书出版平台的研发和构建，进而在数字出版的道路上再次向科技与出版融合的目标靠近一步。

国内外 AR 出版物的大致类型包括：①AR 图书出版物，主要是 AR 图书和 AR 卡片，同时部分出版物需要佩戴 AR 眼镜；②AR 游戏出版物，随着《精灵宝可梦 Go（Pokemon Go）》游戏的大获成功，AR+LBS 的游戏模式越来越引起关注；③AR 知识服务系统/AR 引擎，旨在实现 AR 技术与出版产业链的融合。

第二节 AR 图书出版

随着 AR 技术应用的广泛化，AR 技术与传统出版的教育、大众、专业三大出版领域均有所结合，目前面世的 AR 图书出版分布的领域集中于以下几个方面：

一、AR 类教育出版产品

目前图书市场上的 AR 类教育出版产品主要包括教材教辅类 AR 读物和高职高专类 AR 读物。

（一）教材教辅类 AR 读物

教材出版的审核机制相对严格，就教材、教辅出版的 AR 技术应用先后顺序而言，大

---

① 在对京东、当当、亚马逊三大电商平台统计的 276 种 AR 图书评论中，差评主要集中于画面不清晰、声音不清楚、激活不灵敏、二维码不能折等质量层面，这也从反面说明了 AR 出版物标准的缺位。

部分出版社优先选择将 AR 技术应用于教辅出版领域，而对于教材的出版，只有在经过严格的论证、确保 3D 呈现内容的专业性和权威性之后才能加以实施。例如，人民教育出版社《足球教材》、北京师范大学出版社《初中物理》等出版物。

教辅类 AR 读物是目前 AR 技术应用于教育出版领域的优选方向，其原因是教辅出版的审查、审核机制相对宽松，同时也是传统出版机构试水新技术、提高市场份额的重要突破口之一。例如，山东教育出版社出版的《暑假生活指导》、龙门书局出版的《黄冈小状元》等图书。

（二）高职高专类 AR 读物

为了直观、立体的展现特定领域的职业教育内容，目前市场上已有出版社涉足高等职业教育 AR 出版的先例，典型的体现是科学出版社所出版的《爱医课》图书。

教育出版领域的 AR 产品品种相对较少，究其原因，在于 AR 技术应用于教育领域，一则其研发成本较高，会极大地提高图书定价，相对严格的定价体系约束了其大范围大规模的开发应用；二则长期阅读、使用 AR 出版物会导致视力下降、用户安全风险加大等问题。

二、大众出版

（一）科普类 AR 产品

"科技创新、科学普及是实现创新发展的两翼，要把科学普及放在与科技创新同等重要的位置。没有全民科学素质普遍提高，就难以建立起宏大的高素质创新大军，难以实现科技成果快速转化。"这是 2016 年习近平总书记在"科技三会"上的一个重要论断。科学普及被提到了前所未有的高度，与此同时，科普出版也相应地在各出版机构的战略规划中上升到了足够的高度。

AR 技术以其 3D 展示效果而被众多的出版企业率先用于出版科学普及类图书，例如：

中信出版社《科学跑出来》系列图书、山东教育出版社《恐龙大世界》、中国少年儿童新闻出版总社《安全人百科》、中国法制出版社的《贤二前传之宝藏传奇：钱可不是白花的）》、接力出版社的《香蕉火箭科学图画书》、湖南少年儿童出版社的《科学是这样的：一千个芒果的求证》、北京工业大学出版社的《探索北极》等图书。

（二）婴幼儿类 AR 读物

AR 技术应用于幼儿教育方面，具备天然的合理性和优越性，能够给婴幼儿教育带来直观、立体、3D 呈现的效果，也是目前各出版机构跃跃欲试的技术创新方向之一，目前在整个 AR 图书市场占比高达 90%以上。[①]

---

① 该比例系对京东、当当、亚马逊三大网络书店平台进行 AR 图书的统计分析后得出的结论。

目前市面上存在的婴幼儿类 AR 读物、卡片主要包括：华东师范大学出版社《美慧树》、安徽少儿出版社《AR 学习卡》；少儿类 AR 读物：中国少年儿童新闻出版总社《我们爱科学》、浙江少年儿童出版社的《孩子的科学》。

大众出版领域的 AR 产品规模大、品种多、市场表现也最佳，其原因在于婴幼儿图书领域的消费能力较强，家长们往往都愿意在子女教育方面加大投入。不过，长时期的阅读 AR 出版物，对婴幼儿的视力、感官的损伤应该被高度重视起来。

三、专业出版

在特定的专业出版领域，AR 技术分别用于制造业图书、摄影类图书等出版业务：例如，中国摄影出版社的《中国世界遗产影像志》、人民卫生出版社的《生物化学与分子生物学》、人民邮电出版社的《汽车文化（AR 增强现实版）》等。

上述类别的图书之所以采用 AR 技术出版，主要原因有：

其一，部分出版物所涉及的图书内容，在现实世界中很难被直观、立体的加以认知，例如医学领域所涉及的心脏的构成，这类图书最佳的展示效果是以 3D 模型的方式向读者推介；

其二，部分出版社所涉及的图书内容，在现实世界中根本无法被真实感知，例如已经灭绝了的恐龙，只有用科学数据加以描述、复制的 3D 模型，才能够给广大读者以增强现实般的感受和认知。

四、AR 图书出版物市场分布综述

经过统计，截至 2017 年上半年，AR 类图书在当当、京东、亚马逊三大电商平台的数量总计为 276 种，其中绝大多数分布于大众出版领域，尤其是婴幼儿读物领域，详见图 6-1。

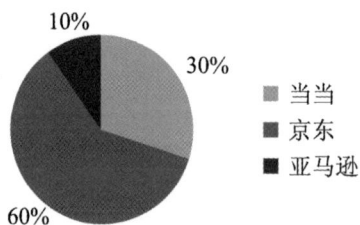

图 6-1　AR 出版物在三大电商平台分布图

已经面世的 AR 图书，也并不是尽善尽美。在已有的当当、京东等网店获知的读者评论直接的反映了现有 AR 出版物存在的不足与瑕疵：

首先，大部分 AR 图书的定价过高，大部分都超过 50 元，其中超过一半的图书定价超过 100 元，明显高于一般图书定价。这种明显超过普遍水平的定价策略，一方面固然是由于图书生产成本增加导致，另一方面，很重要的原因是抓住目标读者对 AR 技术的信息不对称而产生的"猎奇"心理。

其次，高定价与3D展示质量较差，引来大量差评。许多AR图书存在着粗制滥造、展示效果不佳的情况。由于准入门槛较低，许多AR技术厂商对出版业了解不足加上3D建模把关不严等原因，导致AR图书所展现的增强现实对象效果差，进而被很多读者报怨。

最后，高定价与3D展示数量的不足，给目标读者带来"雪上加霜"的体验感。大部分图书的3D展示数量较少，令大量读者读完后感觉上当，或者觉得"物非所值"，详见表6-1。

表6-1　三大电商平台AR图书评论汇总

好　　评	差　　评
形式新颖	内容太少
画面精美漂亮	价格较贵
内容贴近真实	支持显示的手机品牌较少
互动性强	激活码不能折叠，否则扫码失效
多种语音	个别单词发音不准
绘声绘色	动物不能叫出声
立体感强	功能单一
神奇的玩具	3D模型较粗糙
有创意	图案不真实
画面很酷	激活机会较少
图像生动	画面看起来有点晕
可以连接多种设备体验观看	动画活动空间和幅度不够大
卡片纸质不错	画面不够流畅，设计有待提高
动物和真的一样	触发灵敏度不够高
可以从不同角度观看三维立体图像	
效果逼真	
游戏和教育结合	

第三节　AR游戏出版

AR游戏通过技术手段将虚拟与真实的世界相叠加，而此前炒得火热的VR游戏是利用软硬件模拟一个完整的虚拟世界，让玩家获得身临其境的体验。之前任天堂推出的《Pokemon GO》手游让沉寂多年的AR技术再次登上舞台，风头迅速盖过火热的VR，由于该游戏锁区，所以国内玩家暂时无法进入。近期比较火热的AR游戏主要有：《精灵宝可梦GO Pokemon GO》《Ingress》《城市精灵GO》等。

值得关注的是，随着《Pokemon GO》在海外市场的火爆，"增强现实技术（AR）+基于位置的服务（LBS）"产品也成了国内游戏厂商争相追逐的研发对象。根据推测，AR+LBS的游戏模式将可能带来游戏玩家大规模集中于特定的地点，甚至有可能产生非法集会、扰乱社会秩序的巨大风险。

2017年1月9日，中国音数协游戏工委向原国家新闻出版广电总局咨询了"AR＋LBS"相关游戏出版管理政策，并得到了如下回复："出于对国家安全与人民生命财产安全的高度负责，目前总局业务主管部门正在与国家有关部门协调，组织开展安全评估，一旦形成评估意见，将及时向社会公布。在此之前，总局暂不受理审批此类型游戏，建议国内游戏企业在研发、引进、运营此类型游戏时审慎考虑。"这意味着国内还未拿到版号的 AR＋LBS游戏一段时间内将不能通过广电总局的审核。[1]

第四节 AR 知识服务系统

目前国内已有中国科技大学先进技术研究院的新媒体学院、梦想人科技公司等科研机构和技术企业，专门针对新闻出版行业，研发出独立的 AR 知识服务系统，主要包括：3D模型库、AR 编辑器、APP 展示商城、用户行为分析系统和定价支付系统等模块。

原国家新闻出版广电总局数字出版司在 2017 年所启动的新闻出版企业数字化转型升级技术装备配置优化项目的支持采购装备中，也明确提出，新闻出版企业可以根据企业自身发展实际情况，购置"知识服务支持工具系统、交互式在线学习/教育系统、增强/虚拟现实数字出版系统"等技术系统。[2]

前述 AR 图书出版物往往作为单一性的 AR 产品在市场出现，其基本的生产制作流程是由出版企业委托专门的 AR 技术厂商生产制作 AR 图书，这种生产制作的环节较为传统，出版企业往往承担的是委托加工的角色；而 AR 知识服务系统的出现，使得出版企业能够具备自主生产 AR 出版物的能力。

出版企业自主运用 AR 知识服务系统需要具备几个条件：

首先，要具备专门的 3D 模型库，三维模型的嵌入和展示是 AR 图书最核心的亮点，也是出版企业在 AR 出版产业链中所能够发挥核心竞争力的唯一板块。对于专业性出版社而言，三维模型的数据科学性、权威性和知识专业性是其生产和制作三维模型的天然优势和竞争筹码。

其次，需要具备掌握和操作 AR 编辑器系统的专业化编辑，能够准确地将相关的三维

① 原广电总局：社会风险大 暂不受理 AR+LBS 类游戏，凤凰网游戏，http: //games.ifeng.com/a/20170110/44528751_0. shtml，2017 年 5 月 5 日访问。

② 关于开展新闻出版企业数字化转型升级技术装备配置优化项目征集工作的通知，原国家新闻出版广电总局"新闻出版业数字化转型升项目级专栏"，http://www.gapp.gov.cn/ztzzd/zdgzl/cbyszhzxsjxmzl/contents/4380/330683.shtml，2017 年 5 月 15 日访问。

模型嵌入到指定内容板块。

再次，需要具备安全系数较高的网络环境，确保所嵌入的 3D 模型不被攻击，不被篡改网页，这在 AR 教育出版领域显得更为重要。

第五节　AR 出版的趋势分析

关于 AR 出版物的发展趋势，目前市面主要有三种观点：其一，完全乐观派。其表现是大力鼓吹 AR 技术应用于出版业的前景如何光明，甚至断言 AR 技术将颠覆传统出版业，代表性的文章是"一切出版都将 AR 化，传统出版已死？""AR（增强现实）又将颠覆出版业"等。其二，过度悲观派。其表现是过分强调 AR 技术的不成熟、不稳定，展示效果不佳，配套技术没有跟进发展等。笔者持第三种观点，审慎乐观看待 AR 技术应用于出版业。AR 出版物在 3～5 年内将会呈现快速增长的发展趋势，但是新业态出现后将会呈现稳定发展的局面。

一、完全乐观：一切出版都将 AR 化

完全乐观派的观点："AR 的创造性是无限的，是图书与数字出版之间的创新产品，AR 打造了阅读新方式做到，闻得到书香、摸得到触感，又能感受科技数字化的力量。AR 出版是传统出版与数字出版下一级产品，未来科技化是人们想要的选择，因此，所有出版都将 AR 化，传统出版已死！！！"[①]

二、过度悲观：AR 技术的不成熟及负面性

悲观的原因之一：设备不成熟，硬件不过关。AR 技术目前呈现的最主要载体是，其一，通过手机、PAD 或者电脑并辅以专门的 APP 程序软件，面向 AR 产品的专用 AR 手机迟迟研发不出，极大地影响了 AR 产品的应用和推广；其二，通过 AR 眼镜展示 3D 效果。目前国内的诸多技术公司都在致力于研发 AR 智能眼镜，但是，就其发展现状而言，在清晰度、美观度、体验效果、使用寿命、安全系数等方面还存在着较大的问题，还没有出现众所认可的 3D 智能眼镜。

悲观的原因之二：新技术的潜在危害性。不可否认的是，目前 AR 技术一拥而上，在制造、军事、医学、教育、游戏、出版等各领域都在发力，整个市场呈现出一片"欣欣向荣"的景象，但是，"兴一利必生一弊"，AR 技术的快速应用也带来了诸多潜在风险、隐

---

① 沈少维. 一切出版都将 AR 化，传统出版已死？搜狐网，http://www.sohu.com/a/120791052_518137. 2016 年 12 月 6 日访问.

患和现实的危害。

目前 AR 技术应用最多的方向在于婴幼儿的教育，如前所述，其带来的弊端是长时间的观看和体验，容易造成孩子视力下降、近视，甚至会出现头晕、呕吐等状况；任何一门学科、任何一门课程，其 AR 教材只能起到"锦上添花"的展示效果，并不能实现全过程的 AR 展示；AR 体验的虚拟性，容易造成青少年户外活动减少，带来身心健康的潜在威胁；对于自控力不足的青少年而言，AR 产品的应用，容易造成其沉溺于其中而不能自拔；对于内向型的孩子而言，AR 产品的过多接触，容易诱发其自闭的倾向，带来不可逆的心理健康威胁。

三、审慎乐观：快速增长后的稳定发展

2016 年的确是一个 AR 行业的爆发点，了解 AR 或者渴望 AR 的人数呈几何倍数增加。AR 游戏的一发而不可收，AR 图书产品如雨后春笋一般到处涌现，AR 国家标准、行业标准的呼之欲出，显示了其具备足够的发展潜力。

就新闻出版业而言，AR 技术在出版业的应用步伐加快，在总局层面，高度重视 AR 技术应用标准、AR 技术应用报告，原总局数字司在新闻出版企业转型升级装备配置优化的通知中将"增强现实数字出版系统"明确列入配置的"可选装备"范围，并委托融智库研制 AR 技术在出版业应用的发展报告，中国新闻出版研究院启动了 AR 技术在新闻出版业应用的预研究课题；在企业层面，地质出版社委托南京大学信息管理学院研制 AR 出版物企业标准、AR 白皮书报告；在产品层面，中信出版社、江苏凤凰教育出版社、山东教育出版社、中国法制出版社等一大批出版社分别出版发行了自己的 AR 图书，掀起了一股 AR 图书热潮；在技术层面，以苏州梦想人科技为代表的 AR 技术公司积极融入出版业，大力推广 AR、VR 技术在出版业的应用，随处可见他们活跃于出版圈的身影。

但是，AR 技术大面积大规模地被应用于新闻出版业仍然需要 AR 智能眼镜、AR 手机等设备的完善和升级，就像 1987 年"大哥大"手机进入中国，到 1995 年才在中国引起一个小规模的爆发，只有富豪才能用得起"大哥大"手机，但是手机得到大规模的推广和普及却要到 2000 年。到 2005 年，手机几乎是每个人的必备品了。

AR 出版产品必然也会经历市场长时间的考验，在时间的检验中加以改进和完善，最终实现大规模应用和推广。不过值得庆幸的是，现在的智能手机能够给市场带来足够惊艳的 AR 体验，在 AR 出版物还没有成熟之前，市场已经对 AR 产品产生了急切的需求。这对未来 AR 产品的推广和普及起到非常巨大的作用。

审慎乐观的原因如下：

（1）工信部、原国家新闻出版广电总局等有关部委高度重视 AR 技术的应用和相关标准的研制。2016 年 5 月 10 日，工信部中国电子技术标准化研究院和新华网联合征集了虚拟现实（VR）和增强现实（AR）国家及行业标准。如上所述，2016 年 7 月，原国家新闻

出版广电总局也开展了 AR 技术应用于新闻出版业的标准预研究课题，2016 年 12 月，开展了 AR 技术应用于出版业的白皮书研究工作。

（2）媒体深度融合呼唤新技术继续应用于新闻出版业。AR、 VR、 MR 等技术应用于新闻出版业，应用于教育出版等垂直领域，也是媒体深度融合的需要。新闻出版业转型升级是个长期过程，在转型的过程中，如大数据、AR、AI 等高新技术的应用是加速融合、推进升级的重要助力和支撑。

（3）国家继续扶持文化产业发展的政策，将为 AR 出版物的产业化发展提供重要战略机遇期。近几年，政府主管部门充分运用财政杠杆的宏观调控手段，以文化产业发展专项资金、国有资本经营预算金等政策和资金支持文化产业的发展和繁荣，历年来共计投入 200 多亿元，这种投入还将继续保持并有所扩大，这是 AR 出版产品产业化、规模化发展的最重要推动外力。

（4）AR 辅助设备的完善和升级是个长期过程。之所以保持审慎，是因为，AR 智能眼镜的不完善、AR 标准的付之阙如、AR 手机的迟迟未出现、AR 出版研究报告的缺位等，这些因素都是制约 AR 技术应用于出版业的重要因素；也是政府主管部门对 AR 技术应用保持谨慎乐观的重要原因。

结语：已有越来越多的出版结构选择尝试 AR 技术应用于传统出版，数十家出版社已经累计出版了三百多种 AR 图书产品，但是许多研发 AR 出版物的机构也是抱着"试试看"的心理，大部分是用转型升级财政资金来试水，真正的用自有资金投入 AR 产品，实现 AR 出版产业化还有一段很长的道路要走。

在 AR 出版呼声日隆的现象背后，我们要清醒地认识到其存在着成本高、自主知识产权薄弱、产品标准不统一、盈利趋势不明朗等问题；不过，仍然要在媒体融合的大背景下，努力将 AR 技术原理与出版业相结合，研发相关国家标准、行业标准，推动 AR 出版由"无序生长"的状态转型到快速、健康、稳定的发展轨道上。

第七章　AR 出版产业发展分析与展望

经过三年的研发，我国 AR 出版物经历了从无到有、从小到大、从高速增长向高质量发展的阶段。AR 出版产业链由 3D 模型库、AR 编辑器、输出展示系统三部分构成。传统出版机构在 3D 模型库的建立方面具有专业性、体系化、科学性的天然优势，新型互联网企业则重点发力于 AR 编辑器的研发和推广，输出展示系统目前主要集中于 AR 头显、AR 眼镜、AR 手机和 APP 等载体。AR 出版产业的健康、快速发展，有赖于政府主管部门及时出台鼓励发展政策，有赖于企业标准、行业标准体系的建立健全，有赖于 AR 阅读体验的改进和优化，有赖于 AR 出版高端人才的培养与运用。

整体而言，我国出版业对于 AR 技术的应用尚处于探索阶段。由于 AR 技术本身还在不断成熟，出版企业对 AR 技术的创新应用受技术发展水平限制还比较明显，大多数 AR 出版应用产品尚不成熟，AR 硬件设备及核心系统尚需完善，加之相关技术标准和行业标准不足也制约 AR 出版物发展。与此同时，受 AR 技术专业性及专业人才等因素的影响，国内综合技术实力领先的新兴互联网企业在 AR 领域的创新活力和创新能力，普遍要强于传统出版企业。

经过 2015 年至 2017 年连续三年的发展，AR 出版产业已经形成了一定的集群效应，在管理层面引起了政府主管部门的高度重视，在行业层面引起了新闻出版企业的重要关注，在目标用户层面得到了广大读者的认可和肯定。但是，对 AR 图书价格过高的"吐槽"、对 3D 模型不清晰、声音图像调取不成功等方面的批评现象也时有发生。为此，进一步梳理和明确 AR 出版产业链的构成就显得殊为重要和难能可贵。

AR 出版产业链由四部分构成：3D 模型库的建立、AR 编辑器的研发与应用、AR 输出展示系统以及 AR 图书市场销售。换言之，增强现实技术原理应用于新闻出版业，主要包括几个核心环节：3D 模型库的建立、AR 编辑器的应用和图像识别现实。[①]3D 模型的研发、制作与应用，是 AR 出版物与 MPR 出版物的最大差别，也是 AR 产业对现实进行增强表达的关键，是广大读者尤其是婴幼儿、青少年读者热衷于 AR 图书的核心所在；AR 编辑器主要由技术公司研制，负责将 3D 模型嵌入到图书固定的部分，并设定相应的 AR 码，便于将 3D 模型调取和展示；AR 输出展示系统，是 AR 图书效果呈现的关键环节，目前主要包括智能手机、APP 程序、AR 眼镜、AR 头盔等；AR 图书市场销售目前整体情况不太乐观，处于高成本、低回报、盈利模式尚不清晰的状态。

---

① 郭玉洁，龙振宇，张新新. AR 出版的现状及趋势分析[J]. 科技与出版，2017（08）.

第一节　AR 出版产业链（一）——3D 模型库的创建

在各式各样的 AR 出版物之中，3D 模型适用的场景主要有两种：其一，在现实生活中，很难为肉眼所见的物体，这类物体用 3D 模型的形式加以展示，用于教学或者科普，将会起到事半功倍的作用；例如，心脏的三维模型；其二，在现实生活中，永远也不能见到的物体或者生物，人们只能通过想象在脑海中加以呈现。这样的物体或者生物，以科学、精准、等比例的三维模型加以呈现，将会起到增强现实的效果。例如，已经灭绝的生物，恐龙、剑齿虎等。

在 3D 模型库建立的过程中，传统出版机构具有无与伦比的优势。传统出版机构，尤其是专业出版企业，经过连续三年的知识服务建设，已经积累了各个学科大量的知识，并且已有相当一部分出版社建立了自身的知识元库和知识体系。知识体系对于构建科学、精准的 3D 模型具有直接的指导和参照意义。例如，地质出版社在恐龙这个地学细分学科领域，不惜重金，构建起了大部分 3D 模型，同时及时将这些模型与生命进化、化石演化、地学科普等图书相结合，起到多次复用的效果，正在出版一系列地学 AR 的图书。

值得关注的是，新兴互联网企业在立足 AR 技术优势的同时，也在 AR 生态圈中布局 3D 模型库，试图通过技术、内容、销售的次序，逐步打通 AR 出版生态圈。例如，苏州梦想人科技公司自建 AR 模型多达 4000 多个，合作共建的 AR 模型达到近 5000 个，已经储备了相当数量的 3D 模型。

不过，新兴互联网企业所构建的 AR 模型，在精准度、科学性、严谨性等方面存在着一定的误差，也导致了用户在阅读相关 AR 图书时提出批评。在对三大网络电商用户交互数据的分析统计中，发现针对 3D 模型，用户提出有"动物和真的不一样、3D 模型较粗糙、图案不真实、动物不能发出声音"等模型瑕疵；而现实案例中，甚至出现了有的技术公司将恐龙的脚趾数量弄错的情况。

越来越多的传统出版机构不断意识到，构建各专业知识领域的 AR 模型，将会直接影响出版企业是否能够占据 AR 出版生态圈中的主导权和话语权，将会直接影响出版企业能否开展更加立体化、更加丰富、更加纵深的知识服务，将会直接影响未来 AR 出版产业能否健康有序发展。

3D 建模的主要路径包括：实景建模、虚拟建模和智能建模。值得关注的是，目前 3D 建模的"软肋"有：首先，建模成本居高不下，一本幼儿园的教材，AR 模型在 10 个左右，其 AR 模型成本高达数十万元；其次，建模水平不高，尚处于初级阶段，目前的 3D 建模绝大多数属于"静态建模"——即对实体的建模，而对于"动态建模"——虚拟对象行为的建模则没有涉及；同时，国内 3D 模型的智能化、社交化显示与体现基本尚未开展。为此国务院印发的《新一代人工智能发展规划》做出战略预判和指导，明确指出："重点突破虚拟对象智能行为建模技术，提升虚拟现实中智能对象行为的社会性、多样性和交互逼真性，实现虚拟现实、增强现实等技术与人工智能的有机结合和高效互动。"

第二节　AR 出版产业链（二）——AR 编辑器的研发与应用

AR 编辑器的主要功能在于，为传统出版机构提供 AR 出版物生产、制作和管理的工具集。市场现有的技术厂商，如漫阅科技、苏州梦想人科技，均自主研发了 AR 编辑器，能够将 3D 模型管理、知识标引与分类、3D 模型植入、模型编辑加工等流程集于一体，形成了相对完整的 AR 出版流程。AR 编辑器除了对 3D 模型生产、制作、管理以外，还附有对图片、声音、影像资料的管理与植入功能，甚至有的具备对 AR 使用频次、用户数据分析的功能。在"中国大地出版社地球科学 AR 编辑器"中，可以看到 AR 技术与大数据统计分析相结合的功能：例如 AR 分析模块，包括 AR 模型使用次数分析、图书使用 AR 排行、单书使用 AR 统计；例如用户分析系统，包括用户区域分析、年龄结构分析、阅读领域分析，见图 7-1。

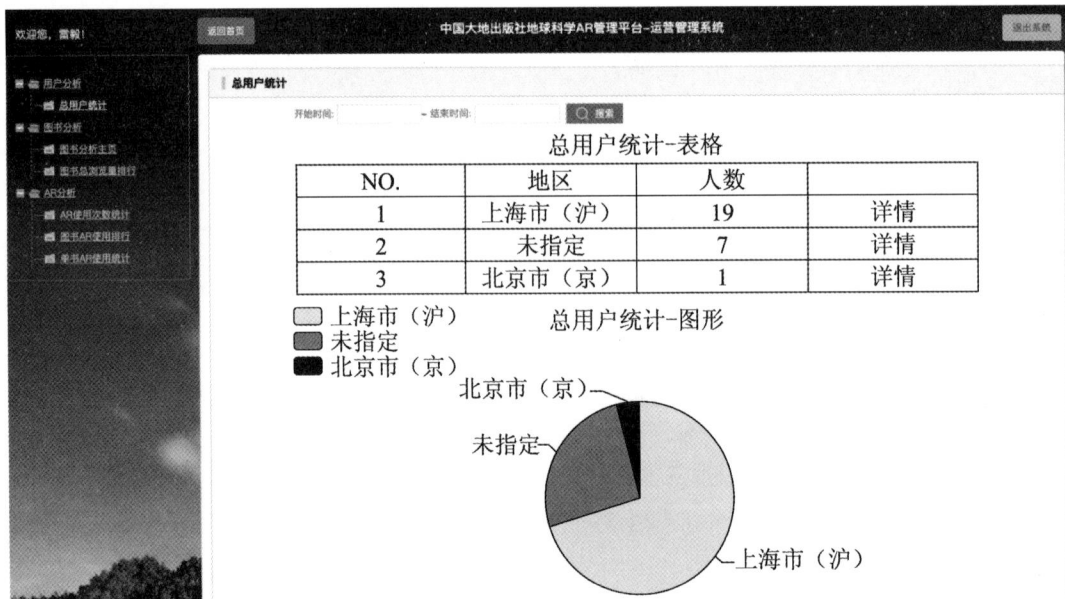

图 7-1　中国大地出版社地球科学 AR 管理平台

ISLI 国家标准提出的"服务编码、关联编码、校验码"的相关规定，足以胜任 AR 出版物的生产、制作、流通和管理要求。但是，目前的 AR 出版物，在 3D 模型与图片、文字的关联关系管理仍然处于较为粗犷的阶段，在 AR 编码规则、识别显示等方面也是良莠不齐。AR 编辑器与 ISLI 国家标准的衔接紧密度不够，在 ISLI 码的申请、码段分配、铺码规范、编码管理、模型与图片文字的关联关系确定等方面，还处于缺位状态。

第三节 AR出版产业链（三）——输出展示系统的优化

在输出展示系统方面，AR出版物目前主要通过头显、AR眼镜、AR手机、APP等载体加以显示。尽管目前在商场、旅游景点等许多大众文化消费的场合，AR/VR头显随处可见，并且价格便宜，能够让普通消费者随处体验。但是，不可否认的是，AR输出展示系统还是存在着许多硬伤，其一，输出显示设备不便携、不友好、较为"蠢笨"，参与体验的用户的确可以做到"身临其境"地沉浸到增强/虚拟环境中，但是，从旁观者角度看，似乎难以理解；其二，输出显示设备价格高昂，但凡体验效果较好的设备，例如微软Microsoft HoloLens，价格都在数万元，难以与普通大众的消费能力相匹配，而国产的AR眼镜、AR头显，尽管价格低廉，但相伴相生的是粗制滥造、增强效果很差；其三，目前许多设备都设置了完全沉浸式的体验，如果在开阔的室外场景，则蕴含着诸多安全风险。例如，国际上第一例AR游戏致死的案例发生于爱尔兰的都柏林，游戏玩家因沉迷于捕捉精灵而失足落水溺亡。日本每年有数十起因沉迷于"AR+LBS"游戏而导致的交通事故。

未来几年在输出展示系统方面可能取得突破性进展的是AR眼镜和AR手机。其中，AR眼镜的便携化、混合现实与虚拟现实的功能将会成为重点创新的领域。前段时间上映的科幻电影《王牌特工2：黄金圈》《星际特工：千星之城》均展现了AR眼镜的镜头，可以支持远程视频虚拟会议，将现实与虚拟融为一体的特效的确令人震撼。

第四节 AR出版产业链（四）——AR图书市场销售

在AR出版物历经3D模型库的建立、AR编辑器的应用、输出展示系统的建设之后，成熟的AR出版物已经形成，此时，AR出版物步入了最后一公里——市场销售环节。在经过多单位、多品种、多类别的AR出版物统计分析之后，可以发现，目前AR出版物的市场销量并不十分乐观，除了2015年度第一批AR出版物因为"眼球经济"而取得较好销量以及极个别的图书延续了传统图书畅销趋势之外，其余大部分AR出版物的销售情况并不十分理想。这也意味着AR出版物的高投入、低回报、盈利模式不清晰的行业现状还将维持一段时间。

据融智库最新数据统计：截至2018年3月，当当、亚马逊、京东三大电商可统计AR类图书275种。[①]

在该275种AR图书之中，按照出版领域划分，科普图书种类最多，销量最高，多达

---

① 注：该数据与2017年8月发表于《科技与出版》的《AR出版现状及趋势分析》一文的数据统计有差异，主要原因是对重印书、修订书的品种没有重复计算。

168 种，占比 61%；大众图书类 5 种，占比 2%；动漫动画类占 56 种，占比为 20%；教育类占 46 种，占比 17%，见图 7-2。

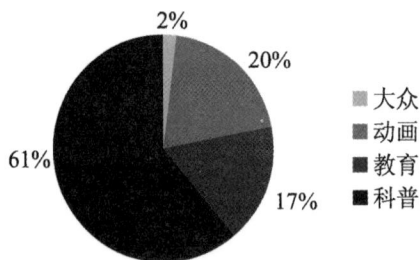

图 7-2　三大电商平台 AR·图书种类比例

在该 275 种 AR 图书之中，按照图书销量的维度加以划分：当当累计销量 21 万册，亚马逊累计销量 165 册，京东累计销量 10 万册，总销量 31 万册；另外，最畅销的 AR 图书《给孩子读诗》销量超过 25 万，系其纸质图书发行超过 100 万册的纪念版本，传统纸质图书的畅销效应传递到了 AR 图书，具有一定的特殊性。

在该 275 种 AR 图书之中，按照出版时间的维度加以划分，2015 年出版 15 种，2016年出版 87 种，2017 年出版 66 种。可以看出，2016 年的 AR 出版物相对于 2015 年而言，增加了 480%；然而，在经历了 2016 年的爆发之后，2017 年的 AR 图书市场趋于理性化，出版总体数量相对 2016 年下降了 24.2%，见图 7-3。

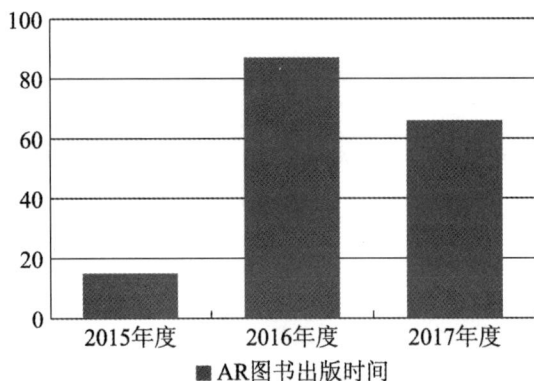

图 7-3　三大电商平台 AR 图书出版时间

通过用户在当当、京东和亚马逊三大图书电商平台购买 AR 出版物后所做的评论情况来看，62% 的用户给出了五星好评，16% 的用户给出了四星好评，11% 的用户给出了三星好评，8% 的用户给出了两星好评，3% 的用户给出了一星好评。我们可以看出，较高星级的售后好评所占比例尽管处于相对多数，但是仍然有较大的提升空间，[①]详见表 7-1。

---

① 融智库.AR 技术在出版业应用研究报告.2017 年 9 月发布。

表 7-1 三大图书电商平台 AR 出版物售后好评度统计分析表

好评度 平台	☆	☆☆	☆☆☆	☆☆☆☆	☆☆☆☆☆
当当	5%	12%	14%	16%	53%
京东	0	5%	12%	19%	64%
亚马逊	2%	6%	8%	15%	69%
加权平均	3%	8%	11%	16%	62%

第五节　AR 出版产业化发展的思考与建议

随着 AR 出版物的普及，消费者最初对于增强现实这种新的阅读形态的猎奇心理逐渐转向理性化；与此同时，AR 出版物的定价高、出版物水平良莠不齐、安全风险评估未到位等问题也逐步暴露。

在这种背景下，出版业在 AR 应用方面既需要保持开放和宽容的心态，提供持续的创新动力，又需要对技术和行业应用进行标准化管理，以推动 AR 技术健康、持续、快速地应用于新闻出版业。当前，AR 技术在出版领域应用尚需在政策引导、行业规范制定、用户体验提升、人才培养打造等方面继续努力，以切实推动"AR+图书出版""AR+游戏出版"等 AR 出版产业的创新发展。

具体而言，建议政府主管部门在以下几个领域对 AR 技术应用于出版业进行宏观调控和指导：

一、出台扶持发展政策

国务院印发的《新一代人工智能发展规划》（以下简称《规划》）中明确规定："研究虚拟对象智能行为的数学表达与建模方法，虚拟对象与虚拟环境和用户之间进行自然、持续、深入交互等问题，智能对象建模的技术与方法体系。"《规划》对 AR 智能建模、虚拟对象与虚拟环境之间的交互提出了明确的技术创新要求，有助于推动 AR 技术的创新和应用。

2017 年 4 月，原国家新闻出版广电总局数字出版司下发的《关于开展新闻出版企业数字化转型升级技术装备配置优化项目征集工作的通知》中旗帜鲜明地指出："实现运营数据化、服务知识化，支持企业加强版权资产管理、开展知识服务，支持数字印刷、少数民族文字出版及古籍出版等专项业务。包括，版权资产管理系统与版权保护工具集、数字印刷工具、运营服务支撑系统、知识服务支持工具系统、交互式在线学习/教育系统、增强/虚拟现实数字出版系统等"。

从新闻出版管理部门相关负责同志的介绍中可以看出，新闻出版深化转型升级重点推动的重点工作第一项便是："优化技术装备。加快重大科技工程的成果转换，构建数字出版产业标准体系，建设技术公共服务体系，支持企业优化技术装备。依托重点实验室开展共性关键技术研发，促进云计算、物联网、大数据、区块链、增强现实、虚拟现实、人工智能等新兴前沿技术在新闻出版领域的应用。"[①] 相信对于技术装备的优化，包括对增强现实、虚拟仿真的技术应用将会及时写入相关政策文件，进而更好地推动 AR 出版产业发展。

建议新闻出版业在认真论证、全面调研的基础上，由政府主管部门出台一系列鼓励发展、推动创新的政策和指导意见；由新闻出版政府主管部门主导出台增强现实与知识服务、增强现实与大数据、增强现实与转型升级、增强现实与融合发展紧密结合的相关政策，以便更好地鼓励、指导和规范 AR 出版新业态；由新闻出版政府主管部门联合财政部门，出台一系列扶持 AR 出版发展、鼓励出版业 AR 技术创新、加速出版业 AR 人才培养的财政政策，给予出版业 AR 技术应用以政策、项目和资金支持；由新闻出版行业协会牵头，组织和开展一系列 AR 技术应用于出版的高端论坛和会议，发布相应行业指导规范，不断提升 AR 技术落地的可能性，不断找寻 AR 技术与出版业融合发展的结合点。同时，要出台一系列规范 AR 出版产品、确保信息传播安全的相应管理规定，对 AR 输出展示的平台系统安全性提出要求和规定，确保 AR 技术在新闻出版业的应用符合快速、健康的发展原则。

二、建立健全标准体系

首先，在企业标准层面，要鼓励新闻出版企业、科研院所和技术企业联合开展 AR 技术应用于新闻出版业的标准规范研制，加强 AR 出版领域企业标准的应用和实施；第二，在团体标准层面，通过一定范围的企业应用，将 AR 出版领域的企业标准规范推广至新闻出版企业、团体和机构，逐步演变为团体标准；第三，在行业标准层面，提取 AR 技术应用的共性规范和通用规范，在适当的时机，将团体标准上升为指导性行业标准，以规范 AR 出版物的有序发展和 AR 出版产业的健康成长；最后，在充分调研、认真论证的基础上，形成 AR 出版领域的国家标准，并做好与其他国家标准的有序衔接。

在标准的具体内容层面，研制和应用基础类标准、产品类标准、技术类标准和管理类标准。其中，基础类标准包括术语标准、标识标准、元数据标准；产品类标准包括增强现实出版物质量标准、多媒体数字文件质量标准、质量检测标准、多媒体内容封装格式标准、硬件功能标准、平台服务功能标准等；技术类标准涉及终端硬件技术、呈现软件系统技术、图像识别技术、三维建模技术、服务平台技术标准等；管理类标准包括生产的流程管理标准、资源管理标准、平台管理标准等。

与此同时，如前所述，要处理好 AR 出版领域系列标准与 ISLI 国际标准、国家标准的关系问题。AR 出版作为 MPR 出版的一个具体分支领域，其本质在于将文字、图片内容与

---

① 冯宏声. 关于推动新闻出版业数字化转型升级进入深化阶段的总体思考. 数字出版在线，2018 年 2 月 23 日.

三维模型进行关联，属于 MPR 出版物的一种创新形态。AR 出版系列标准要遵从 ISLI 国家标注所确定的服务编码规则、知识关联规则、源与目标关联关系、关联编码规则等规定，要逐步实现编码申领、编码校验、编码管理的专业化、规范化和统一化；在相关工具系统层面要实现与 ISLI 技术工具和系统的良好衔接。

三、提升 AR 出版物的用户体验

鉴于在 AR 技术开发与应用的自主知识产权大多被国外技术公司所垄断，政府主管部门应大力提倡和鼓励我国的新闻出版技术企业大力研发增强现实、虚拟仿真领域的核心和关键技术，在 AR 开发工具集、AR 软件开发包（SDK）、AR 浏览器等领域逐步提高我国增强现实、虚拟仿真的自主知识产权比例；在 AR 硬件设备方面，要继续努力提高用户体验的友好性和便捷性，推进 AR 可穿戴设备便于携带、易于使用；在 AR 出版核心工具和系统领域，要致力于 AR 编辑器、3D 模型库、输出展示系统和用户行为分析系统的研发，逐步打造适合于出版业的增强现实数字出版系统；在增强现实的三维模型研发层面，要根据国民经济发展的具体需要，重点围绕第一、第二、第三产业研发和制作三维模型，为 AR 出版的长足发展提供资源基础和储备。

四、推动 AR 出版的产业化发展

在 AR 出版产业链的完善方面：

首先，鼓励技术企业大力研发增强现实的编辑器工具系统、3D 建模工具系统和运营服务系统平台，不断提高出版业 AR 工具系统的实用性和便捷性；

第二，根据新闻出版业转型升级的整体部署，倡导新闻出版企业根据自身的专业出版领域、特色出版优势，适时开展三维模型的建构和研发，以适应 AR 出版的发展潮流，以有效应对 AR 出版业的激烈竞争；

第三，有效探索合理的商业模式，推进 AR 出版的市场化和产业化发展；通过对 AR 数字出版系统的构建与销售、对 AR 类图书、卡片、数字产品的推广和运营，不断提高 AR 出版的市场规模和用户规模，不断提升 AR 技术与出版业相结合的产业发展水平；

第四，设立产业投资引导基金，鼓励出版企业通过投资、并购等方式与包括 AR 技术公司在内的数字出版技术公司深度合作，充分发挥积极的示范、杠杆作用，在资本层面助力 AR 技术应用于出版业。

五、加快 AR 人才的培养与打造

在科研层面，鼓励新闻出版企业、技术企业与科研院所通过共建实验室、签署战略合作协议等方式，联合开展 AR 技术应用于出版业的前瞻性课题研究；探索开设增强现实方面的出版课程，从人才源头确保 AR 出版业的有序健康发展；加强 AR 技术应用于出版业的相关培训，提高新闻出版企业的科技接受水平和技术应用能力；开展一系列 AR 模型制作、AR 编辑器应用、AR 产品运营等方面的行业大赛，不断提高新闻出版从业者的 AR 技术驾驭能力和应用能力。

结语：AR 前景展望

经过三年的发展，AR 出版物从无到有，规模从小到大，涉及领域从狭窄到宽泛，从企业标准到行业标准，正渐入佳境、步入良性发展轨道。可以展望的是，AR 出版物真正的风口到来，尚需 3～5 年的技术突破，其突破的标志是，AR 输出展示设备，如便携式 AR 眼镜的研制成功和量产推广。到那时，AR 出版物方可进入千家万户，进而满足消费者个性化、全方位、多样性的精神文化需求。

第八章　大数据应用于出版业的原理

大数据进入新闻出版业的里程碑事件主要如下：

（1）2013 年，被誉为大数据的元年，自浙江人民出版社《大数据时代》一书出版以后，首先掀起了一股大数据领域的出版热潮，之后，大数据一直作为一个热门话题，在各行各业都引起了高度关注；

（2）2014 年 5 月，美国白宫发布了《2014 年全球"大数据"白皮书》，内容涉及大数据与个人、美国政府的数据开放与隐私保护、公司部门的数据管理、大数据的政策框架等内容；

（3）2014 年底，原新闻出版广电总局开展了关于"十三五"时期"大数据在新闻出版业应用"的课题预研究工作；

（4）2015 年 9 月，我国国务院对外公开了《促进大数据发展行动纲要》，提出未来五到十年我国大数据发展和应用的十大工程，包括四大"政府大数据"工程、五大"大数据产业"工程以及网络和大数据安全保障工程，其中特别提到了新闻出版业紧密相关的知识服务大数据，指出要"建立国家知识服务平台与知识资源服务中心"；

（5）2016 年 1 月 7 日，发改委办公厅发布《国家发改委关于组织实施促进大数据发展重大工程的通知》，提出重点支持大数据示范使用和大数据共享开放，重点支持基础设施统筹和数据要素流通；

（6）2016 年 2 月 4 日，原广电总局发布《关于报送新闻出版领域促进大数据发展重大工程项目的函》，面向新闻出版业征集意见，同时积极准备向国家发改委申报新闻出版大数据重大工程；

（7）2017 年 3 月 8 日，《新闻出版大数据应用工程》入选发改委大数据发展重大工程；

（8）2017 年 9 月原国家新闻出版广电总局公布《新闻出版广播影视"十三五"发展规划》，其中在"专栏 3 传统出版与新兴出版融合发展项目"列出："4. 国家出版发行大数据工程。汇聚新闻出版行政管理机构及新闻出版单位的基础业务数据，建设行业信息数据库，建设出版产品信息交换平台和新闻出版大数据综合服务平台，实现行业基础数据的开放与共享，支持新闻出版企业开展大数据应用。"

详见图 8-1。

大数据技术应用于新闻出版广播影视行业呈现加速发展、快速融合的态势。从之前财政部公布的 2014 年、2015 年文化产业专项资金项目来看，2014 年获批的大数据项目为 9 个，2015 年这一数据更新为 17 个，详见表 8-1 和表 8-2。

一、2013年——大数据元年

八、2017年9月，《新闻出版广播影视"十三五"发展规划》，"专栏3 传统出版与新兴出版融合发展项目"列出：4.国家出版发行大数据工程

七、2017年3月8日，《新闻出版大数据应用工程》入选发改委大数据发展重大工程

六、2016年2月4日，原广电总局发布《关于报送新闻出版领域促进大数据发展重大工程项目的函》

五、2016年1月7日，发改委办公厅发布《国家发改委关于组织实施促进大数据发展重大工程的通知》，示范使用、共享开放、基础设施统筹、数据要素流通

里程碑

二、2014年5月，美国白宫发布了《2014年全球"大数据"白皮书》大数据与个人、政府的数据开放与隐私保护、公司部门的数据管理、政策框架

三、2014年底、原新闻出版广电总局开展了关于"十三五"时期"大数据在新闻出版业应用"的课题预研究工作

四、2015年9月，我国国务院对外公开了《促进大数据发展行动纲要》四大"政府大数据"工程、五大"大数据产业"工程以及网络和大数据安全保障工程建立国家知识服务平台与知识资源服务中心

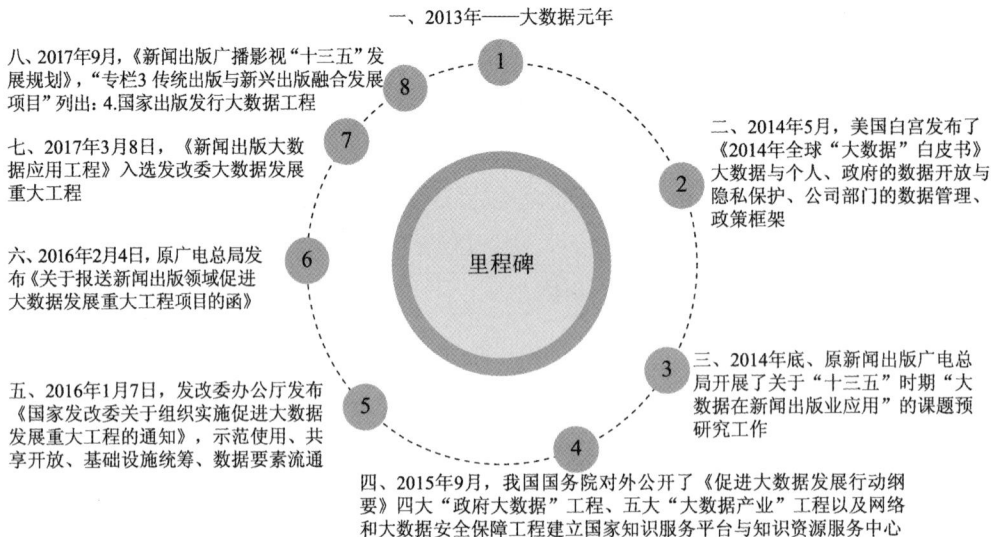

图 8-1　大数据进入新闻出版业的里程碑

以下为相关项目名称和方向：

表 8-1　2014 年度中央文化产业专项资金项目大数据项目统计

序号	单 位 名 称	项 目 名 称
1	北京博雅立方科技有限公司	基于大数据技术的网络广告精准营销公共服务平台
2	上海世纪出版集团	基于大数据技术的十万个为什么青少年科学素养分级评估系统
3	江苏凤凰出版传媒集团有限公司	大数据时代中小学教师移动互联培训出版平台
4	湖北楚天传媒网络科技有限责任公司	新闻出版大数据服务中心建设示范工程
5	互爱互动（北京）科技有限公司	基于大数据分析的网络游戏产品全方位业务支撑平台研发和应用推广项目
6	新华网股份有限公司	基于 4G 移动互联网大数据分析及移动云服务交互系统项目
7	广州酷狗计算机科技有限公司	"酷狗"云计算互动型数字音乐（娱乐）大数据平台建设
8	中国青年报社	基于"大数据技术"建设全媒体融合内容生产和传播平台项目
9	湖北长江出版传媒集团有限公司	大数据影像资源库与数字传播平台

表 8-2　2015 年度中央文化产业专项资金项目大数据项目统计

序号	单 位 名 称	项 目 名 称
1	北方联合出版传媒（集团）股份有限公司	大数据应用模式下新华书店数字化转型升级改造工程
2	九洲文化传播中心	涉台影音大数据及云服务共享平台
3	中国时代经济出版社	审计数字出版大数据应用知识库建设项目
4	上海克顿文化传媒有限公司	影视文化内容制作行业的大数据决策辅助平台
5	北京时代昌荣广告有限公司	昌荣 ATD 大数据广告服务平台（昌荣 ATD 广告营销智能化平台）
6	金鹍传媒科技股份有限公司	基于消费行为大数据的广告精准投放系统
7	成都梦工厂网络信息有限公司	基于云技术的全平台化游戏大数据分析系统

续表

序号	单 位 名 称	项 目 名 称
8	福建广电网络集团股份有限公司	福建省有线电视大数据应用中心项目
9	地质出版社	中国地质专业资源知识服务大数据平台
10	中国人民公安大学出版社	公安出版大数据平台建设
11	人民公安报社	大数据中心建设
12	中国中医药报社	中医药全媒体文化传播大数据服务平台
13	中国保险报业股份有限公司	保险业大数据评价与应用
14	中国财政经济出版社	财经大数据分析与应用平台建设项目
15	海外网传媒有限公司	海外华文新媒体技术支撑与内容共享大数据平台
16	《证券日报》社	智能移动个性化经济大数据信息推荐平台
17	湖北广播电视台	媒体融合的社会化大数据服务平台建设

第一节 大数据及其特征

一、大数据的概念

人们通常又把大数据（Big data）称为海量数据，指的是所涉及的数据量规模巨大到无法通过人工，在合理时间内，实现截取、管理、处理并整理成为人类所能解读的信息。换句话说，大数据是指无法在一定时间内用常规软件工具对其内容进行抓取、管理和处理的数据集合。

大数据的精华在于二次数据，即在海量数据的基础上通过运用知识标引、云计算等技术所产生的那部分数据，或者可称之为"数据背后的数据"。

就新闻出版业而言，数据价值体系可分为三个层次：第一层为直接价值，即纸质图书所创造的价值；第二层为数字化价值，即对纸质图书数字化、碎片化后通过数字产品所创造的价值；第三层为数据化价值，即在碎片化基础上，通过知识标引、云计算技术的应用所产生的数据实现的价值。一旦我们将书籍的数据化价值挖掘出来，那么就步入了数据出版的时代。

二、大数据的特征

大数据通常是指数据规模大于 10TB 以上的数据集。其特征是具有典型的"4V"（Volume，Variety，Velocity，Value），即规模性、多样性、高速性和价值性。

1. 规模性

随着信息化技术的高速发展，数据开始爆发性增长。社交网络（微博、Twitter、Facebook）、移动网络、各种智能终端等，都成为数据的来源。迫切需要智能的算法、强大的数据处理平台和新的数据处理技术，来统计、分析、预测和实时处理如此大规模的数据。

2. 多样性

由于数据来源于不同的应用系统和不同的设备，决定了大数据形式的多样性。大体可以分为三类：一是结构化数据，其特点是数据间因果关系强；二是非结构化的数据，其特点是数据间没有因果关系；三是半结构化数据，如 HTML 文档、邮件、网页等，其特点是数据间的因果关系弱。

3. 高速性

大数据与海量数据的重要区别在两方面：一方面，大数据的数据规模更大；另一方面，大数据对处理数据的响应速度有更严格的要求。数据的增长速度和处理速度是大数据高速性的重要体现。

4. 价值性

大数据中有价值的数据所占比例很小，大数据的价值性体现在从大量不相关的各种类型的数据中，挖掘出对未来趋势与模式预测分析有价值的数据，并通过机器学习方法、人工智能方法或数据挖掘方法深度分析，运用于农业、金融、医疗等各个领域，以创造更大的价值。

第二节 新闻出版业数据价值

就我国新闻出版业而言，以价值体系为视角，综合分析这些年新闻出版单位所经历和开展的转型升级业务来看，可以得出这样一个结论：新闻出版企业的产品具备直接价值、数字化价值和数据化价值，该三个层次的价值体系构成了大数据应用于新闻出版业的内容前提。

一、直接价值

直接价值，是指经过新闻出版单位策划、编辑、审校、印制过程而形成的纸质产品所产生的价值。其中，纸质产品包括传统的图书、报纸和期刊。数十年以来，我国的新闻出版单位的主要经济效益指标的完成、日常经营管理的主要收入来源，均来自于对纸质产品价值的实现过程。

二、数字化价值

数字化价值，是指在新闻出版业转型升级过程中，通过对纸质产品数字化、碎片化而产生的数字图书（馆）、专业数据库所贡献的价值。数字化价值的实现依托于数字出版发展历程的数字化阶段和碎片化阶段。[①]国内已有多家出版社通过对数字化价值的挖掘来产生和创造出新的经济增长点，例如社科文献出版社的皮书数据库、人民法院出版社的审判支持应用系统等均取得了较好的社会效益和经济效益。数字化价值是对原有纸质产品的价值提

---

① 廖文峰，张新新. 数字出版发展三阶段论[J]. 科技与出版，2015（7）：93-96.

升，也是纸质书报刊二次价值的挖掘和体现。但是，数字化不等同于数据化，纸质产品的数字化价值也永远无法取代其数据化价值。

三、数据化价值

数据化价值，是指在数字化、碎片化的书报刊的基础上，对数字化、碎片化的资源进行多维度、立体化知识标引，充分运用云计算技术，通过大数据模型构建和数据服务层研发，所产生和输出的二次数据所创造的价值。二次数据所创造的价值，也是纸质书报刊三次价值的挖掘和再提升。可以说，这些年整个新闻出版行业的转型升级工作，主要是促进和推动传统新闻出版单位尽快挖掘出纸质产品的数字化价值，而对于数据化价值的挖掘和提炼工作，还没有实质性的开展和部署。诚如维克托·迈尔-舍恩伯格所言："出版社多年来也一直致力于电子书领域的开发，但是他们都只是把书籍内容作为核心价值，而没有把书籍看作一种数据并纳入自己的商业模式中。因此，他们没有做到把书籍的数据价值挖掘出来，也不允许别人这样做。他们没有看到数据化的需求，也意识不到书籍的数据化潜力。"[1]纸质书报刊的数据化价值的产生，是大数据技术应用于新闻出版业的初衷和归宿，也是新闻出版业由数字出版向数据出版转型和过渡的关键和标志。新闻出版业大数据建设流程示意图参见图8-2。

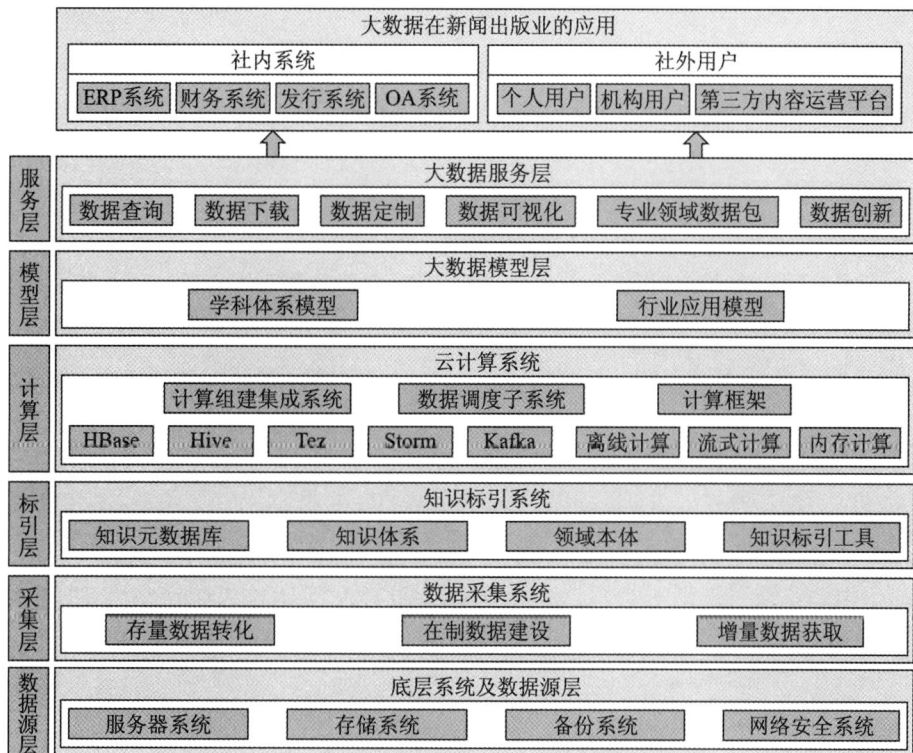

图 8-2 新闻出版业大数据建设流程示意图

---

① 维克托. 迈尔-舍恩伯格, 肯尼思. 库克耶. 大数据时代[M]. 盛杨燕, 周涛, 译. 浙江: 浙江人民出版社, 2013: 112.

第三节 新闻出版业数据类型①

新闻出版业的数据类型，不同的分类方法，可以分为不同的数据种类：从数据来源和数据属性划分，可以分为条数据与块数据；从数据内容与构成划分，可以分为用户数据、内容数据和交互数据。不同的数据分类法，意义和价值也不同：条数据、块数据的划分，对资源驱动型出版集团的组建和发展、专业知识服务和综合性知识服务的开展，具有较大的启发意义；用户数据对构建出版机构的客户关系管理系统具有重要价值，内容数据是构建出版大数据的主体和关键，也是构建出版机构数字内容资产系统的核心所在，交互数据对于发挥大数据的预测、预警和辅助营销具有决定性的作用，是建设营销决策分析系统的重要参照。

大数据时代的新闻出版业面临着巨大的挑战和冲击，同时也存在着较大的机遇和空间。在大数据产业链的构成中，大数据拥有者、大数据技术提供商、大数据专家——拥有大数据思维的个人和企业、数据中间商，这四个角色的构成中，出版机构拥有着大数据拥有者和大数据专家的双重角色和身份。目前，人民法院出版社、大地出版传媒集团、中国公安大学出版社、时代经济出版社等传统出版企业已经基本建成企业级的大数据平台，分别在法律、地质、公安、经济等细分领域构建起了较有特色的内容大数据资源平台。

一、条数据与块数据

2015 年 5 月 24 日，由北京市科学技术委员会和贵阳市人民政府共建的中国首家"大数据战略重点实验室"在贵阳成立。条数据与块数据的提法，源于大数据战略重点实验室的理论研究成果，同时，重点实验室在块数据的运行模式和应用领域方面也提出了许多新的见解和看法。

（一）条数据

我国特殊的出版体制，注定了专业出版汇聚了大量各个专业性、行业性的知识资源数据，教育出版荟萃了丰富的幼教、中小学教育、高等教育和职业教育领域的知识资源数据。在大数据时代，这些资源数据如何在特定行业、特定领域焕发出新的活力，如何通过知识标引、知识计算等关键共性技术的运用，产生出具有预测预警、辅助决策的二次数据，便成为出版业应对大数据挑战的首要问题。

---

① 尚策，"大数据时代的数据拥有者"，《科技与出版》2016 年 01 期。（本节主要逻辑结构借鉴该文逻辑框架，并已经过作者授权。）

出版业的条数据按照维度的不同，可以分为横向条数据和纵向条数据。横向条数据是指相同或相似出版领域的出版机构，其知识资源数据的整合，例如法律资源，法律出版社、人民法院出版社、中国法制出版社都拥有政法方面的数据资源；纵向条数据是指同一领域、同一行业的单个出版机构所有的专业知识资源数据的整合，例如地质出版社所建设的包含自然资源部、省市自然资源局、地勘科研院所的数据资源。

横向条数据、纵向条数据的提法，在新闻出版业具有以下几个方面的意义：

首先，横向条数据的聚合和挖掘，有利于专业出版领域"资源驱动"新型出版集团的组建。其次，纵向条数据的整合，有利于进一步挖掘大数据时代单体专业出版社的知识数据潜力和优势。最后，横向、纵向条数据的充分挖掘和运用，有利于专业出版知识服务活动的开展。2015 年 3 月，原新闻出版广电总局办公厅发布了"关于开展专业数字内容资源知识服务模式试点工作的通知"，并在经过专家评选之后，选取了 28 家单位作为知识服务模式探索的试点单位，启动了出版机构知识服务通用标准的研制工作。2017 年，原国家新闻出版广电总局公布了第二批知识服务模式试点单位 27 家的名单；2018 年 6 月，中国新闻出版研究院公布了第三批知识服务模式试点单位（综合类）55 家。上述第一批试点单位中，中国建筑工业出版社、天津大学出版社、华中科技大学出版社，其在建筑出版领域均各有特色，如何实现三家出版机构的专业知识资源数据的整合，是通过战略合作机制，还是通过单项合作点的探索方式，来推动三社的数据协同服务则是未来专业知识服务能否走向市场化、产业化的关键所在。

（二）块数据

新闻出版"块数据"的提法，与我国以行政区划为标准，建立和发展出版传媒集团有很重要的关联。地方出版集团，例如江苏凤凰出版集团、中南出版集团、重庆出版集团等企业的产业化、规模化发展，离不开对该行政区域内，主要是该省内的出版资源"块数据"整合和运用，包括整合省内新闻出版业的用户数据、内容数据和交互数据。

值得一提的是，贵州出版集团依托贵州作为全国大数据试验区的地缘优势，向财政部文化产业发展资金申报了《国家新闻出版大数据应用重大工程》项目，以地方出版集团的身份，试图整合全国范围内的新闻出版理论数据、实务数据和政府管理数据。

二、内容数据、用户数据与交互数据

内容数据、用户数据与交互数据的提法，首先来源于原新闻出版广电总局所组织的"十三五"科技预研究课题——《大数据相关技术在新闻出版领域应用预研究报告》。该种分类方法，结合新闻出版业的实际状况，是大数据理念与新闻出版相结合的一次重要探索和尝试。其中，"内容数据不仅包括图书、杂志、报纸等传统载体上的正文信息，相关标题、作者等的 meta 信息；还包括微博、微信和论坛等新型媒体上发布的内容。""用户数据：是指用户相对稳定的信息，主要包括年龄、职业、性别、喜好、兴趣等方面数据。""交互数据：是指用户与用户、用户与内容之间产生的互动信息，主要包括转发、评论、点赞、收藏等方面数据。"①

（一）内容数据

内容数据，是指出版机构在经营和发展过程中所积累的知识资源数据，是经过数字化、碎片化和数据化后所形成的专业性、行业性或者综合性的知识资源。内容数据是出版机构建设出版大数据的基础和主体，是大数据技术作用于出版业的主要领域，也是出版机构建设数字内容资产系统的主要数据来源。从表现形态来看，内容数据包括文字、图片、音视频、游戏、动漫、3D 模型等多种知识素材。内容数据的建设过程，需要遵循以下三个原则：

1. 内容数据建设的长效性

新闻出版业转型升级，是一个长期的过程，是一个有起点、无终点的过程；传统新闻出版企业只要"全方位、立体化、多层次"的知识服务提供商的转型目标没有实现，就将长期处于转型升级的初级阶段。作为转型升级的重要组成部分，内容数据建设也是一个长期的过程，要遵循长效原则，并且随着时间的推移，内容数据建设得越完整、越丰富、越科学，越能够挖掘其背后的"数据金矿"，不断发现和发掘二次数据。

2. 内容数据建设的全样本性

内容数据建设要坚持"全样本"的原则，即不对知识资源数据做出条条框框的限制，而是围绕某专业、行业或领域，全面采集、标引和存储一切相关的知识资源数据。这也是大数据"相关性"特点在新闻出版大数据建设过程中的体现。

"全样本"建设，要求做到以下几点：第一，要注重数据的全面性，建设全样数据，而非做抽样的数据；样本越全面，数据挖掘就越充分、知识标引就越严谨、知识计算价值就越大，最终所产生的二次数据价值就越大。第二，任何数据都是有其价值的，边缘数据、陈旧的数据往往可以通过数据创新、数据更新、数据再利用等多种方式将其未被发现的价值挖掘出来。举例而言，国内大部分在 20 世纪 50 年代所成立的出版社，把自建社以来发展至今的所有图书进行数字化、碎片化和数据化加工，其价值包括：能够对某专业、行业领域知识资源进行纵向、历史性的树立，也是构建一个出版机构完整的数据资产系统所必须的，同时，在建社 80、90 甚至 100 周年时，还可以对企业员工进行企业文化的培训。

（二）用户数据

用户数据，是指能够精准描绘出用户特征的信息，包括年龄、性别、学历、职称、民

---

① 参见原新闻出版广电总局十三五科技预研究课题——《大数据技术在新闻出版业的应用》。

族、区域、阅读偏好等。对传统出版企业而言，用户数据主要包括：作者、读者、发行厂商、印制厂商、技术供应厂商等。总之，是一切与出版机构具有业务关联的个人或组织体的信息和数据。

以大数据的视角看用户数据，主要包括用户的类型数据、用户的共性数据和用户的个性数据。用户的类型数据，是指目标用户属于个人用户还是机构用户，是属于作者、读者还是发行方，是新华书店、民营书店还是直营书店，等等；用户的共性数据，是指有关用户的年龄、职业、民族、籍贯、性别、喜好、兴趣等基本特征；用户的个性数据，是指用户数据中涉及出版的策划、制作、营销等具体环节的重要数据，包括联系方式、所属行业、阅读偏好、消费频次，等等。

用户数据的全面搜集和整理，有利于建立健全出版机构的客户关系管理系统 CRM，提高出版企业的核心竞争力，增强目标用户的黏性与忠诚度，进而为传统出版提供从选题策划、编校印制到运营销售的闭环决策辅助数据参考；也为新兴出版提供盈利模式、产品体系、技术方案、人才引进等方面的数据参数。

（三）交互数据

大部分出版社的官网、论坛，缺少交互，或者交互性比较差，因此，交互数据的采集、计算、分析相对于内容数据、用户数据而言，显得更加薄弱和苍白。在这方面，往往是用户规模庞大、用户黏性高的移动通讯商和综合型网络服务提供商拥有大量的数据资源，如当当网、亚马逊和三大运营商的手机阅读基地等。又如，腾讯集团的微信业务每天都可以搜集数亿乃至数十亿计的点赞、评论等交互性数据。

"在很多行业的大数据创新应用中，对'实时互动'的需求越来越强烈，如果能够实时抓取到用户瞬间的消费冲动，无疑将能大幅提升营销推广效率。"[1] 交互数据恰恰又是出版机构将内容数据推送至目标用户的关键性数据资源，是出版机构打通内容数据和用户数据的桥梁和纽带。只有通过对交互数据中的留言、"鲜花"、点赞、评论、收藏等数据的标引、计算和分析，才能发现目标用户的阅读喜好，才能洞察目标用户的消费规律，也才能够成功地将图书产品及数字出版产品推送到终端用户那里，起到直联直供和直销的效果，发挥大数据的辅助营销决策、推动精准营销的应有价值。

第四节　新闻出版业数据采集

大数据技术要求我们把所有的文字、图片、视听资料、游戏动漫都当作数据来加以对待，把数据作为生产要素加以看待，数据从生产流程一端输入，从另一端产生出我们想要的二次数据、创新数据，实现潜在的数据挖掘。这个过程，与知识发现的过程有些类似。

---

① 刘松. 360 大数据专家：实时交互是大数据的第五大特征，北京晨报，2015：04-40.

就新闻出版业而言，大数据技术应用的资源起点在于数据采集。数据采集的类型，包括用户数据、交互数据和内容数据，其中内容数据是重中之重。数据采集的路径大致有三种：

一、存量数据转化

存量数据的获取，主要采取纸质产品形态转化的手段，对出版社既存的知识资源进行数字化、碎片化，进而获得所需的各种类型的知识资源。各出版社的历史有长短，所积累的存量图书少则千余种，多则数万种，这些存量资源的数字化、碎片化是很重要的知识数据积累。近些年，财政部、原新闻出版广电总局所力推的特色资源库建设项目，是解决存量资源数据化的重要方法和途径。

二、在制数据建设

在制数据的获取，是指针对出版社日常编辑出版过程中的知识，通过流程同步化的手段，进行数据的标引、加工，以获得所需的知识资源。在制数据的获取，对新闻出版单位的传统纸质产品和数字化产品生产管理流程一体化提出了很高的要求，同时，也对责任编辑的专业能力、技术能力、出版社的一体化考核机制提出了较大的挑战。

三、增量数据采集

增量数据的采集，是指在出版社主营业务之外，通过资源置换、资源购置、网络抓取等方式和手段，获得所需的数据资源。增量资源获取能力的高低，是出版社开展大数据建设，与民营企业、海外出版机构竞争的关键所在，也是目前各出版社正在着力解决的难题。

我国新闻出版业的特殊体制，使得各新闻出版单位在数据保有方面呈现出条块分明的特点，也为我国新闻出版业构建各种类型的出版大数据体系提供了前提和可能。专业性出版社往往服务于特定的行业，在长期的经营发展过程中，积累了数量庞大、权威专业的行业数据资源，进而为开展"条数据"的大数据应用奠定了数据基础；而地方性的出版社、出版集团，则占有特定地域的数据优势，能够调动地方资源，在"块数据"的大数据应用方面大展拳脚。

第五节　新闻出版业数据标引

在采集完海量的数据资源以后，出版单位紧接着面临的是对这些数据进行清洗、挖掘和标引工作。数据标引是整个大数据应用的基础，也是大数据发挥预测、预警价值，实现知识发现和数据创新的成败所在。具体而言，新闻出版业的数据标引，是指对海量的知识资源数据进行属性、特征等方面的标签化加工，这种标签化加工或标引的依据就是知识体系，包括学科知识体系和行业应用知识体系。

新闻出版业的标引，侧重于知识标引和行业应用标引，一方面服务于学科研究，另一方面服务于国民经济各行业的应用，为开展知识服务奠定基础。

一、知识体系

出版社完成知识标引任务，需要做好两项准备性工作：知识元的建构和知识体系研发。长久以来，为了完成各个阶段的效益指标，出版社往往采取短期性、粗放式的经营方式，很少有出版社能够在知识元、知识体系方面开展相应工作，而到了大数据时代，对于知识元、知识体系的建设工作则显得刻不容缓。因为大数据对新闻出版业转型升级的基本要求是实现知识资源的数字化加工、碎片化处理和知识化标引。

要实现对新闻出版知识资源的标引，必须首先研发知识元和知识体系。知识元，是指不可再分割的具有完备知识表达的知识单位。从类型上分，包括概念知识元、事实知识元、数值型知识元和解决方案型的知识元等。知识元的建构，是开展大数据知识标引的逻辑起点，同时也为移动互联网时代出版单位开展知识服务提供了资源基础。

新闻出版企业有了自身出版领域的知识元，便可以通过领域词表管理工具实现对知识元的增加、修改、删除和维护，同时也可以将该知识元连同领域词表作为数字产品向图书馆、科研院所进行销售。

知识体系研发，则是关乎所采集的大量数据能否贴上标签，为将来计算、统计、数据提取提供基础的重要任务；同时，知识体系也是数据加工企业据以标引内容数据的依据和标准，没有知识体系，知识标引则沦为一句空话。知识体系的研发需要在知识元建构的基础上，厘清各个知识点之间的逻辑层次，尊重现有学科分类，依特定学科、特定领域分别开展。

二、学科知识标引

学科知识标引，是指新闻出版企业根据自身特征鲜明的理论学科，构建该特定学科的知识体系，之后，按照该学科知识体系对海量知识资源数据进行标引。

需要注意的是，出版业的学科知识标引是完备型标引，采用"演绎式"方法构建知识体系，因为每个出版领域都专属于相对成熟的理论学科，例如法律出版、化工出版、知识产权出版等。所以，出版业进行学科知识标引是在拥有了完备的知识体系之后，用知识体系进行标引。

而新闻资讯类数据的标引往往是不完备的标引，大多采用"归纳式"的方法构建知识体系，通过对海量新闻资讯数据进行高频词统计、热点词统计等方式提炼出知识点，之后用这些知识点所构成的体系再对既有/将有的海量数据进行标引。

值得一提的是，之前大量的出版社所开展的资源数据加工业务，都是采取"甩手掌柜"式的做法，将出版社的既有数据交由数据加工企业做结构化标引，出版社在整个数据加工过程的角色和地位并没有凸显；这种做法，在结构化标引工作中勉强可行，而在知识性标引过程中，出版单位必须要充分发挥自身的主动性和能动性，运用自己的专业资源优势和学科优势，亲自主导研发知识元和知识体系，之后再将知识元、知识体系交由加工企业，让加工企业依据知识体系进行标引，同时，出版单位要对标引后的数据做最重要的质量检查。

三、应用知识标引

应用标引，是指对采集的海量数据按照特定行业的工作环节、职能定位进行标引。应用标引是指出版大数据服务于国民经济各个行业的关键性步骤，也是大数据前期市场调研的必然结果，同时关乎所生产的大数据知识产品能否切实满足目标用户的实际需求。

应用标引在数字出版发展的不同阶段都在被广泛应用和采纳，并且已经显示出了其在数字化、网络化时代的价值和前景。例如，之前法律出版社所研发的中国法官数字图书馆就是按照法院系统的部门设置、工作环节、流程任务等维度，对所收录的近万种数字图书进行子馆建设和研发，实践证明这种标引方法相对于中图分类法，更受到目标用户的欢迎和认可。

应用标引首先需要建立一套完整、权威且被用户接受的行业应用知识体系。这种行业应用知识体系大多与所服务的行业经验、流程具有高度的重合性，故而能够为用户所认可和接受，这种行业应用知识体系侧重于服务行业具体公共环节和流程。体系研发工作建立在充分的市场调研的基础上，需要由出版单位主要承担，需要充分发挥出版社的专业知识优势。

第六节　新闻出版业数据计算

在对海量数据进行采集和标引之后，便需要运用云计算技术，对各种数据进行计算，计算的结果是产生二次数据，也就是我们想要的大数据的精华——纸质产品的数据化价值体现。

一、云计算的应用

关于云计算，当前的传统出版技术提供商还仅仅停留在以云存储、虚拟化和设备租赁为核心的 IaaS（Infrastructure as a Service，基础设施即服务）阶段，而对于设备租赁，往往是超大规模的数据拥有商才有可能运用，所以在新闻出版业的大数据方面并没有太大的应用空间。

出版业大数据所运用的云计算技术往往集中于 SaaS（Software as a Service，软件即服务）层次，即直接运用相关的软件和技术，一般离不开各种计算组件的综合运用和离线计算、流式计算、内存计算等多种计算框架的设定。在福建省司法大数据分析平台案例中，可以看出该平台以 HDFS （Hadoop Distributed File System，分布式文件系统）Federation 和 YARN（Yet Another Resource Negotiator，另一种资源协调者）为核心，在 YARN 集成了各种计算组件，包括 HBase、Hive、Tez、Storm、Kafka 等。以 YARN 的资源动态调度为基础，高效地将离线计算、流式计算、内存计算等计算框架融合在一起，实现统一的调度和管控。

二、知识计算与数据计算

就新闻出版业大数据构建而言，需要用到数据计算，更准确地说是用到知识计算。计算机研究领域的知识计算包括属性计算、关系计算和实例计算[①]，各种显性知识通过知识计算可以得出许多隐性知识。笔者以为，新闻出版业的知识计算，则是指在对知识资源进行多重标引的基础上，通过相同或者相似维度的统计分析，进而能够获得新的知识的一种方式。也就是说，知识计算是知识发现的一种重要途径。

以大数据的视角来看，只有通过知识计算的途径，才能够发现、获取新的知识数据，新产生的数据即为"大数据"；所以，知识元、知识体系、知识计算是构建新闻出版业大数据所绕不过去的一座大山。由此看来，新闻出版大数据无论是政府层面的大数据，还是行业级大数据、企业级大数据，都还有很漫长的道路要走，需要做好充分的理论准备、数据准备和实践准备。大数据技术在新闻出版业的应用案例参见图 8-3。

图 8-3　福建法院司法大数据分析平台界面

---

① 王元卓，贾岩涛，赵泽亚，等. OpenKN——网络大数据时代的知识计算引擎[J]. 中国计算机学会通讯. 2014（10）.

在 2017 年 7 月国务院发布的《新一代人工智能发展规划》中，提到知识服务和知识计算："围绕提升我国人工智能国际竞争力的迫切需求，新一代人工智能关键共性技术的研发部署要以算法为核心，以数据和硬件为基础，以提升感知识别、知识计算、认知推理、运动执行、人机交互能力为重点，形成开放兼容、稳定成熟的技术体系。

知识计算引擎与知识服务技术。重点突破知识加工、深度搜索和可视交互核心技术，实现对知识持续增量的自动获取，具备概念识别、实体发现、属性预测、知识演化建模和关系挖掘能力，形成涵盖数十亿实体规模的多源、多学科和多数据类型的跨媒体知识图谱。"[①]

第七节　新闻出版业数据建模

大数据产业链主要由大数据拥有者、大数据技术公司、大数据思维公司和个人、数据中间商四个角色所实现。在这四个角色中，核心和关键是具备大数据思维的公司和个人，因为他们能够指导采集什么样的数据，他们明晰需要设定群体、行为、性别、特征等哪些分析统计维度，他们知道采用什么样的挖掘分析系统，他们清楚产生的二次数据的用户和市场。

作为出版企业本身是一定量的数据拥有者，具备了研发大数据平台的数据基础；最重要的是经过多年的专业培训和实践，出版社，尤其是专业类出版社，拥有具备大数据思维的职业人才，同时出版企业还可以通过合作、融合等方式扮演数据中间商的角色。

大数据思维的最重要体现便是如何构建大数据模型，这对任何行业的大数据建设而言，都是头等重要的大事。新闻出版业基本涵盖了我国学科体系的 13 门学科的所有知识范围——理学、工学、农学、医学、哲学、经济学、法学、教育学、文学、历史学、军事学、管理学、艺术学。为此，大数据建模将会呈现出各种各样的差异性和特殊性，其复杂程度也将有所不同。对于法律学科，其严谨、规范的法言法语非常有利于大数据的标引和计算开展，这样的严谨性、规范性语言不仅存在于法律条文中，同样存在法律判决书之中；同样，法律学科"大前提、小前提、结论"的基本逻辑模型也为大数据建模提供了相对一致的模型基础。而对于其他学科，能否把握住其基本的逻辑模型和语言特点，将是考量大数据建设的重要能力。

但是，无论差异多大，大数据建模的两个方向将是恒定的——学科体系建模和行业应用建模。学科体系建模有着相对成熟的理论基础和知识体系，其操作难度相对不大，而行业应用建模，则需要深入到国民经济各行各业，深入把握各个行业和职业的工作环节、业务流程的特点规律，在此基础上，熟悉用户需求，围绕用户需求建构相应的人数据模型。

---

① 参见 2017 年 7 月 8 日发布的《新一代人工智能发展规划》的"三、重点任务"部分。

第八节　新闻出版业大数据应用——数字教育、知识服务、移动阅读与人工智能

在经历了数据采集、数据标引、数据计算、数据建模等环节后，便可为目标用户提供丰富多彩的大数据服务了。大数据服务既包括服务于新闻出版业本身的数据服务，也包括服务于国民经济各行业的数据服务。企业级的大数据平台，对内可以为选题策划、编辑审校、印制财务和发行运营提供数据支撑和决策参考；同时，企业级大数据平台所汇聚的海量数据资源，又可为目标用户提供外部的知识服务，进而实现纸质产品产生的二次数据的价值。

在对外提供大数据服务时，出版业的大数据所提供的服务既包括提供一般性数据服务，如数据查询、数据下载、数据可视化、数据交换和购置，也包括为出版转型升级的特定领域提供服务，例如数字教育、知识服务和移动阅读领域等。下面仅就大数据在教育出版、专业出版和大众出版领域的应用做简单分析。

一、大数据与数字教育

MOOCs（massive open online courses，大型开放式网络课程）曾一度被誉为继火的发现之后最重要的创新。然而，2013 年美国斯坦福大学的教授塞巴斯蒂安·特龙（Sebastian Thrun）却公开宣称 MOOCs 是一个失败的新生事物，其主要原因是只有 5%左右的课程完成率。[①]MOOCs 备受欢迎的原因在于汇聚了海量的权威课程资源，解决了教育的形式公平公正问题，弥补了课堂教学的资源有限性。

继 MOOCs 之后，美国又兴起了 SPOCs（Small Private Online Courses，小规模限制性在线课程）热，为了解决小规模学生群体的特定学习问题而开设的网络课程，应该说 SPOCs属于知识服务的定制化服务范畴，它解决了小部分学生的学习难点和问题，同时将线上和线下的课程、答疑相结合。

无论是 MOOCs，还是 SPOCs，要想取得较高的通过率，需要借助大数据技术，实现数据回传、捕获学生的个性化学习问题，进而才能采取有效的针对性措施，以实现预期的理想课程效果。

二、大数据与知识服务

如前所述，我国《促进大数据发展行动纲要》中明确提出知识服务大数据的建设，包

---

① 迈尔-舍恩伯格，库克耶. 与大数据同行：学习和教育的未来[M]. 赵中建，张燕南，译. 上海：华东师范大学出版社，2015：17，61.

括建立国家级知识服务平台和国家级知识资源服务中心。大数据与知识服务的关系是：首先，大数据为扩展性知识服务的开展采集了海量的知识数据、用户数据和交互数据，为精准营销和定制化推送提供了前提和可能，能够有效发挥扩展性知识服务的 B2C 盈利模式的作用；其次，大数据为定制化知识服务提供了个性化知识解决方案，能够满足特定群体、特定个人的绝大部分知识需求；最后，大数据平台和知识服务平台都需要采用知识标引技术，包括学科性的知识标引和应用性的知识标引，这也是二者可以实现融合打通的底层资源可行性所在。

三、大数据与移动阅读

在大众出版领域，移动手机阅读收入近几年经历了爆发式的高速增长之后，目前处于平稳增长的新常态发展格局，而无论是中国移动还是中国联通都已经在部署或者筹划部署大数据平台的建设。 移动阅读平台构建大数据，有其天然的优越性：其一，三大基地掌握了大量的用户数据，仅以中国移动手机阅读基地为例，就拥有着 4.2 亿的手机用户[①]，海量的用户数据对于大数据模型建构和服务的提供具有至关重要的作用；其二，手机阅读基地掌握了海量的内容数据资源，仅中国移动手机阅读基地就拥有着超过 43 万种精品正版内容，涵盖图书、杂志、漫画、听书、图片等产品，这些内容数据恰恰是大数据平台建设的核心数据所在；其三，手机阅读基地还以其日均点击量数亿次的优势而收录了大量的点赞、评论等交互数据，这些数据对于实现内容精准投送、个性化定制推送具有相当高的参考价值。总之，移动大数据将来也必将成为数字出版界的一面旗帜，在大数据时代扮演领跑数字出版的重要角色。

四、大数据与人工智能

AI，人工智能，是指根据对环境的感知，做出合理的行动，并获得最大收益的计算机程序。人工智能相对应的是我们人类的自然智能。

迄今为止，人工智能已经步入了发展的新阶段。经过 60 多年的演进，特别是在移动互联网、大数据、超级计算、传感网、脑科学等新理论新技术以及经济社会发展强烈需求的共同驱动下，人工智能加速发展，呈现出深度学习、跨界融合、人机协同、群智开放、自主操控等新特征。

自从 20 世纪 50 年代提出人工智能以来，先后经历过三次发展高潮，这三次里程碑意义的事件分别是：

（1）20 世纪 50 年代图灵测试震撼了世人；

---

① "咪咕数媒正式起航手机阅读基地华丽转身"，中国青年网，http://news.youth.cn/gn/201504/t20150420_6589843.htm，2015 年 9 月 15 日访问.

（2）20 世纪 90 年代 IBM 深蓝打败国际象棋冠军卡斯帕罗夫；

（3）2016 年 AlphaGo 战胜了围棋冠军李世石。

第三次人工智能高潮的爆发，是伴随着移动互联网、大数据、超级计算、神经科学等新理论新技术的飞速提升而出现的。这其中，大数据是人工智能的基石。大数据所带来的海量数据训练、深度学习技术使得 AlphaGo 在第一场负于自然智能之后，一晚上又继续练习了 500 万盘围棋，注意，是 500 万盘！所以在后来的比赛中，顺理成章的一直处于胜利的局面之中。

为什么说大数据是人工智能的基石？研究发现，人工智能几乎所有的领域：智能推理、新闻推荐、新闻撰稿、机器视觉、AI 艺术、智能搜索、机器翻译、语音识别、自动驾驶、机器人、深度学习、数据挖掘、知识图谱等，都需要运用大数据技术，需要海量数据作为支撑。大数据技术也是人工智能迎来第三次发展高潮时至关重要的技术。

（一）大数据与机器撰稿

就新闻出版业而言，新闻推荐实现了对目标用户的精准推送，可以将每一条相关度最紧密的资讯及时推送到用户端，这与大数据对目标用户的精准画像分不开。

机器撰稿依赖于大数据语料库支撑，建立在海量数据的组织、调配和聚合的基础上。机器撰稿的发展更是突飞猛进：美国的"作家"人工智能技术平台 WordSmith ，至 2013 年机器自动撰写的新闻稿件数量达到 3 亿篇，超过了所有主要新闻机构各自的稿件产出数量；至 2014 年，已撰写出超过 10 亿篇的新闻稿。

2017 年 8 月 8 日 21 时 37 分 15 秒中国地震台网机器人自动编写稿件，仅用 25 秒出稿，全稿共 540 字并配发 4 张图片！内容包括速报参数、震中地形、热力人口、周边村镇、周边县区、历史地震、震中简介、震中天气 8 大项。

其主要内容如下："据中国地震台网正式测定，8 月 8 日 21 时 19 分在四川阿坝州九寨沟县发生 7.0 级地震，震源深度 20 千米，震中位于北纬 33.20 度，东经 103.82 度。"

（二）大数据与智能出版

国务院发布的《新一代人工智能发展规划》中，有 24 处提到了大数据，大数据作为人工智能的基石被诠释得淋漓尽致。

如前所述，整个新闻出版业高度重视大数据技术的应用，并举全行业之力构建新闻出版发行大数据平台，这为人工智能语境下的智能出版奠定了扎实的数据基础和技术基础。

可以预见地是，未来的智能出版包括增强现实智能出版、虚拟现实智能出版、知识服务智能出版等新业态，但是无论是哪种新业态的出现和壮大都必将伴随着大数据技术的充分应用，否则终究会遇到发展的瓶颈。

第九章　出版+人工智能：未来出版的新模式与新形态
——以《新一代人工智能发展规划》为视角

随着科学技术的快速发展，人工智能已经深入到经济社会的多个领域，作为新一轮产业变革的核心驱动力，必将重构生产、分配、交换、消费等经济活动各环节。但就人工智能整体发展水平而言，目前仍处于弱人工智能发展阶段，仅在个别领域达到了强人工智能的发展阶段。人工智能所积蓄的巨大能量还没有完全释放，对于新闻出版业而言是一次难得的机遇。

当前，国内外传统出版企业也在积极探索人工智能+出版新模式。国外出版业以"作家"人工智能技术平台的 WordSmith 为代表，雅虎、《福布斯》杂志、《纽约时代》等企业机构都有所应用；国外的书呆网、阿歇特出版集团等大中型出版社，都尝试了通过人工智能进行文学创作；国外的励讯出版集团、施普林格科学与商业媒体集团等专业出版商，通过研发分析技术推动客户数据的智能化和知识数据的可视化。

国内，2015 年 11 月，新华社启用机器人写稿系统"快笔小新"，同时为体育部、经济信息部和中国证券报供稿；2017 年 8 月 8 日，四川九寨沟地震，中国地震台网机器人用时 25 秒完成全球首条地震速报，震惊新闻出版业；以"今日头条"为代表的资讯类平台通过人工智能技术，为用户实时推荐其感兴趣的新闻报道。

目前实现的机器撰稿、新闻推荐等功能已趋于成熟，但是并没有对新闻出版业产生颠覆性的改革，包括流程再造、内容重塑、业态创新、大范围高新技术的应用、传统生产方式的变革以及传统出版业态的智能化改造等，所以人工智能对新闻出版业来说是一次机会。

自从 AlphaGo 战胜李世石的标志性事件以来，人工智能已经第三次成了社会热潮事件，成为一种现象级的热门话题。第二次热潮发生于 1997 年 5 月 11 日，美国 IBM 公司研制的并行计算机"深蓝"击败了雄踞世界棋王宝座 12 年之久的卡斯帕罗夫。而第一次热潮则发生在更早的 1962 年，IBM 的阿瑟·萨缪尔开发的西洋跳棋程序就战胜过一位盲人跳棋高手。人工智能，是相对于自然智能而言的，从其发展阶段来讲，迄今仍处于弱人工智能的阶段，仅仅是在个别、特定的领域赶超了人类，如前述 AlphaGo，离科幻电影场面中所展示的全面超越人类大脑智能形态的出现还有很长一段时间。不过，随着以大数据、深度学习、互联网为支撑的第三次人工智能浪潮的到来，各行各业的从业者无不在理念和实践中感受到了较强的冲击和影响。而 2017 年 7 月《新一代人工智能发展规划》的发布，则标志着人工智能已经列入了国家战略层面，已经成为未来国际竞争的主要角力点。而举全国之力，2030 年抢占全球人工智能制高点、总体达到世界领先水平的战略目标，则鼓舞和激励着国民经济各行业，涤荡和冲击着无数国民的心灵。

　　人工智能，是指根据对环境的感知，做出合理的行动，并获得最大收益的计算机程序[①]。人工智能包含的范畴特别广泛，包括但不限于智能推理、新闻推荐和新闻撰稿、机器视觉、AI 艺术、智能搜索、机器翻译、语音识别、自动驾驶、机器人、深度学习、数据挖掘、知识图谱等方面；覆盖了经济、政治、社会、生态等各个领域，具体包括智能家居、智能教育、智能交通、智能金融、智能医疗、智能制造、智能超市等。

　　就新闻资讯行业而言，机器撰稿、新闻推荐早已不是新鲜事物：2017 年 8 月 11 日，一则"四川九寨沟地震，中国地震网机器人写稿，用时 25 秒"的新闻引起了国内民众的广泛关注，人工智能离新闻出版业如此之近，是许多人所始料未及的。而更冲击媒体人的是美国"作家"人工智能技术平台 Wordsmith ，2013 年机器自动撰写的新闻稿件数量达到 3 亿篇，超过了所有主要新闻机构的稿件产出数量；2014 年，已撰写出超过 10 亿篇的新闻稿。至于新闻推荐、自动推荐则每天都在"今日头条"等各资讯类平台中无数次被应用，无怪乎大家都感觉看了一篇报道之后马上会有类似资讯的出现。会写新闻的计算机人工智能程序大规模、持久性应用，将会导致的最终结果便是大量的传统新闻记者的失业，尤其是不涉及深度报道、评论类的新闻记者群体。

　　"不优雅转型，则遍体鳞伤。但是我们是否会优雅地完成这次转型，还是会在这个过程中变得遍体鳞伤？我并不确定。"[②] 杰瑞·卡普兰讲的是人工智能的转型大潮，笔者看来，其过程、结果、预测恰如新闻出版业的转型升级过程。出版行业，从目前来看似乎还不是人工智能第一轮波及的"失业潮"群体。然而，从《新一代人工智能发展规划》所公布的内容来看，人工智能的快速发展将会对出版业产生颠覆性的改革，将会推动数字出版步入飞速发展的"快车道"；这种影响、推动，包括流程再造、内容重塑、业态创新、大范围高新技术的应用、传统生产方式的变革以及传统出版业态的智能化改造，等等。

第一节　未来出版：群体智能应用于流程再造

　　以人工智能的视角审视出版业，流程再造、流程重塑将会首当其冲，以大量的自动化、智能化系统取代人力资源的投入将会成为主要趋势。目前的编辑、审查、校对、印制、储运、销售等环节仍然依赖人力资源的大量投入，2013 年央企数字化转型升级的目标——传统出版与数字出版的流程一体化目标仍然没有全面实现。《新一代人工智能发展规划》中多次提到群体智能，包括四个方面的基础理论研究任务和八个方向的关键共性技术研究任务。群体智能对出版流程再造最大的启发在于互联网环境下的协同、出版社内部编校共同体的数字化协同生产，实践表明，群体智能在社会其他领域已经得到了充分运用：基于群体编辑的维基百科、基于群体开发的开源软件、基于众问众答的知识共享、基于众筹众智的万

---

① 李开复，王咏刚. 人工智能[M]. 北京：文化发展出版社，2017.

② [美] 杰瑞·卡普兰. 人工智能时代[M]. 李盼，译. 杭州：浙江人民出版社，2016.

众创新、基于众包众享的共享经济，等等。

以群体智能为理念先导、以知识体系构建为核心的出版流程再造将会在人工智能时代大放异彩：①在选题创意环节，基于知识体系的查缺补漏进行策划、约稿，将会在很大程度上发挥"蓝海战略"的竞争优势；②在审校环节，按照知识点对章节、片段进行知识标引，将会实现纸书、电子书、知识库等多种产品的同步上线、协同生产[①]；③协同编纂系统的充分使用，将会实现数字化校对业态的出现，将会推动内校外校作者校三位一体、协同开展；④基于知识标引的海量数据，通过知识计算、深度搜索和可视交互核心技术，实现对知识持续增量的自动获取，才能真正构建出动态、开源的出版业知识服务大数据，形成跨学科、跨领域、多种数据类型的跨媒体知识图谱。群体智能理念指导下的出版流程再造，其最终目标是出版企业拥有一套先进、完善的数字化生产流程，这种生产流程能够同步支持纸质产品印制、数字图书上线和知识库的封装上市，从而大大提高新闻出版行业的生产效率，有效避免"先纸质书、后数字化"的大量重复劳动和滞后工作。

第二节　未来出版：数据是生产要素

第三次人工智能浪潮最明显的特征是：以大数据为基石。正是海量数据的积累和深度学习的应用，使得 AlphaGo 在第一局失败后，连战连胜，战胜了人类围棋冠军。《新一代人工智能发展规划》共有 24 处提及"大数据"，其中涉及的领域包括：农业大数据、金融大数据、工厂大数据、教育大数据、城市大数据、健康大数据等。应该说，我国的出版体制特点，决定了每个行业、领域都有相应的出版机构做知识服务支撑，上述领域的大数据构建，不可避免地会延伸到专业出版、教育出版和大众出版大数据的建设。

2017 年 3 月 8 日，新闻出版大数据应用工程入选发改委大数据发展重大工程，意味着国家层面的新闻出版大数据将正式步入启动和实施阶段。从数据类型的维度来看，新闻出版大数据主要包括内容数据、用户数据和交互数据；也包括基于专业出版、部委出版社所产生的条数据和基于地域性出版机构所产生的块数据。新闻出版大数据的构建，要结合新闻出版业条数据、块数据同时并存、各有千秋的数据特点和规律，围绕着数据作为生产要素，重塑新闻出版数据的采集、存储、标引、计算、建模和服务体系。[②]

长久以来，从内容数据的角度，传统出版业的做法是将一本书作为一个产品、一个数据单元加以销售，每本书动辄二三十万字，从数据价值的角度，是一种较大的浪费。以数

---

① 笔者曾经考察过英国出版科技集团的 Advance 复合出版系统，印象最深刻的莫过于：一个 ERP 系统可以支撑电子书、纸书、音视频、数据库等数十种产品形态；在作者稿件素材到达编辑时，编辑所面临的第一个选择是：选择何种产品形态，进而选择何种产品生产流程，而国内编辑在接到稿件时思维默认就是进行纸质图书出版。

② 张新新. 新闻出版业大数据应用的思索与展望[J]. 科技与出版，2016（1）：4.

据作为生产要素来看，每本书可根据情况不同，分别拆分为数十到数百个数据单元，这些数据单元作为单一数字产品加以销售，其产生的价值将会大大超过一本书所实现的价值。换句话说，传统纸质图书的数据化价值没有被重视和挖掘，这在以数据作为能源、作为生产要素的人工智能时代，是需要极大改进和提升的。而用户数据和交互数据，则长期被我国传统出版社所忽略，构建了客户关系管理系统的出版社很少，采集了对图书的反馈、点赞、评论等交互数据的出版社更少。与此相反的是，亚马逊的创始人杰夫·贝索斯"一直都知道力量存在于数据中。他花了近 20 年的时间，史无前例地积累了大量关于个人和集体购买习惯的统计数据，其中包括两亿活跃买家的详细个人信息。[1]"综上，传统出版社粗犷的经营方式、以纸质产品为主的传统业态，导致内容数据的价值没能被充分挖掘，用户数据积累不足，以及交互数据基本没有被采集。

未来出版的大数据构建，需要以知识体系为基础，以知识标引为关键，研究数据驱动与知识引导相结合的人工智能新方法、以自然语言理解和图像图形为核心的认知计算理论和方法，以知识计算引擎和知识服务技术为枢纽，通过各行业、领域、学科的知识的标引、计算和模型建构，最终建成一个跨学科、跨领域、跨媒体的新闻出版业超级大数据。

第三节　未来出版：出版+智能化升级

未来出版的形态，将会因为加上智能化的翅膀，而呈现出智能化发展的方向：在知识服务领域，以知识计算引擎为核心的前瞻技术将得到大范围应用，进而推动知识服务向着纵深方向发展；在增强现实和虚拟仿真领域，在原有 3D 实景建模、虚拟建模的基础上，智能建模将会被快速推广和迭代；在在线教育领域，在原有的 MOOC、 SPOC 的基础上，大数据技术将得到广泛运用，并催生出以学习者为中心、以交互式为主要特点的智能教育新形态；人工智能作用于新闻出版业，还将带来一系列标准的立、改、废和法律法规的及时调整。

一、出版大数据是基石

未来出版的形态，无论是知识服务、智能 AR、智能 VR，还是智能教育，都将以大数据为基石，这与第三次人工智能浪潮产生的原理是一脉相承的。正是由于大数据+深度学习，促使了第三次人工智能浪潮的出现。

就知识服务而言，大规模、高质量的数据是知识标引的基础，是知识图谱形成的素材，也是知识计算作用于专业数据的前提。就业界动态而言，法信平台已经初步具备了智能化知识服务的雏形，其"同案智推"的模式在知识解决方案层面可以解决一定程度的"同案

---

① 杰瑞·卡普兰. 人工智能时代[M]. 李盼，译. 杭州：浙江人民出版社，2016：95.

不同判"的问题。而随着法信平台的数据量越来越大，知识标引越来越精细，其大数据的预测功能、知识发现的价值将会得到更大程度的发挥。

就智能 AR 出版、智能 VR 出版而言，目前建模成本，尤其是虚拟建模成本居高不下，导致增强现实、虚拟仿真等技术在出版业的大规模应用始终没有完全铺开，AR、VR 模型数据量还不够庞大。基于 AR 模型的大量数据积累，其参数、指标、规格、尺寸、比例等方面的共通性原理将被揭示，人机交互的体验感将更加友好，输出展示终端将进一步个性化和常态化，AR 出版将会进一步由教育出版、大众出版向着专业出版的方向渗透和延伸。

就智能教育而言，大数据技术作用于在线教育，不断进行学习者个人数据的采集、分析、评估、跟踪和回馈，将会进一步发挥 SPOC 等教育模式的价值，变灌输式、填鸭式的教学方式为交互式、反馈式的教学模式，进而在技术层面推进教育的实质公平，针对每个学习者都能因材施教、因人施教。

二、知识计算与智能知识服务

目前新闻出版业的知识服务，主要进展有：第一批、第二批、第三批知识服务模式试点单位已经公布，共计 110 家企业；知识服务技术提供商名录已经发布；法律、化工、地质等领域的知识服务产品研发取得了阶段性进展。其不足在于：知识服务市场盈利能力还很薄弱，知识变现规模很小，知识服务的关键技术如知识计算引擎、知识图谱应用还没能突破，跨领域知识服务图谱尚未对接和形成，知识服务的高级形态——知识解决方案仍付之阙如等。

未来知识服务的方向，将重点围绕突破知识计算引擎和知识服务关键共性技术而展开。《新一代人工智能发展规划》旗帜鲜明地将知识计算引擎与知识服务技术作为"关键共性技术体系"的第一项加以列出，明确指出要"重点突破知识加工、深度搜索和可视交互核心技术，实现对知识持续增量的自动获取，具备概念识别、实体发现、属性预测、知识演化建模和关系挖掘能力，形成涵盖数十亿实体规模的多源、多学科和多数据类型的跨媒体知识图谱。"

知识计算的类型，主要包括属性计算、关系计算和实例计算。[①]知识计算的作用在于通过海量知识数据的统计分析，得出背后的数据，推断出隐性知识。根据知识体系，研发知识元，构建知识元库；运用知识计算工具，对海量数据进行属性、关系和实例计算，进而实现知识发现的预期目标；单一领域的知识库，通过知识体系的连接，形成跨领域、跨媒体、跨数据类型的知识图谱，进而为全社会提供全方位、立体化、多层次的知识服务——包括信息服务、知识产品和知识解决方案。这种涵盖数十亿实体规模的跨媒体知识图谱，在精神文化需求方面，更有助于满足人民对美好生活的向往，有助于解决知识需求不平衡、不充分的问题。中国新闻出版研究院已经正式组建了国家知识资源服务中心，其"1+N"（一

---

① 王元卓，贾岩涛，赵泽亚，等. OpenKN——网络大数据时代的知识计算引擎[J]，中国计算机学会通讯，2014，10（11）.

个国家知识资源中心+多个支撑中心）的模式，是最有可能实现跨媒体知识图谱的具体路径。

三、AR/VR 的智能出版

标准研制方面，AR、VR 技术应用于新闻出版业的相关企业标准、行业标准研制取得了阶段性进展；产品研发方面，从融智库统计的三大网络图书营销平台的数据来看，截至2017 年 7 月，全国共出版了 276 种 AR 图书[①]，具有了一定的市场规模。存在的问题在于：AR 出版物输出展示端不完善，用户交互体验不够友好；图书价格大多较高，是普通图书的一到四倍、甚至更高，换言之，AR 技术成本间接转嫁给读者了；AR 模型制作，尤其是虚拟建模价格居高不下，甚至呈现出畸高的状态；AR 图书所关联 APP 的信息安全监管存在隐患，等等。

在人工智能时代，AR、VR 技术应用于出版业，主要应发力于以下几个方面：

其一，关键共性技术方面：建模的智能化将覆盖虚拟对象实体、虚拟对象的行为，增强虚拟对象行为的社会化、智能化和交互性，而不是停留在目前简单的交互层面[②]；这将大大提高人机交互的灵活性和逼真性，加速实现增强现实、虚拟仿真与人工智能技术的高效互动与有机融合，进而促进 AR 动态出版的发展与繁荣，使得出版业态与博物馆等展览展示业态相互融合。

其二，人工智能经济方面：增强现实、虚拟仿真的高性能建模技术将会取得突破性进展，进而导致 AR 出版物的成本大大降低；输出展示终端、设备将会更加友好化，开源便捷的开发引擎将会加速应用，AR、VR 出版物的标准体系和评价体系将会出现；一大批 AR、VR 龙头技术企业将会出现，并成为文化产业尤其是新闻出版业的技术提供商，协助政府主管部门解决好 AR 出版物版权复合性、监管即时性、标准研制与应用等问题。

其三，智能社会构建方面："促进虚拟环境和实体环境协同融合，满足个人感知、分析、判断与决策等实时信息需求，实现在工作、学习、生活、娱乐等不同场景下的流畅切换"；这种虚拟环境与实体环境交相辉映的社会网络的形成，将会提升时下欣欣向荣的网络文学业态，推进网络文学演变为"阅读+沉浸式体验"的虚拟与现实并存的新生业态，这种新生业态将会以"AR+LBS"游戏的面貌出现在消费者的生活中。

四、智能教育的广阔空间

人工智能将广泛作用于教育领域，从智能教育学科的设立、智能教育人才的培养、智能教育环境的搭建到智能教育政策体系的形成，将无所不包。就智能教育出版而言，将会

---

① 这里的 AR 图书是指用 AR 技术展现的图书，不包括讲解和介绍 AR 技术的一般性图书。

② 目前的建模主要集中于虚拟对象实体本身，如 3D 实景建模；虚拟建模也仅仅是个别、简单的行为，没能涉及行为的社交化、智能化。

主要出现以下几种新业态：

1. 在线教育智能化：基于大数据

如前所述，大数据作为人工智能的基石将会作用于人工智能的几乎所有领域。从 MOOC 演进为 SPOC，在线教育理念和业态升级的最重要因素在于大数据技术的植入。2013 年 1 月，哈佛大学法学院教授威廉姆开设了名为《著作权》的私播课，成为哈佛大学对私播课的首次尝试。[①]2015 年下半年开始，在线教育产品纷纷倒下，2014 年秋开始的新东方私播课（SPOC）却在 2016 财年（2015 年 6 月至 2016 年 5 月）实现了 2000 万营收、付费用户 17000 人次、教师最高单季度增收超 30 万、开通 SPOC 的教师比率高达 25% 的优秀业绩[②]。SPOC 作为在线教育的最新发展模式，作为智能教育的雏形，已经展示出了较强的市场潜力，取得了预期的经济效益。

未来的在线智能教育平台将通过追踪每个学习者的学习时长、性格特征、高频错误知识点等学习行为特点，进行知识计算和大数据分析，找寻出学习者的学习规律，进而为每个学习者提供"线上+线下"、量身定做的个性化、定制化教育服务，进而真正做到因人施教、因材施教，推进教育实质公平目标的实现。

2. 智能教育助理：基于语音识别

世界范围内的企业巨头都纷纷推出了各自的智能助理，例如 Facebook M、Amazon Echo、Google Assistant、Google Allo、苹果 Siri、IBM Watson、微软小娜（Cortana）和小冰等。这些智能助理的共同特征有：基于语音识别、具备较强的交互性，能够提供对话式服务，同时集中于专业领域，主要提供信息和咨询服务。

而致力于提供智能教育服务的"智能教育助理"在《新一代人工智能发展规划》被列出，但是目前还没有现象级的产品出现。相信智能教育助理仍然是以语音识别、会话式服务为主要服务方式，同时，关联着大量的教育服务数据库以及学习者本人的信息资料库，通过对该学习者学习行为的分析统计，进而为其提供全面、智能、快速的教育服务。

3. 智能教育机器人：交互式+内置式

《新一代人工智能发展规划》重点提及了几类机器人：研制和推广智能工业机器人、智能服务机器人、空间机器人、海洋机器人、极地机器人等特种智能机器人。其中空间机器人、海洋机器人、极地机器人这些特种机器人与国土资源系统"三深一土"（深地探测、深海探测、深空对地观测、土地科技创新）国土资源科技创新战略紧密相关；而智能教育机器人则属于智能服务机器人的序列。

目前市场上出现的点读笔、学习机，以及拥有机器人外形的学习设备，其最主要的原理是将相关儿歌、诗词、英语、故事等知识素材内置于芯片，然后通过单向灌输的方式向学习者传递，其最大的问题在于缺乏交互性，无法实现人机互动。

① 王婷. "慕课之后，兴起私播课" [EB/OL]. http://www.xinhuanet.com/local/2015-04/15/c_127690411.htm.
② CK47. 躺着赚 2000 万的新东方私播课，教育机构可否复制？[EB/OL]. http://www.sohu.com/a/72678194_294482.

人工智能时代，在幼儿教育领域，智能教育机器人将会全面取代市面现有的点读笔和学习机等产品。智能教育机器人将以教育大数据知识库作为数据池，建立健全学习者个人的信息资料数据库，以语音识别来调取相关资料，以人脸识别来推送精准服务，进而实现与学习者的交流互动。这种交互式、智能式的教育将是未来智能教育的重要发展方向。

五、标准化体系重塑

人工智能影响的是社会生活的方方面面，包含了智能推理、新闻推荐、机器撰稿、机器视觉、AI 艺术、智能搜索、机器翻译、语音识别、自动驾驶、机器人、深度学习、数据挖掘、知识图谱等诸多领域。所以，人工智能时代的到来，必将引起相关领域标准的制定、修订、废止和增加。

从标准的层级来看，《新一代人工智能发展规划》首先明确了当下人工智能领域标准体系亟待完善的现状，然后将初步建成人工智能技术标准作为战略目标提出。在具体内容中，提出重点培养"人工智能+标准"的横向复合人才，鼓励相关企业参与制定国际标准，尤其是鼓励智能机器人、智能制造、增强现实、虚拟仿真等产业领域形成标准体系，加强安全防范。最后，在保障措施中，专门提出要"加强人工智能标准框架体系研究"，并对技术标准、重点领域标准、国际标准的带动作用等作出了规定。

新闻出版业所涉及的人工智能领域的标准主要包括出版大数据内容、技术、运营等系列标准，以及 AR 技术在出版业的应用规范、VR 技术应用于新闻出版业的标准规范等；同时，未来的智能教育也将遵循智能机器人的相关标准，包括其硬件接口标准、软件接口协议标准及安全使用标准等。笔者所在的国土资源领域，还将涉及具体的空间机器人、海洋机器人、极地机器人等特种智能机器人相关标准。

六、法律法规的再定位

法理学的名言是：法律一经制定，就落后于社会现实。人工智能的飞速发展必然带来大量法律法规的立、改、废，甚至会引起伦理、道德层面的一些价值冲突。类似的案例发生在工业革命初期的英国，1865 年，英国议会通过了一部《红旗法案》，其出台实质上阻碍了汽车领域技术的研发。而当无人驾驶遇到"电车难题"，又当如何选择？"电车难题"涉及到功利主义与道德问题的交叉与对冲，自动驾驶模式下的人工智能究竟会选择撞上正常车道的 5 个人还是废弃车道的 1 个人，这始终是个两难问题。2017 年 10 月 25 日，"女性"机器人索菲亚被授予沙特公民身份，她也因此成为史上首个获得公民身份的机器人。这在法律层面已经涉及人格权的调整与重新定义了，索菲亚究竟是否具备法律意义上"人"的概念？是否具备自然人完全所拥有的权利和义务？这些问题已经现实地摆在了我们面前。

就新闻出版法律法规而言，人工智能可能会给我们带来一系列新的难题：首先，AR

出版物的版权归属问题，图片、文字的版权归属于作者，AR 模型的版权归属于其所有权人，同一作品的多重版权问题由此而来；其次，大数据技术的广泛运用、知识库的纷纷建立，涉及每个章节、片段的"版权碎片化"问题，以及在"版权碎片化"的基础上，围绕同一专题、知识点而重组起来的整个知识库的"集成性创新"的版权归属问题；第三，AR 出版物、智能机器人、智能教育助理等所带来的信息网络安全监管问题，这些产品形态外化的都是人机交互，但是其关联的数据网站均隐藏于后端，内容安全和技术安全是单一部门归口管理，还是不同部门分别管理？诸如此类的问题已经现实地摆在了我们面前。

结语

当我们按照导航设定路线行驶时，我们享受到城市交通大数据联网带来的便捷与高效，节约了很大的时间成本，但是我们没有意识到：我们正处于一个由指令器、传感器、执行器（我们自己）所构成智能程序之中。人工智能，并不遥远，就在我们身边；不久的将来，我们必将更大范围地感受到知识计算、智能教育、智能机器人、混合现实智能等新的智能产品和服务所带来的福利与美好。

第十章 出版＋人工智能：智能出版流程再造

——以群体智能为视角

国务院《新一代人工智能发展规划》中提及未来人工智能的五大发展方向是：大数据智能、跨媒体智能、自主智能、人机混合增强智能和群体智能。这五大发展方向均与新闻出版业有着重要关联，而其中尤其以大数据智能、跨媒体智能、人机混合智能和群体智能与出版业关联最为紧密。本文主要结合人工智能的原理，谈一下出版流程再造的若干设想和已经产生的部分实践。

实践表明，群体智能在数字出版相关领域已经得到了部分运用：基于群体编辑的维基百科、基于群体开发的开源软件、基于众问众答的知识共享、基于众筹众智的万众创新、基于众包众享的共享经济，等等[①]。就新闻出版业的发展而言，智能出版将会成为未来发展趋势，其表现在于：对外不断提供智能化知识服务，优化完善数字产品和服务的供给；对内不断提高新闻出版业生产管理流程的高效化、融合化和智能化水平。[②]

新闻出版业的数字化转型升级，主要包括三个方面：产品数字化转型升级、流程数字化转型升级和渠道数字化转型升级；而流程数字化转型升级的未来走向便是：生产管理流程的智能化改造提升，包括选题策划、审稿校对、排版印制、发行销售等全产业链的智能化升级。

新闻出版业的智能出版流程再造，大致可以表述为：以大数据、人工智能等技术为支撑，建立健全众智众创、协同创新的生产管理流程，提高数字内容生产、流程管控、发行传播的智能化水平，研发、应用和推广支持智能选题策划、智能审校、智能排版、智能印刷、智能发行等技术工具集，研发支持战略研判、决策的智能化管理集成平台，研发面向用户提供智能化服务的集成平台，进而最终实现全面提升新闻出版业协同化、融合化、智能化水平的目标。

第一节 问题：两个流程的并行

长期以来，由于落后的生产方式、生产流程和管理方式，导致传统出版流程存在着一系列制约、限制甚至阻碍数字出版业务发展的问题：

---

① 李未，吴文峻. 群体智能：新一代人工智能的重要方向[EB/OL]. http://stdaily.com/index/kejixinwen/2017-08/03/content_564559.shtml，2017 年 11 月 21 日访问。

② 张新新，刘华东. 出版+人工智能：未来出版的新模式与新形态——以《新一代人工智能发展规划》为视角[J]. 科技与出版，2016，（12）：36-41.

其一，现有的 ERP 出版管理系统，绝大部分只能支持传统出版流程，不能支持数字出版流程，仅仅个别 ERP 有数字产品销售的相关流程。

其二，传统排版软件大多属于闭源软件，开发者更多地将软件视作公司的商业秘密和自有财产；不同的排版软件之间、排版软件和数字化加工制作软件之间，都采取互相封闭、互不联通的态度，这样导致的最大问题是，传统出版与数字出版流程之间相互龃龉，不流畅、不通顺，始终处于"肠梗阻"的状态。

其三，大部分出版社数字出版流程都是自立门户、另起炉灶，重新对排版文件进行数字化扫描、识别，甚至需要对纸质图书进行扫描和加工，这种生产流程最大的问题是重复建设和资源浪费。

最后，传统出版流程和数字出版流程"两张皮""各自为政"的状态长期存在，这不仅与新闻出版行业数字化转型升级的目标背道而驰，而且，也严重影响了新闻出版企业自身传统出版和新兴出版业务的协同发展和良性互动。

第二节　未来：智能出版流程的重塑

人工智能对于出版流程的最大启迪在于：需要适时构建一套自动化、智能化、系统化的出版流程，以同时支撑传统出版业务和数字出版业务，做到传统图书和数字产品生产、制作、发行的一体化、协同化和同步化。这是新闻出版企业数字化转型升级题中应有之义，也是传统出版与新兴出版融合发展的必然要求。

一、智能策划与协同撰稿

出版企业要实现智能选题策划，必须依赖大数据技术。大数据是人工智能的基石，也是第三次人工智能浪潮兴起的关键性因素。《新一代人工智能发展规划》对大数据智能给出了浓墨重彩的描述，包括大数据基础设施、智能理论、关键共性技术、智能服务平台和各个细分领域的大数据系统等。

从政策资金扶持的角度，2014 年文化产业发展专项资金支持了 9 个项目，2015 年支持了 17 个；贵州出版集团正在实施"国家出版业大数据应用服务重大工程"；原国家新闻出版广电总局正在布局"新闻出版大数据应用重大工程"。

从实践操作的层面来看，企业级智能选题策划的实现，需要有一个超级数据规模的"选题大数据系统"作为支撑。随着国家级新闻出版大数据的建立和健全，经济、政治、哲学、法律、文艺、科技等各个细分领域的选题数据库将能够逐步囊括海量级的选题；新闻出版企业便可借助选题数据库，进行细分领域的选题查重、查缺补漏，在进行组稿策划时，便可减少盲目性，提高针对性，进而辅助选题策划决策，起到提高选题策划含金量的预期效果。

同时，基于群体智能的"众智众创众筹"理念，优化运用智能蚁群算法、人工鱼群算法、烟花爆炸算法等群体智能的算法，可探索研发出众创撰稿、协同创作的工具系统，以起到众筹众智、集中专业领域智慧提供个性化、定制化知识解决方案的效果。

二、智能审校系统

基于大数据智能、群体智能、自然语言处理等理论和技术，未来新闻出版业可研发出一系列智能审校系统，以节约过程资源、提高流程效率，实现推动新闻出版业集约化、高质量发展的目标。

——自动纠错系统。基于海量词汇和机器学习构建自动纠错系统，能够自动发现和识别稿件中存在的错误和瑕疵，以不断提高书稿质量，给读者和用户以更加友好的阅读体验感，同时也能够最大可能地弱化图书质量责任。优化和完善自动纠错系统的关键在于精准识别专业细分领域的特定用语，以避免将正确词汇误认作文字错误，例如法律专业术语"标的"；而这个过程的实现，必须依赖于专业知识服务领域的大数据和海量词汇的大规模、多层次的语言训练。

——敏感词识别与排查系统。人工智能视角下的关键词识别与排查系统，要能够支持精准发现、准确排除敏感词的功能，以确保图书的导向正确和质量过硬。敏感词语数据库需要及时更新，能够适应最新政策变化和最新时代发展，及时排除不合理词汇，及时屏蔽新闻报道禁用词，这样方可确保系统的及时性和实用性。

——协同编纂系统。协同编纂本身并不是一个新词，只不过在人工智能的视角，被赋予了新内涵和新动能。未来的协同编辑系统，需要充分运用群体智能的理论和技术，一方面推进机器撰稿、协同编辑和众智撰稿，能够支持百科、科普领域的机器撰稿，能够同时支持作者在线撰稿、编辑在线编辑加工以及二者协同撰稿；另一方面，支持使用专业数字校对工具，进行数字化在线校对，能够具备内校、外校、作者校的协同校对功能。不过，这意味着现有校对模式的替换和校对方法的革新，意味着生产方式的变更和职业群体的更迭。

三、智能印制

智能印制发行系统的构建，其核心在于去库存和去产能。长久以来，我国图书出版业存在着拍脑袋决定印制、同质化竞争、库存积压严重、仓储成本过高等问题，这些问题在传统的生产方式下迟迟没有得到解决。

以印刷环节来看，自动化是数字化的前提，数字化是智能化的前提。在 Drupa 2016 展会上，海德堡提出了"Simply Smart"的口号，翻译成汉语就是"致简·智能"，对数字化时代印刷业的智能生产提出了前瞻性的理念——"未来，印刷就像自主驾驶汽车一样简单，一键完成所有客户订单的生产"，这无疑对印刷业具有划时代的意义。①从《中国制造 2025》（国发〔2015〕28 号）可以看出，我国印刷产业未来转型升级的方向是数字化、绿色化和智能化。其中支撑智能化的重要环节包括：耗材的绿色化、印前的数字化、设备的物联网化以及印制过程的自动化。应该说，实现智能印刷，我们的认知理念、工业基础、核心技术和产业应用都还有很长一段路要走。

四、智能发行

智能发行，从其形态来看，包括传统图书的智能发行，也包括数字产品和服务的智能发行。从其构成要素来看，主要包括：优化完善供给、降低退货率、统计分析、个性化推荐和精准投递推送等。

从优化完善新闻出版产品供给的角度来看，能否优化图书产品结构、提高图书产品质量、多出精品力作，成为当务之急。而从需求侧来看，能否掌握读者的数据信息，认知、了解并统计分析读者的阅读需求、偏好和消费能力等特征数据，进而实现精准用户画像，根据目标用户的消费需求，来确定印制规模和发行数量，便成为迫切需要解决的"痛点"。以大数据视角审视传统出版，最大问题莫过于图书实现了销售，但是无法实现对读者的精准画像：消费者是谁？分布于哪些区域？什么学历？什么年龄段？知识域怎么构成？阅读的目的是什么？这些问题均无法回答。换言之，因为目标读者数据无法回传，从而无法完成目标读者精准画像，最终难以实现对目标读者的精准推送。

为此，新闻出版企业需要构建自身的客户关系管理系统，包括对用户数据的采集、统计、分析和画像，对点赞、评论、留言等交互数据的统计和分析。构架客户关系管理系统的目的是获取用户数据，进行统计分析，进而实现精准画像，最终实现纸质图书、数字产品的精准推送和精准营销。

值得关注的是，数字内容产业的智能发行也展示出了较强的市场潜力，并且已经在部分领域、部分企业引起了资本市场关注。例如，数字内容智能发行"魔窗"，其用户包括人民日报、沪江、东方航空等，其分发的内容主要是信息资讯，分发渠道主要是腾讯企鹅号等平台，分发的背后是基于用户画像的流量优化，实现工具是魔窗 mLink。"魔窗"已于2017 年 5 月获得了华耀资本的 A1 轮融资，8 月完成得厚资本 A2 轮融资，合计数千万元人民币。②

---

① 科印网.来海德堡，看懂未来的智能印刷工厂[EB/OL]. http://www.keyin.cn/news/cpjs/201705/12-1104472.shtml. 2017 年 12 月 20 日访问。

② 金融界.内容智能发行商魔窗获数千万元 A 轮系列融资[EB/OL]. http://biz.jrj.com.cn/2017/11/13163523375707.shtml. 2017 年 12 月 20 日访问。

五、流程协同与再造

群体智能理念指导下的出版流程再造，其最终目标是出版企业拥有一套先进、完善的数字化、智能化、融合化的生产管理流程，这种生产管理流程能够同步支持纸质产品印制、数字图书上线和知识库的封装上市，从而大大提高新闻出版行业的生产效率，有效避免"先纸质书、后数字化"的大量重复劳动和滞后工作。

1. 一体化

"一体化"，是指传统出版流程与数字出版流程的一体化，该生产管理流程能够支持传统纸质图书生产管理，也能够支持数字图书、条目数据、数据库、知识库、视听库等数字产品的生产管理。目前大部分企业的现状是传统出版流程相对成熟，而数字出版流程不清晰、不完善甚至处于缺位状态。

以智能化视角来审视流程一体化问题，未来的出版流程可能会包括诸如 AR 出版物的生产、制作、加工和运营；　VR 出版类产品的生产、制作和销售；甚至还包括承载智能内容服务机器人的资源库、交互性系统的支撑与对外运营等相关系统。

2. 协同化

2017 年 11 月，原国家新闻出版广电总局发布了新闻出版行业标准《数字出版业务流程与管理规范》（CY/T 158—2017）。该标准的创新性在于系统构建了包括数字出版的产品策划、资源组织、产品设计、内容审校、产品加工、产品发布、运营维护和售后服务的业务全流程，同时对规划管理、项目管理和团队管理提出了与时俱进的建议和创新性设计。不足之处在于：对数字出版流程与传统出版流程的衔接、协同问题没有做出回应。

流程的"协同化"，是指传统出版和新兴出版流程在人员和角色方面的协同，在内容制作、产品研发、技术应用和管理流程方面的协同。在内容制作和产品研发方面的协同体现在：知识元库的建立和知识体系的研发，需要由传统策划编辑、数字编辑和作者队伍进行协同化研制和修订；传统策划编辑需要全面了解所属出版领域的知识体系，并能够驾轻就熟地对每种图书的片章节进行知识标引，以便于后期基于同源图书的知识库和专题等数字产品的研发；内部校对、外部校对和作者校对所产生的定稿，要能够协同用于传统图书产品印制和新兴数字产品的研发；传统出版流程和新兴出版流程在考核办法、稿酬标准制定、利润分配等方面要建立健全协同化、统一化的机制。

3. 同步化

流程的"同步化"，是"一体化"和"协同化"共同作用的结果，是指通过出版流程，能够同步化生产纸质图书、电子图书、数据库、专题库、视听产品、AR 出版物、VR 出版物等，能够实现传统产品和数字产品的同步制作、同步生产和同步上线。

从发展时间和未来趋势来看，传统纸质图书和新兴数字产品的同步上线，不是此消彼长的关系，而是相互促进、相互推动、相得益彰的关系。未来的编辑也应转型为传统出版业务能力和新兴出版能力兼备的现代型编辑，未来的出版是传统与新兴出版融合的出版，不再有传统和数字之分。

4. 智能化

同时具备了"一体化""协同化"和"同步化"的出版生产管理流程，便是智能化的出版流程了。同时，智能化的出版流程，能够将智能选题策划、智能审校纠错、智能排版印制和智能营销推荐进行有机融合，以更加数字化、融合化、智能化的生产方式来推动新闻出版业的转型升级，来实现新闻出版业的提质增效。

第三篇

革新体制机制

体制机制创新一直以来都是数字出版所必须要面对的问题，也是促进发展、提质增效的关键性举措。数字出版的体制创新，包括组织架构的创新和业务权限的拓展；数字出版的机制创新，包括人才机制、项目机制、销售机制和科研机制创新等。

数字出版的考核机制，从产业链的角度，可以划分为对内容人才、技术人才、运维人才和项目人才的考核；从产品体系的角度，可以分为对单一性数字产品的考核和对集合性数字产品的考核，对单一性产品的考核能够实现传统出版与数字出版的一体化考核与激励，能够同时保障作者的传统图书版税权益和数字产品的版税权益。数字出版的考核是为了有效激励，包括对从业者物质层面和精神层面的激励，具体的激励形式则包括市场销售奖励、政府项目激励、事业激励、荣誉激励和晋升激励等形式。

第十一章　数字出版顶层设计与发展模式

——以传统出版机构转型升级为视角

数字出版发展模式是数字出版顶层设计的重要组成部分，在顶层设计要素体系中起着承上启下的重要作用，发展模式主要解决的是数字出版市场主体的准入创新机制。在我国数字出版发展过程中，部门制发展模式在当下及未来很长一段时间都将长期存在，公司制发展模式是数字出版市场主体转型升级的未来和方向，部门和公司并存的"双轨制"发展模式将会引领未来数字出版发展的潮流。

将股权激励政策融入数字出版公司制发展模式中，目前在政策层面得到了很多依据和支撑，在实践层面，部分国有文化企业已经开启了数字出版公司制的股权激励序幕。尽管如此，出版业的意识形态属性注定了数字出版管理层的职务性质与股权激励政策之间存在着某种程度的龃龉，数字出版股份制发展模式之路尚需时日。

导语：顶层设计与发展模式

数字出版的顶层设计，是指包括战略定位、发展模式、业务体系、财政项目、技术供应、人才布局等在内的系统性规划，是实现传统出版向现代出版转型升级的战略性统筹，是指围绕着数字出版社会效益和经济效益的实现而做出的全方位、多层次、立体化的设计和安排。而在顶层设计要素体系之中，发展模式居于承上启下的关键性位置：一方面发展模式是战略定位、发展规划的落实载体；另一方面发展模式可以下辖业务体系、财政项目、技术供应和人才布局等要素。

数字出版发展模式解决的是数字出版业态市场主体的转型、升级问题，原国家新闻出版广电总局数字出版司副司长冯宏声在谈到"十三五"时期新闻出版业科技工作思考时，指出："'十三五规划'主要遵循六点原则：第一，坚持把创新驱动作为发展战略；第二，坚持把融合发展作为主要方向；第三，坚持把统筹兼顾作为根本方法；第四，坚持把项目带动作为重要抓手；第五，坚持把市场主体作为创新源泉；第六，坚持把以人为本作为基本要求。"[①] 其中第五点，讲的就是数字出版发展模式的创新对于整个业态发展的助力作用。

在未来的数字出版发展历程中，尤其是在十三五期间，数字出版发展将步入深水区，将凸显"成效年"效应，数字产品市场化与产业化的推进势必会触及顶层设计方面的下述问题：

①顶层设计与业务配置是否适配？　②体制机制创新与市场运营开拓能否衔接？　③国

---

① 冯宏声. 新闻出版业"十三五"时期的科技工作思考[J]. 科技与出版，2016，（6）.

家标准、行业标准、项目标准和企业标准的制定可否同步开展？④数字出版制度建设与业务发展是否合拍？⑤数字出版公司制与部门制发展模式可否同时推进？①

上述问题中的前四个问题涉及面更为广泛，本章主要回答最后一个问题：关于数字出版部门制、公司制等发展模式可否同步推进？答案是肯定的。数字出版部门制的发展模式有利于尽快转化传统出版资源，协调出版社内部各部门之间的工作关系，同时可高效、统一地安排财政项目的策划、申报、实施和验收工作；数字出版公司制的发展模式，有利于体制机制创新，能够在较短的时间内推进数字产品的市场化，推动数字出版向着规模化、产业化的方向发展；而将股权激励政策在合适的时机、合适的条件下融入公司制发展模式则属于更为前瞻、需不断探索尝试的重大课题。

第一节　数字出版顶层设计

顶层设计是运用系统论的方法，从全局的角度，对某项任务或者某个项目的各方面、各层次、各要素统筹规划，以集中有效资源，高效快捷地实现目标。数字出版顶层设计，是指包括战略定位、发展模式、业务体系、财政项目、技术供应、人才布局等在内的系统性规划，是实现传统出版向现代出版转型升级的战略性统筹，是指围绕着数字出版社会效益和经济效益的实现而做出的全方位、多层次、立体化的设计和安排。

许多出版单位仍然把数字出版作为补充业务或应景性业务加以对待，由总编室主任、办公室主任、信息办主任甚至是出版部主任以兼职的方式来开展和承担，这种情况反映出其顶层设计不清晰、战略定位不重视，因此，也很难期待数字出版能有较大作为，也很难推进数字出版的社会效益，更谈不上会有多大的经济效益产生。

数字出版顶层设计如同其他领域的顶层设计一样，具有全局性、最高决定性、整体关联性和可操作性等特征。为此，数字出版的顶层设计应该由数字出版部门提出建议稿或草稿，由出版社领导层加以讨论研究通过；同时，应该由社领导层出任顶层设计小组的组长，由数字出版部门主任作为承担实施任务的副组长，由出版社其他相关部门主任作为成员参与规划和设计工作。

数字出版顶层设计的具体特征如下：

一、全局性

顶层设计的全局性，是指顶层设计是涵盖数字出版产业链的全面性规划，是包含人、财、物等各种发展要素的统筹性设计，是正确处理传统出版和新兴出版关系的通盘性考虑。

各类型的出版社，无论是专业类出版社、大众类出版社还是教育类出版社，所做的数

---

① 张新新. 变革时代的数字出版[M]. 北京：知识产权出版社，2016：51.

字出版顶层设计，都需要打通数字出版产品研发、技术供应、市场运营、衍生服务的产业链各环节，需要在产品、技术、运营、服务四个环节进行宏观性的安排和布局，只有这样，才有可能实现数字出版预期的社会效益和经济效益目标。

数字出版顶层设计要充分考虑到开展业务所需的人、财、物要素，要在出版社整体投入的范围内划出合理的比例以扶持数字出版发展，推动出版转型升级。出版社领导层要安排一定规模的人力资源投入，要从出版社自有资金中支出相应的费用，要配备合理的办公场所和设备，以保障和促进数字出版业务的迅速发展和壮大。

数字出版顶层设计，是关乎正确处理传统出版和新兴出版关系的重要因素。顶层设计需具备前瞻性和务实性特点，既考虑当下的发展需要，又能够支撑未来的发展需求，既能够在现有的经营管理基础上保增长、做增量，又能够看到未来发展的潜力和空间，体现出数字出版作为新的经济增长点的战略性定位。这样的顶层设计，才能够一方面保证传统出版的稳步发展，另一方面孕育数字出版产业化的各种因素。

二、决定性

数字出版顶层设计是自上而下、自高端向低端展开的设计方法，核心理念与目标定位都源自顶层，因此顶层决定底层，高端决定低端。顶层设计的具体落地，可体现在出版社的五年规划之中，各出版社有无单独、专门的数字出版发展规划，就可体现出其整体顶层设计对数字出版的重视程度及其科学性。

顶层设计的决定性有很多方面的体现，首先，无论是数字出版部门的设立，还是数字出版公司的成立，都源自出版社决策层；其次，无论数字出版的定位是服务性部门，还是经营性部门，也都出自出版社领导层的考量；最后，数字出版部门主任的级别、待遇、员工薪酬体系也都需要经过出版社党委、社长办公会的讨论和研究加以确定。

三、关联性

顶层设计的关联性，是指顶层设计强调设计对象内部要素之间所形成的关联、匹配与有机衔接。整体而言，数字出版的产品研发需要专门技术作支撑，而技术应用的方向、产品研发的领域又需要从市场角度考虑，服从于市场的决定性作用，与此同时，产品研发、技术应用和市场运营都依赖敬业、精干、开拓性的人才队伍加以实施和开展。因此，数字出版的顶层设计是一个由产品、技术、运营和人才相互作用、相互关联所形成的设计，是一个由人力资源、资本投入、设备场所共同保障、共同推进的规划设计。

四、可操作性

顶层设计的可操作性，体现在表述简洁明确、目标科学合理和成果实践可行三个方面。

数字出版顶层设计的相应文件表述，无论是整体表述，还是分项表述，都要言简意赅、微言大义，避免啰唆、词不达意，更不能出现似是而非的描述和定位。数字出版顶层设计的长远目标要具备前瞻性，中期目标要具备挑战性，近期目标要具备可实现性，这样才能确定数字出版效益目标体系的层层推进和逐步实现。数字出版的量化成果，无论是宏观成果还是微观成绩，都要能够以看得见的方式加以实现，以此来增强员工的发展信心，来提升出版社转型升级的动力。

可操作性不当，容易导致员工信心滑坡，甚至会出现人才队伍人心涣散，乃至集体离职的不良后果。举例言之：

案例： 某出版社的数字出版公司尚处于亏损阶段，董事长就对员工灌输会在三年内上市的宏伟目标，并以持有原始股作为激励来招募公司管理层。在业务开展初期，公司招募到了合适的管理层，实现了预期的年度盈利目标，这种上市目标和股权激励起到了一定的作用。

但是，在继续发展的过程中，由于薪酬体系不合理、待遇保障存在严重缺陷，公司的发展出现了离心力，董事长在年终大会上仍以上市和股权来鼓励和激励员工队伍，而没有着力解决当下的待遇保障问题。结果，年后公司的骨干员工纷纷离职，数字出版业务又回到重新起步阶段。

在该案例中，公司最高层以公司上市、股权激励作为相应的发展目标，该目标作为长远目标无疑是具有前瞻性的，也是科学的；但是，当员工队伍因待遇保障、薪酬低下而呈现出离职前兆时，决策层非但没有表现出足够的重视，没有适当降低目标，没有切实解决薪资待遇等关系员工生产生活切身利益的问题，反而仍然采取"望梅止渴""画饼充饥"的办法，继续鼓吹长远目标，这种做法的后果只能是出现人心涣散、集体离职的悲剧局面。

案例： 某出版社的数字出版公司，因举办大型会议，需要在国庆假期加班。该公司总经理请示董事会以后，决定给所有加班员工按照法定节假日三倍工资的待遇发放加班期间的薪酬。加班同事克服了种种困难，保持着高昂的工作热情，保质保量地完成了加班任务。

在该案例中，公司经理层一方面确保了员工加班的质量；另一方面通过法定节假日三倍工资政策的落实，使得公司的激励机制得到真正的贯彻，产生了"徙木立信"的良好效果，同时构建了一种员工与企业相互信任、共同发展、共享发展果实的良好企业文化。

第二节　数字出版发展模式

数字出版的发展模式，是指设置哪种机构、采取哪种方式发展数字出版。实践探索过程中，出版集团往往早先一步采取公司制的方式推进数字出版业务，而近几年单体出版机构也纷纷设立数字出版公司，逐步由"部门制"向"公司制"过渡。

　　数字出版公司制的关键在于按照市场规律办事，按照股东会、董事会、总经理办公会的议事规则和决策机制开展日常经营管理，数字出版公司往往更需要一些容错和纠错机制，以鼓励和包容年轻的数字出版主任大踏步前进。

　　在"十二五"时期，曾经出现了电子书产业发展的五大模式："终端厂商主导模式、运营商主导模式、电子书门户模式、电商平台主导模式、出版社主导模式"①。这些模式的出现，在当时的经济、社会条件下，代表了数字出版发展的最新趋势；但是，时过境迁，随着信息技术更替、企业经营不利、盈利模式不清等因素的出现，这几种发展模式都陆续被新的发展路径所取代，唯一保持市场坚挺、一路高歌的是运营商主导模式——移动出版始终呈现逐年上涨的发展态势。与上述电子书产业模式不同的是，传统出版社转型升级过程中所采取的部门制、公司制等发展模式，主要立足体制机制以及组织架构的视角，由特定的发展模式统领具体的终端、网络、产品、服务和人才发展。

一、发展模式综述

　　数字出版发展模式属于数字出版顶层设计的范畴，顶层设计要解决的主要问题之一便是数字出版的发展路径模式。目前，国内关于数字出版的发展模式大致有三种：第一，部门制发展模式；第二，公司制发展模式；第三，"双轨制"发展模式；第四，"股份制"发展模式初现端倪。从现实出发，部门制发展模式是当下传统出版企业发展数字出版的主流模式；从未来展望，公司制发展模式是未来数字出版发展模式的演进和迭代；"双轨制"集合了部门制和公司制两种模式的优点，属于最佳的发展模式；股份制模式处于"小马过河"的阶段，其适用范围、适用条件、发展前景仍然存在着诸多不确定之处，不过，却代表着最新的发展趋势。

　　部门制发展模式，是指成立单独的数字出版部、数字出版分社或者数字出版中心，来承担数字出版的财政项目、产品研发和市场运营等职能，该模式是目前大多数出版社所采取的主流发展模式。

　　公司制发展模式，是指设立独立法人、自负盈亏，成立独立的数字出版公司来发展数字出版业务。数字出版公司目前大部分是由国有企业设立全资子公司的方式而成立，也有部分数字出版公司含有民营资金的成分。

　　"双轨制"发展模式，是指在出版社中既有独立的数字出版部，也有独立的数字出版公司，以数字出版部承担政府项目的策划、申报、实施和验收等工作，以数字出版公司完成项目成果转化，进行数字产品研发和运营的发展模式。

　　"股份制"发展模式，是指采取公私合营的方式，由管理层持股，来推动数字出版业务的发展。股份制发展模式的主要价值在于充分调动管理层、高新技术人才的积极性，有

---

① 杜晓沫. 我国电子书市场的五种经营模式[J]. 出版参考，2012，（21）.

利于将企业的发展和个人激励进行有效统一和整合。

二、部门制模式

部门制发展模式的优势是，设立程序相对简洁，承接政府项目具有天然合理性，同时便于和出版社其他部门沟通和协调，员工认同感和归属感较强。

就设立程序而言，部门制发展模式仅需要出版机构或者出版机构的主管部门通过设立编制、部门的方式来加以实现。部门制发展模式是目前全国出版企业采取的主流发展模式，就具体名称而言，因"社"而异，有的采取"数字出版中心"，例如天津大学出版社数字出版中心、化学工业出版社数字出版中心、石油工业出版社数字出版中心等；有的称呼"数字出版分社"，例如，社科文献出版社、九州出版社、地质出版社等，地质出版社数字出版分社于 2015 年成立，由项目管理部、产品运营部、技术支持部和市场营销部四个部门组成，经过三年的发展，分社目前主要承担财政项目的申报，实施与管理工作；其经营性职能交由中地数媒公司承担。其他的大部分出版社称为"数字出版部"，如中国方正出版社、中国海关出版社等。值得一提的是，2016 年，中国商务出版社、中国计划出版社设置了独立的数字出版部门，进而进入到数字出版"部门制"发展模式的方阵，这标志着央企级出版企业大部分已经完成了独立数字出版部门的建制。

部门制的发展模式，有利于传统出版机构的数字出版部门与其他部门进行交流和衔接，便于传统出版和数字出版业务在资源、人员、机制、薪资等方面的统一协调和调度。同时，就数字出版从业者而言，与编辑出版部门采取相同或者类似的机构设置，有利于增强其身份认同，有利于和谐出版企业文化的构建和发展。但是，部门制发展模式的弊端在于，仍然没有摆脱传统出版发展模式的束缚，仍然停留于从传统出版的视野来看待和从事数字出版，"作坊式"的生产关系继续在发挥主要作用。

三、公司制模式

公司制的发展模式，有利于打破传统出版的体制机制束缚，充分发挥市场的决定性作用，完全按照市场规律开展业务经营和管理。公司制发展模式，是体制机制的改进，有利于推动传统出版企业彻底、深入地实现数字化转型升级，按照市场规律办事，充分发挥市场配置资源的决定性作用；是人才评价的改进，有利于推动数字编辑职称制度的全面推广，有利于数字出版人才在国有体制、民营企业之间互相流动；是技术应用的改进，公司化的数字出版业务，往往能够在大数据、增强现实、动漫影视等新技术、跨界业务的开拓方面取得更加显著的成效，技术应用和技术成果转化的能力和速度将会得到显著提升。[①]

公司制发展模式相对于部门制发展模式而言，其核心差异在于：数字出版业务开展、

---

① 任晓宁. 数字出版：转型升级亟待模式创新[N]. 中国新闻出版广电报，2016-7-4.

人才引进、经营管理要遵循企业法人的股东会、董事会、监事会和经理层的议事规则，要按照现代企业制度、现代企业的法人治理结构来决策、执行和监督；如果仅有公司的外壳，在经营管理层面仍然按照传统出版的决策体制来进行，那么这样的公司只是徒有其表，只不过是换了一种形式的"数字出版部"。

公司制发展模式的不足之处在于：为数字出版从业者提供了良好的"进路机制"，却没有为数字出版从业者提供"退路机制"。传统出版社数字出版部门人员的人事、组织关系如何与数字出版公司有机协调？容错纠错机制如何设立？经营失利甚至经营失败后，公司和原有部门之间能否实现再次转换？这些都是公司制发展模式需要谨慎处理好的问题。

从设立主体的角度来看，公司制发展模式的类型主要如下：

其一，出版集团设立的数字出版公司。目前，国内大型出版集团，例如中国出版集团、中南出版集团、江苏凤凰出版集团、四川新华文轩出版集团、重庆出版集团等纷纷设立单独的数字出版公司开展数字出版业务。较单体出版社而言，出版集团设立数字出版公司往往时间较早，规模也相对较大。

其二，单体出版社成立数字出版公司。规模较大、实力较强的单体出版社也纷纷成立数字出版公司，以求在未来的竞争格局中占有一席之地，如法律出版社成立北京法讯网络技术有限公司、地质出版社成立中地数媒（北京）科技文化有限责任公司、重庆大学出版社成立重庆迪帕数字传媒有限公司、人民法院成立北京东方法律文化传媒有限公司等。

从企业性质的角度分析公司制发展模式，主要分为以下两种：

第一，出版企业设立全资子公司的模式。目前国内的数字出版公司大多属于纯国有资本的性质，纯国有性质的数字出版公司设立程序相对简单，与原有出版社的业务关联较为紧密。这种类型的公司在经营管理、薪资待遇、队伍结构等方面很大程度上借鉴了传统出版企业的模式，但是在人才引进尤其是科技型人才引进方面取得了较大突破，能够按照"新人新办法"的思路，奉行协议工资机制，进而招徕骨干人才甚至是领军人才。

第二，企业联合设立合资公司的模式。在数字出版高歌猛进的同时，单打独斗、闭门造车的发展思路最终会遇到现实的阻碍，于是许多出版机构考虑"社际联合"，甚至是引入民营资本，成立混合所有制的数字出版公司。例如，贵州出版集团所成立的北京漫动亚青数字传媒科技有限公司，人民交通出版社成立的北京行翼科技有限公司就引入了自然人股东。合资公司的模式，有利于充分调动各方力量，聚集行业优势资源，实现数字出版市场化的放大效应，进而为数字出版产业化提供了现实的可能性。

案例： 2016 年初，地质出版社出资 1000 万元设立了中地数媒（北京）科技文化有限责任公司，成为发展数字出版、推进转型升级的全资子公司。经过一年半的发展，中地数媒先后投资设立了北京中地睿知管理咨询有限公司（融智库）、收购了高新技术企业——北京瑞尔智讯科技有限公司，目前地质出版社的数字出版架构已经发展成为集团公司的形态，总体业务呈现快速增长的态势，年度利润已占到出版社利润的 20% 以上。地质出版社数字出版发展矩阵参见图 11-1。

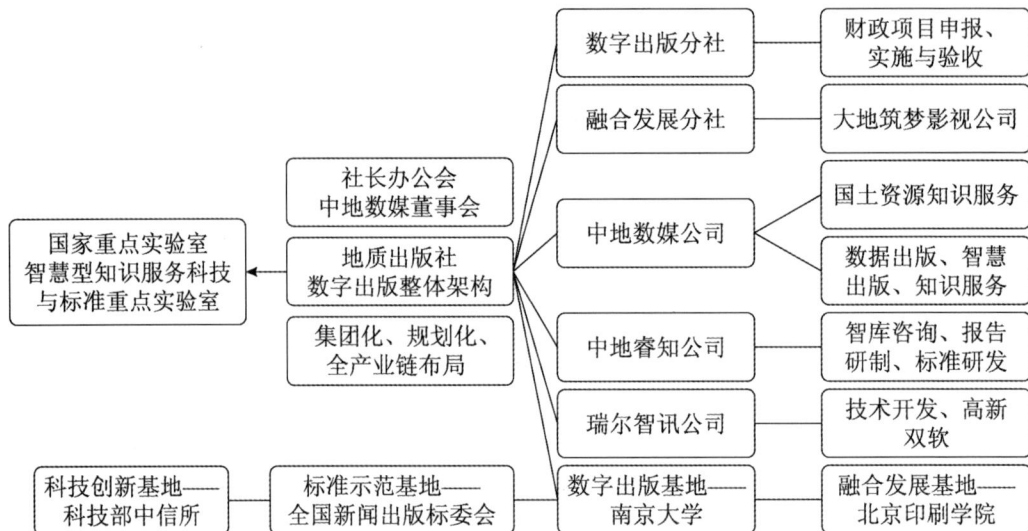

图 11-1　地质出版社数字出版发展矩阵

四、双轨制模式

双轨制发展模式，即"部门制+公司制"的发展模式，是指在出版社中既有独立的数字出版部，也有独立的数字出版公司，以数字出版部承担政府项目的策划、申报、实施和验收等工作，以数字出版公司完成项目成果转化，进行数字产品研发和运营的发展模式。例如，地质出版社、人民交通出版社和法律出版社均采取这种发展模式。

双轨制发展模式在战略定位方面有着严格的区分：数字出版部门主要定位于政府，承担政府在文化产业宏观调控的指标实现，例如对数字出版项目的策划、申报、实施和验收；数字出版公司主要定位于市场，充分发挥市场在配置资源方面的决定性作用，按照市场规律进行经营和管理，充分把财政项目进行成果转化、进行市场化对接。

对广大的数字出版从业者而言，双轨制发展模式为他们提供了"进可攻、退可守"的良好境遇：在改革创新方面，能够义无反顾、全力以赴地进行数字出版市场化销售和产业化迈进，在较短的时间内形成数字出版业务的"自我造血"机制；在容错纠错方面，能够确保在经历了探索开拓而不得其法之后，继续留存于传统出版的体制内，不忘初心、继续尝试，直至找寻到适合企业实际、符合行业趋势的合理商业模式。

五、股权激励的政策与实践

近些年来，我国文化产业的快速发展，对国有文化企业的法人治理机构提出了更高的要求，然而"缺乏有效的经营者激励约束机制决定了现代企业制度的核心——公司治理机制的不科学、不健全"。①股份制发展模式，是指在数字出版公司进行股权激励，允许或者鼓励高新技术人才、管理层持股，进而有效统一员工个人利益与公司长远的发展目标。股份制发展模式在文化产业领域尚处于试点阶段，有部分出版企业进行了尝试。

近几年，在科技文化领域，中央及地方政府主管部门先后出台了一系列股权激励的相关政策和规定：2014年4月，《国务院办公厅关于印发文化体制改革中经营性文化事业单位转制为企业和进一步支持文化企业发展两个规定的通知》（国办发〔2014〕15号）发布；2015年3月，《中共中央 国务院关于深化体制机制改革加快实施创新驱动发展战略的若干意见》出台；2015年5月，福建省人民政府印发《福建省企业科技创新股权和分红激励试行办法》；2016年2月，财政部、科技部、国资委联合发布《关于印发<国有科技型企业股权和分红激励暂行办法>的通知》（财资〔2016〕4号）；2016年9月，财政部、国税总局联合下发了《关于完善股权激励和技术入股有关所得税政策的通知》（财税〔2016〕101号）。这些政策和文件的共同特点在于：第一，大多鲜明地提出了"股权激励"的机制，鼓励国有文化企业、科技企业尝试探索股权激励方案；第二，确保国有文化企业、科技企业的意识形态属性，以特殊管理股等创新措施保障国有企业改革方向的正确性；第三，鲜明指出股权激励的对象分别是管理层、高新技术人才和企业员工，激励的方式包括奖励、购置和期权等多种形式；最后，坚持稳健和审慎的原则，以"探索""尝试"等方式来推动股权激励的实施，不是一拥而上、全面铺开。

上述科技文化领域股权激励政策的出台，对处于快速发展的数字出版业务而言，具有较大的推进作用，同时也为那些数字出版先行者们提供了机制创新、改革前行的政策依据。在实践操作层面，人民交通出版社成立了北京行翼科技有限公司，其中引入了管理层持股、技术人才持股的机制，开辟了出版领域企业探索股权激励机制的新征程。然而，即便如此，出版业的意识形态属性决定着数字出版的管理层不可能一边以国企中层管理者的身份而自居，一边还享受着股权奖励、股权购置等股权激励政策的红利。可以说，数字出版的股份制发展模式道路尚远，还需要体制机制的进一步松绑和创新作为支撑。

六. 角色的转变："企业家精神"

目前，整体感觉，数字出版需要打破局限，不能够单纯以一个部门、一个中心或者一个分社加以发展，那样的话，始终还是受制于传统出版框架的束缚，在人、财、物调配、思维观念变革方面，始终难以摆脱传统的窠臼。

数字出版由部门制纷纷向公司制转变，对数字出版负责人提出了更高的要求，从本质上来讲，推动了数字出版负责人由部门主任向着企业法人、企业负责人的方向进行转型。数字出版转型升级的深化过程，也必然带来数字出版负责人由部门主任向着企业法人的方

---

① 郭全中. 股权激励制度推动国有文化企业发展，打造利益共同体[J]. 中国报业，2014，（7）.

向进行转型升级！

数字出版带头人需要以"企业家精神"，按照企业经营管理的态度，推进改革、推动发展。一个企业负责人和一个部门负责人完全是两个立场、两种理念，前者的责任更大、任务更重、担当也更充分。

2017年9月8日公布的《中共中央国务院关于营造企业家健康成长环境弘扬优秀企业家精神更好发挥企业家作用的意见》中提出了需要弘扬的"企业家精神"，这种"企业家精神"同样适用于数字出版企业的负责人。飞速发展的数字出版业态，稍纵即逝的战略机遇期，更呼唤数字出版部门主任，数字出版公司总经理、董事长们具备和弘扬以下精神："创新发展、专注品质、追求卓越、主动履责、干事担当、艰苦奋斗、以切实行动积极投身国家重大战略"。

作为数字出版"企业家""创业者"，首先需要对管理的企业负责，要对企业员工负责，除了最核心的业务以外，还需要熟悉和掌握企业战略规划、激励机制、约束机制、人事招聘、财务审核、税务筹划等公司经营事宜，还需要完成年度经营指标，真正按照自负盈亏、自我造血的市场机制发展和打拼；而身在出版社本体的数字出版主任往往只是需要对数字出版产品和业务负责，甚至，是否有营收、是否有盈利也没有被摆在第一要务加以对待。

客观地看，目前全行业数字出版业务更多地还是采用部门制发展模式。数字出版是"一把手工程"，数字出版部门制抑或公司制模式的选择，取决于出版社决策层的认知与理念，同时，也与正在成长过程中的数字出版主任本身的能力、素质密不可分。纵观行业发展趋势，数字出版公司制必将成为一种潮流，必将会有越来越多的数字出版法人、总经理、董事长引领着产业发展和转型升级。期待着越来越多的数字出版主任能够转型为数字出版公司负责人，能够升级为数字出版企业的法定代表人！

结语：演进、迭代和升级

综上所述，数字出版从部门制、公司制、双轨制发展到具有雏形的股份制，一方面是互联网技术、移动互联网技术综合作用于出版业的结果，是互联网思维、现代企业思维与出版业相结合的产物；另一方面，这种发展过程也反映了"十二五"时期、"十三五"开局阶段数字出版发展的大好形势，是数字出版业态呼唤上层生产关系变革和创新的体现，是不同时期数字出版生产关系的演进、迭代和升级。最后，这种演进和迭代，有利于推动管理层、企业员工和高新技术人才分享数字出版发展的成果，将个人权益和公司利益有机结合，进而实现贡献、收入和发展三者之间的和谐统一。

第十二章 数字出版体制机制创新

2014年，在部分新闻出版企业参加的"推进新闻出版转型务虚工作会"上，原国家新闻出版广电总局王强处长说："必须以壮士断腕、刮骨疗毒的决心推进体制机制改革，才能适应数字化转型升级的需要"。

体制，从管理学角度来说，指的是国家机关、企事业单位的机构设置和管理权限划分及其相应关系的制度。数字出版体制是指出版社内部关于数字出版的部门设置、业务权限范围及其相互关系的制度，主要包括数字出版的组织架构、数字出版部门（公司）的权限范围及相互关系。数字出版机制是指协调数字出版各要素之间关系以更好地发挥作用的具体运行方式，包括资源机制、产品机制、技术机制、运营机制、人才机制、项目机制等。

第一节 数字出版体制创新

就当前的数字出版发展状况而言，数字出版的体制创新主要包括数字出版组织机构创新和数字出版业务权限拓展两方面。

一、组织机构创新

组织机构创新，是指在原有的出版社各业务部门、管理部门的基础上，通过成立独立的部门或者企业来发展数字出版业务。

（一）数字出版部门

组织机构创新在大部分出版社都已经较好地贯彻和落实了，尽管名称叫法不一样，例如：电子工业出版社成立数字出版中心，中国法制出版社成立数字出版部，地质出版社成立数字出版分社等；但是，仍然有一些观念陈旧、改革魄力不足的出版单位没有成立单独的数字出版部门，而是将相关职能交由总编室、办公室、信息部或者出版部代为履行。

（二）数字出版领导小组

这里需要着重提出的是，除了常规、固定的新部门设立以外，对数字出版业务，各出版社还分别成立了以社领导为首的领导小组，包括信息化建设领导小组、数字化转型升级领导小组、数字出版领导小组等。例如，九州出版社成立数字出版工作领导小组，地质出版社成立融合发展领导小组等。这种以特别任务、特定目标的实现为成立初衷的领导小组往往规格更高、决策权限更大，进而对数字出版的大力发展、迅速布局也具有更强的推动力。

（三）数字出版公司制

经过"十二五"时期的发展，数字出版组织机构创新方面最大的亮点是地方出版集团纷纷成立数字出版公司，公司制的发展模式对于数字出版市场化、产业化起到了至关重要的推动作用。"十三五"时期，越来越多的单体出版社如人民交通出版社、地质出版社、中国建筑工业出版社、中国农业出版社等纷纷成立数字出版公司，一时成为一种潮流。

目前在组织机构创新方面存在的问题是，各社推动力度不一样，仅就数字出版从业者人数规模而言，外语教学与研究出版社有300多人，人民法院出版社有70~80人，人民卫生出版社有限公司有60多人，人民交通出版社、中国少年儿童新闻出版总社有30多人，而有的出版社数字出版部只有2~3人，甚至还有的出版社数字出版部是"光杆司令"，数字出版部的主任既是领导也是员工。数字出版已经步入了稳定发展的新常态，在新常态下，政府项目越来越多、产品研发与日俱增、技术变革日新月异、市场销售刻不容缓；要适应数字出版的新常态，就需要维持一定的数字出版人才规模（建议至少维持5人以上），以开展相应的数字出版业务，否则即便成立了独立部门也很难取得成效。

二、业务权限拓展

业务权限拓展，是指要对数字出版部门在合理约束的基础上，进行充分授权，以推动其尽快完成出版社的资源转化、产品研发和数字产品市场销售等工作。业务权限创新体现在以下几个方面：

（一）自主决策权

首先，要授予数字出版企业的自主决策权，真正按照公司法的规定，建立健全企业法人治理结构，充分发挥企业法人治理结构在日常经营管理过程中的应有作用。之前，许多出版集团、出版社纷纷成立数字出版公司，但是一旦涉及年终奖金分配、企业薪资体系这些关键问题的时候，公司总经理办公会、董事会往往处于"失声"状态，真正起决定作用的是出版集团的决策层。这样的公司，名为"公司"，实为"数字出版部"，仍然按照出版社数字出版部的行事逻辑在经营和管理；长此以往，将严重挫伤公司经营层的积极性，甚至会影响企业员工的工作状态。这种状态的公司，股东会处于"越位"状态，而董事会和经理层则处于"缺位"状态，表面上看体现了出版企业的管控性，实际上违背了公司运行的基本法则。

1. 关于数字出版有限公司股东会权限的有关规定

有限责任公司的股东会，是公司全体股东组成的最高权力机构，有限公司一切大事须由股东会决定，但股东会不是公司常设机构。所以，涉及"三重一大""公司合并、分立、解散、清算、变更形式"等公司的一切"大事"均需由股东会作出决议，这里的股东会，就数字出版公司而言，大部分为出版社。

根据《公司法》第 37 条规定，其职权主要包括：

（一）决定公司的经营方针和投资计划；

（二）选举和更换非由职工代表担任的董事、监事，决定有关董事、监事的报酬事项；

（三）审议批准董事会的报告；

（四）审议批准监事会或者监事的报告；

（五）审议批准公司的年度财务预算方案、决算方案；

（六）审议批准公司的利润分配方案和弥补亏损方案；

（七）对公司增加或者减少注册资本作出决议；

（八）对发行公司债券作出决议；

（九）对公司合并、分立、解散、清算或者变更公司形式作出决议；

（十）修改公司章程；

（十一）公司章程规定的其他职权。

对前款所列事项股东以书面形式一致表示同意的，可以不召开股东会会议，直接作出决定，并由全体股东在决定文件上签名、盖章。

2. 关于数字出版有限公司董事会权限的有关规定

有限责任公司的董事会，是股东会的执行机构，是有限公司的常设机构，依照公司法由股东会选举产生，代表公司，执行业务，负责公司经营决策及管理活动。

其职权主要包括：

（一）召集股东会会议，并向股东会报告工作；

（二）执行股东会的决议；

（三）决定公司的经营计划和投资方案；

（四）制订公司的年度财务预算方案、决算方案；

（五）制订公司的利润分配方案和弥补亏损方案；

（六）制订公司增加或者减少注册资本以及发行公司债券的方案；

（七）制订公司合并、分立、解散或者变更公司形式的方案；

（八）决定公司内部管理机构的设置；

（九）决定聘任或者解聘公司经理及其报酬事项，并根据经理的提名决定聘任或者解聘公司副经理、财务负责人及其报酬事项；

（十）制定公司的基本管理制度；

（十一）公司章程规定的其他职权。

数字出版公司的现状是董事会大多"缺位"，由于很多董事会成员均系出版机构的社领导，董事会成员和股东会代表的身份出现了混同，所以，在决策过程中以股东会代替董事会的情况屡屡发生。

3. 关于数字出版有限公司经理权限的有关规定

有限责任公司的经理，隶属于公司董事会的日常生产经营管理组织机构体系，通常由经理1人，副经理若干，以及公司的生产、科研、财务、销售部门等组成。

其职权主要包括：

（一）主持公司的生产经营管理工作，组织实施董事会决议；

（二）组织实施公司年度经营计划和投资方案；

（三）拟订公司内部管理机构设置方案；

（四）拟订公司的基本管理制度；

（五）制定公司的具体规章；

（六）提请聘任或者解聘公司副经理、财务负责人；

（七）决定聘任或者解聘除应由董事会决定聘任或者解聘以外的负责管理人员；

（八）董事会授予的其他职权。

公司章程对经理职权另有规定的，从其规定。

经理列席董事会会议。

目前各数字出版公司的发展现状是公司的经理、副经理职权不实，没有发挥出应有的作用，没有足够的自主权限，而这也在实际上影响了数字出版公司的长远发展，人为阻碍了数字出版的市场化进程和产业化进度。

案例：关于中地数媒（北京）科技文化有限责任公司

地质出版社投资设立的中地数媒（北京）科技文化有限责任公司，除了涉及三重一大、公司并购重组等事项交由社长办公会——也就是股东会决策以外，其他重大投资、年度预算、年度决算、经理层任命及薪酬等重大事项交由董事会决议，而日常经营管理权限均由公司经理、副经理加以行使，公司发展方向、公司投入产出、员工的薪酬体系、年终奖金的分配等事项均由经理办公会讨论确定。在充分授权、合理用权氛围的熏陶下，公司成立一年半，持续处于盈利状态，第二年收入破千万元，真正产生了数字出版新的盈利增长点，取得了助力传统出版转型升级的预期效果。

（二）资源整理权限

要授予数字出版部门资源整合的权限。数字出版业务起步于资源建设，传统出版社存在着大量的排版文件、纸质样书，这些存量资源亟须进行数字化和碎片化工作，以便为后续的数字产品研发做准备；同时，存量资源的数字化还能够将出版社自建社以来的所有已出版图书进行整理，建成出版社自身的"数字内容资源库"，这项工作对于出版社的后续发展具有重要的作用，也是出版社历史的一个回顾和缩影。不过在转化出版资源的过程中，需要总编室、资料室、档案室等相关部门的配合，以尽快完成预定的资源加工工作。

（三）研发自主权

要授予数字出版部门产品研发自主权。数字出版部门往往处于市场的一线，一方面了解目标用户的阅读需求，另一方面经常和出版技术商接触，因此具备自主研发数字产品的多项优势。出版社需要授权数字出版部门根据数字产品市场总体供需状况，立足出版社自身实际情况来研发电子书、数据库、数字视听产品和动漫游戏产品等。

（四）运营销售权限

要授予数字出版部门运营销售的权限。有的出版社的数字产品销售由单独的部门负责，或者由传统图书的市场销售部负责，这种做法是不可取的。因为：第一，健全的数字出版部内部一定要设有产品研发部、技术支持部、市场销售部和政府项目部，只有这样才能实现产品研发和市场销售环节的顺畅对接；第二，交由其他部门负责运营会增加内部交流成本，同时，市场信息反馈周期长会导致产品更新难以适应市场变化；第三，传统图书市场销售和数字产品市场销售存在着目标用户群、消费决策权限、服务提供方式等多方面的差异，传统市场销售员工难以适应数字产品的销售任务。

案例： 某出版社曾经面向近百家传统图书经销商举行专业数据库 B2B 推介会，会上各经销商信心满满，每家保证能完成数十万的销售任务；年底统计，所有图书经销商累计的销售额不足十万元。

上述图书经销商难以取得较好销售业绩的原因在于：首先，B2B 模式下的集合性数字产品，其消费决策人往往处于较高的社会地位和领导岗位，而传统图书经销商很难接触到，或者说很难能够开展平等对话；其次，传统图书经销商对数字产品的特点、服务方式、销售规律缺乏足够的了解，难以进行有效的市场宣传；最后，传统图书经销商的主营业务仍然是纸质图书销售，数字产品对他们而言属于可有可无，只起到锦上添花的作用，为此，他们也不会全力以赴去开拓市场和发掘用户。

第二节　数字出版机制创新

如前所述，数字出版机制创新涵盖了资源建设、产品研发、技术供应、市场销售、衍生服务等数字出版产业链的全部环节，这里仅选取人才机制、项目机制、运营机制、科研机制四个方面加以分析。

一、人才机制创新

数字出版的人才机制创新，是指打破传统出版依靠资历、行政级别、工作年限的限制，而纯粹按照市场竞争规律对人才进行聘用、使用和发放薪资待遇。主要包括人才引进创新、薪资待遇创新和人才使用创新等几个方面。

在人才引进方面，许多出版社已经越来越意识到领军人才、骨干人才对于出版社数字出版业务的推动作用。各出版社不再局限于采用内部培养的方式来发现和提拔数字出版人才，而是积极采用对外公开招聘的方式来延揽人才。例如中国法制出版社、人民法院出版社、地质出版社、作家出版社等社的数字出版主任均是采取社会招聘的方式，将其他出版社的优秀数字出版主任吸纳进本社。

在薪资待遇方面，有的出版社在公开招聘数字出版主任时，已经摒弃原有的行政级别制的工资机制，而是采用"年薪制"或者"协议工资"机制。协议工资制的实现完全由应聘者提出薪资待遇预期，出版单位决策层根据其面试表现，确定相应的绩效考核任务，继而给予相应的协议工资。协议工资在传统出版单位的出现，既是对原有工资机制的挑战，也体现了传统出版社在引入数字出版人才方面创新的魄力和实质性动作。

在人才使用方面，理念前瞻的出版社完全是按照"量才使用、唯才是用"的原则来安排数字出版人才的职位和权限，甚至是破格提拔和使用数字出版主任。"非常之事，必待非常之人"。在数字出版发展的初期，往往需要出版社的决策层按照"不拘一格降人才"的办法，来发现、识别和引进数字出版高端人才，以尽快实现本社传统出版向数字出版的转型，以加速实现传统出版和新兴出版的融合发展。

二、项目机制创新

财政项目也是数字出版顶层设计所要着力解决的核心问题。顶层设计中，应包括完整的政府项目策划机制、申报机制、实施机制、验收机制和项目成果转化机制；并且，还需具备与这些环节相匹配的制度措施，例如财政项目奖励管理办法、财政项目责任制度、财政项目绩效考核制度等。项目机制创新，是指出版社要将项目策划、申报、实施、验收工作与项目团队的约束机制、激励机制相结合，以顺利推进项目的申报和实施，加速实现项目成果转化为文化生产力。

关于财政项目奖励，各出版社均有相关体现，但是，有的出版单位只是"口头承诺"，一旦财政项目获批，对于项目策划、申报、实施人员的奖励便沦为"空头支票"，这种做法不可取，会严重挫伤数字出版从业者的积极性。关于财政项目的奖励，要以成文规定的方式，以出版社制度、公司制度加以确立，然后真正的落实和实行。

就激励机制而言，出版社可以将项目的申报、实施与项目奖励相结合，按照"比例式计提、分布式发放"的原则，以获批的财政资金数额为基数，从出版社自有资金中拿出一定数额的奖励资金用于奖励项目申报和实施团队。以下为《××出版社的财政项目奖励管理办法》的样本。

××出版社财政项目奖励管理办法

第一条 为建立健全合理而公正的项目申报奖励制度，体现出版社整体效益与员工个人效益相结合的原则，激发员工参与政府项目申报的积极性，鼓励申报各类政府扶持项目资金，推进项目实施，特制订本办法。

第二条 适用范围：

（一）财政类项目：包括文化产业发展专项资金、国有资本经营预算金以及其他鼓励和扶持数字出版的政策资金；

（二）出版类项目：包括国家出版基金资助项目、原动力中国原创动漫出版扶持计划项目、经典中国国际出版工程资助项目、中国对外推广计划项目；

（三）其他部委项目：如科技部科技支撑计划项目、教育部科学技术研究项目等。

第三条 奖励方式：申报项目获得政府立项资助后，对项目团队在策划申报、实施验收、绩效审计等阶段所付出的劳动和工作给予一定的物质性奖励。

第四条 奖励额度：奖励额度视项目申请成功的复杂程度、重要性及资金额度综合确定。依据批复项目金额给予相应比例的项目奖励。奖励比例为 2%～5%。

第五条 资金来源：奖励资金从社长奖励基金中列支，按实际发生额计入企业工资总额。

第六条 项目奖励管理办法所涵盖的人员包括：

（一）项目总负责人：对项目负责统筹策划、实施的项目负责人，以项目书标明为准。

（二）项目申报团队：项目书撰写、项目答辩、项目交流和项目攻关的团队。

（三）项目实施团队：负责项目实施方案制定、项目具体实施、项目验收，确保项目所申报的财政支持金额，按照专款专用的原则保质保量地用于项目建设。

（四）项目辅助部门：为完成项目申报和实施而需要配合的有关部门。

第七条 分配原则：由项目总负责人按照效率优先、兼顾公平、个人价值、团队合作的原则，拟定各阶段奖励分配方案。分配方案包括奖励依据、奖励比例、具体奖励人员及分配金额、奖励金额发放方式等。

第八条 审批程序：在申报获批、实施验收和绩效审计的各阶段，由项目负责人提交"项目申报奖励申请表"，报总编办（项目管理部）审核确认；奖励总额报总编办公室（项目管理部）、人力资源部初审，经主管社领导审批后，提交社长办公会议研究通过后执行。

第九条 奖励扣除：项目申报的必要花费（如项目书打印装订费等），从项目奖励中扣除。

第十条 本办法由社长办公会议负责解释。

第十一条 本办法自发布之日起实行。

就约束机制而言，数字出版部门必须按照出版社既定的数字出版战略，逐步实现、压茬推进出版社的项目体系，确保每个项目都能完成预期的战略价值；就单个项目而言，项目应该成立工作组，包括领导组、内容组、技术组等相关小组，以确保目标一致、相互制约、相互配合。图 12-1 为 2013 年央企数字化转型升级项目的工作组构成架构图。

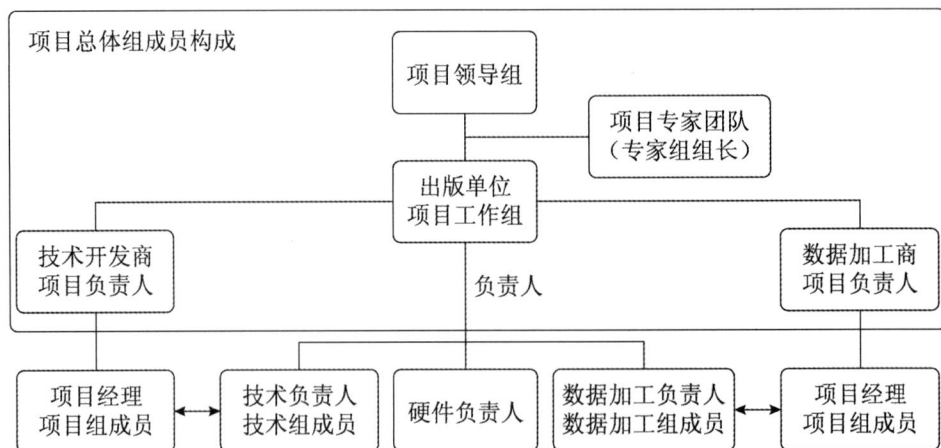

图 12-1　2013 年央企数字化转型升级项目小组构成

与此同时，考虑到出版社在软件技术方面与项目承接方存在的信息不对称问题，可以考虑引进"第三方项目监理"制度。目前已有出版社正在实行项目监理在文化产业项目、国资预算项目中的工作思路和制度创新。

三、销售机制创新

传统出版的市场销售机制相对比较成熟，一方面有着新华书店庞大的发行网络，另一方面各出版社均有大量的专业书店经销商；并且，经过数十年的发展，大部分出版社都建立起了稳定、连续性的销售渠道，有着忠诚度较高、客户黏度较强的大批固定读者群体。相比之下，数字产品的销售渠道则是全新的开拓过程，要付出艰辛的努力，这种努力可体现在传统销售渠道的转化方面，也可体现在独立建构销售渠道方面。

所以，数字产品的运营和销售制度要能够调动全方位、各方面的积极性，以求在较短的时间内形成相对健全、相对畅通和不断扩大的运营分销网络。在这方面，有的出版社如法律出版社、地质出版社对数字产品的销售人员采取合同金额 40% 包干制的奖励制度，大大提高了员工的销售积极性，也在短期内取得了较为可喜的销售业绩。法律出版社数字出版的收入，2011 年业绩为 250 万元，2012 年为 400 万元，2013 年为 480 万元，均是在这种高激励、普适性的销售机制下所取得的。地质出版社的国土资源数字图书馆 2015 年刚一上市就取得了数十万元的销售业绩，同样也是采用了 40% 包干制的销售奖励机制。中地数媒公司 2016 年成立半年即取得 100 多万元盈利，公司按照 20%～25% 的比例对员工发放了年终奖金，正是这种及时、有效的激励机制促使着数字出版收入的不断提升、盈利规模的不断扩大。

以下为《××出版社数字产品营销与销售的若干意见（暂行）》的样本。

××出版社数字产品营销与销售的若干意见（暂行）

社发 2015〔　〕号

第一章　营销与销售基础

经过两年的网站建设和内容储备，本社已形成地球科学大辞典等地质专业主题词 10 万多条数据，建成国土悦读移动知识服务平台，建成中国国土资源数字图书馆产品，馆藏量为 4000 多种数字图书，有计划、有步骤的市场营销和销售的条件已经基本具备。

第二章　营销和销售能力建设

市场销售人员需要具备如下营销和销售能力：

其一，认真理解和掌握本社数字产品类型，针对不同类别的数字产品进行有针对性的营销，这是市场营销和销售的基础和前提。

其二，分析和研究竞争对手的数字产品分布状况，采取"差异化竞争"策略，做到人无我有、人有我优，主要是针对清华同方等碎片化数据库厂商；我社数字图书馆产品处于寡头垄断的市场地位。

其三，市场部要善于制订重点产品营销计划（如法官电子图书馆），明确产品的主要读者、用户以及产品发货的主要渠道、适销区域、适销读者和客户对象，及时有效地保障适量适宜的产品供给。

其四，市场部要以出版社品牌认同为核心，提高协调力和资源整合力，充分运用互联网、3G 网、微博、终端平板新传播媒介，把握海量信息时代的读者受众的认知规律，以事件、人物、话题为引导，提高读者受众的接受度、认同度，形成法律出版社数字产品的持久深刻的品牌影响力。

第三章　采用有效营销方法，切实提高营销效果

规范营销工作要贯彻"市场分析数据化，服务流程标准化，产品投放精准化，风险控制日常化"的总要求。要细化客户管理，规范业务行为，完善渠道结构，坚持服务增值，要处理好数字产品与纸质图书的关系，不断提高渠道竞争力，保持销售持续增长。

其一，推进专业化能力。市场部销售人员在准入机制、入职培训、营销实战、销售跟单、售后服务等全流程均要以专业化贯穿其中，做到人才引进具备专业背景、入职培训衔接传统与数字出版、营销实战掌握多种方法和途径、销售跟进持续敬业不气馁、售后服务范围广效率高，等等。

其二，强化渠道开拓力和维系力。销售人员首先需要将工作重心放在开拓独立的数字产品销售渠道上，在三到五年的时间内能够基本建成一支覆盖全国大部分省份，包含国土厅局所、地质勘探系统、地质科研机构在内的，独立、畅通、可持续运营的销售渠道。

其三，采取多元化营销手段，运用立体化的销售方法。在营销手段的选取上，要综合利用文章营销、资料营销、微博营销、网站营销、图书附页营销、会议营销、论坛营销、广告营销等多元化营销手段，使得广大用户能够在尽量短的时间内获取本社数字产

品的供应类型和价格内容等基本信息。在销售方法方面，综合采用电话销售、终端跟进、定期拜访等方式，不断提高销售的成功率。

其四，重点营销手段的应用。销售人员应该结合国土资源信息化、数字化工作的总体部署，采用机构营销、大客户营销等重点手段，在较短的时间内实现预期的市场销售目标。

第四章　广泛采用销售模式，增加数字业务收入

在销售的基本模式方面，根据本社数字产品现状和市场实际情况，大致可分为 B2C、B2B、B2G 三种，三者均是实现数字出版盈利的重要抓手，不可偏废其一。

在数字图书馆、国土悦读平台的销售方面，着力采用 B2B、B2G 的模式，针对国土资源、地质勘探等机关、单位展开销售，以较低的成本和较短的时间，获取较大的社会效益和经济效益。

第五章　销售渠道的布局与完善

数字产品销售渠道的建设，主要通过如下途径实现和完成：

第一，提升、改造传统纸质出版的经销商，使得纸质产品销售渠道焕发生机。对既有纸质图书的经销商进行推介、培训，在帮助他们业务转型的同时，也为出版社扩充了部分销售渠道。

第二，独立开拓、建立一支崭新的销售渠道，以全国国土资源、地质勘探机关系统为重点，按照数字化知识服务的解决方案进行渠道布局和渠道运营。

第三，选择国内知名数字出版商作为合作伙伴，授权其代理销售，作为本社数字产品销售渠道的有益补充。在经过慎重分析和仔细考察的基础上，选取国内成熟优质的数字供应商，或者新兴的具备较大发展后劲的数字供应商作为合作对象，通过合作伙伴的销售能力把本社数字产品不断向社会各个阶层宣传和推送。

第六章　销售奖励办法

为挖掘数字产品的市场潜力，打开数字产品的销售渠道，尽快实现数字出版的盈亏持平，推动数字出版由市场化向产业化阶段迈进，本着按劳分配、多劳多得的原则，对数字产品销售人员实行比例式奖励。

第一，初装费的奖励：销售人员采用 B2B、B2G 模式，首次销售国土资源数字图书馆、国土悦读移动知识服务平台，项目奖金（初装费）计算方法：奖金=合同初装额×40%-相关成本费用。

第二，更新费的奖励：销售人员采用 B2B、B2G 模式，对所销售的数字图书馆、国土悦读平台进行更新时，项目奖金（更新费）核算方法：奖金=（更新费-相关成本费用）×10%。

相关成本费用是指为完成某项目至项目安装完成且款项全部收回所发生的一切费用，具体包括：办公费、交通费、业务招待费、设备采购款、个人差旅费、技术支持人员差旅费及津贴、增值税及附加税，以及需列入该项目的一切费用。

审批程序：由数字出版分社主要负责人对个人业绩确认后提出《请示事项报告单》

（包括销售合同、销售人员、计算过程、收款凭据、个人身份证号码、个人银行收款信息等），经财务部确认，报人力资源部审核，营销部门分管社领导审批，审批后由人力资源部下发通知，财务部执行。

其中：对于个人取得的销售业绩，除享受个人销售奖励外，剩余60%的销售款计入数字出版分社年度绩效考核。

四、科研机制创新

随着大数据、AR、VR、 AI等越来越多的高新技术不断应用于新闻出版业，随着新闻出版标准化工作的不断加强，随着国家财政项目在支持平台、软件、工具、系统研发的同时，也向着支持软课题的方向悄悄发生变化，会有越来越多的数字出版机构承担课题研发、标准研发、报告撰写等新业务，甚至有些业务会成为较高收入的来源。尤其是随着全国20家融合发展重点实验室、42家科技与标准重点实验室的公布，数字出版部门将会遇到大量的关于课题、报告方面的业务。例如，融智库先后承接了原国家新闻出版广电总局、某出版集团、某出版社等数十项标准研发和课题委托项目。

问题总是伴随着发展而来，数字出版的课题经费、标准经费如何使用？报告收入如何进行分配？如何在确保科研质量的同时，能够给科研团队以有效的激励，这些都是亟待解决的问题。

令人欣慰的是，2016年7月，中共中央办公厅、国务院办公厅印发了《关于进一步完善中央财政科研项目资金管理等政策的若干意见》（以下简称《意见》）。《意见》有很多新的提法、新的规定，可以充分调动科研人员的积极性，更加体现了尊重人才、尊重知识、尊重智慧的理念。

亮点之一：提高间接费用比重，加大绩效激励力度。根据《意见》的规定，中央财政科研项目在人员费比例方面，用于人员激励的绩效支出占直接费用扣除设备购置费的比例，最高可从原来的5%提高到20%。

亮点之二：明确劳务费开支范围，不设比例限制。据了解，在劳务费比例方面，不同的高校和科研院所之间略有差别，一般是10%～30%。根据《意见》的规定，这一比例限制也将取消，这意味着对劳务费不设比例限制。

亮点之三：改进结转结余资金留用处理方式。项目实施期间，年度剩余资金可结转下一年度继续使用。项目完成任务目标并通过验收后，结余资金按规定留归项目承担单位使用，在2年内由项目承担单位统筹安排用于科研活动的直接支出；2年后未使用完的，按规定收回。

中地数媒公司成立的数媒研究院，将以40%～50%的劳务费的方式对外承接科研课题、报告和标准，研究院内部只收取40%的管理费，除了基本的设备购置费用以外，其余费用均直接花在课题研制方面，这一办法的实施将是对专家智慧的肯定与认可。

第四篇

培养新锐人才

"致天下之治者在人才，成天下之才者在教化。"数字出版业务的发展、新闻出版转型升级的成功，离不开人才的支撑与保障；数字出版人才的培养与选拔就显得特别重要。数字出版主管部门的某位负责人曾讲过："数字出版目前是一个英雄时代，一两个关键性的人物，可以带动一个企业的数字出版走向发展和振兴。"

从政府主管部门的角度加以审视，原国家新闻出版广电总局（下简称原总局）历来高度重视数字出版人才的培养与调训工作。2013 年 7—8 月份，原总局数字司组织了全国第一次数字出版主任的调训，业界称之为"黄埔一期"；2017 年 9 月原总局第一次启动了数字出版"千人计划"的工作，在全国范围内开展数字出版"战略班"和"骨干班"的遴选与培训，并完成了第一阶段的理论培训任务。

就学科领域而言，数字出版是一个新兴学科，数字出版实务的发展，对复合型人才提出了更高要求，进而驱动了数字出版学科的兴起与壮大，使得数字出版渐成"显学"之态势。截至 2013 年底，北京印刷学院、武汉大学、中南大学等 5 所高校先后开设了数字出版专业。①

数字出版的人才建设，是当下数字出版产业发展的重中之重，经过数年的发展，数字出版界已经培养出了一批在政府项目、产品研发、市场运营等方面均可独当一面的部门主任，形成了骨干人才驱动发展的态势；但是，数字出版主任以上的人才序列缺乏战略规划型人才，数字出版主任以下的人才序列中，投资人才、内容人才、技术人才、销售人才的脱颖而出尚需时日，还需要加快培养。

---

① 廖文锋，张新新. 数字出版发展三阶段论[J]. 科技与出版，2015（07）：87-90.

第十三章　全方位布局与培养数字出版人才

就单体出版社来讲，当内部的体制机制不能留住相应的人才时，便会出现人才外流的情况；而就数字人才本人来讲，行业内外的人才需求非常旺盛，许多出版社"不拘一格降人才"，对于引进的数字出版人才采取协议工资、破格提拔等多种方式，以求带动本社的数字出版业务发展；同时，互联网企业对出版单位内部的优秀内容人才也虎视眈眈，不失时机地进行人才发现和挖掘。

从政府主管部门的角度来看，北京市新闻出版广电局已经启动了数字编辑职称考试的相关工作，对于数字出版设置了数字出版内容编辑、技术编辑和运维编辑三个方面的职称序列，同时拟开设初级、中级和高级职称考试和评审。不得不说，加大对数字出版从业者的规范化和职业化管理已成为当务之急，并且主管部门已经有所行动。

从产学研一体化的角度来看，电子工业出版社、地质出版社已经先后启动了和高校合作的数字出版基地建设，一方面可引进高校卓越人才进企业，另一方面可选派优秀实务人才到高校交流。其中，地质出版社与南京大学拟在科研成果、论坛讲座、人才培养等多方面展开合作，共同建设了为期三年的数字出版基地。

第一节　复合型人才概述

传统出版社发展数字出版业务，除了在市场准入资质和编辑理念更新方面需要努力以外，更需要解决数字人才队伍建设问题。数字出版队伍的建设的好坏，关系到数字出版业务能否顺利开展，关系到数字出版能否产生应有的效益，关系到两种出版业态格局能否重整与融合，进而最终关系到出版业能否成功转型升级。

关于数字出版人才，近期发布的各个政府文件都有论述，目前所见的关于数字出版人才的定位、要求的政府文件中，最全面的当属 2015 年 4 月原新闻出版广电总局所发布的《关于推动传统出版和新兴出版融合发展的指导意见》。其第 14 条"强化人才队伍建设"明确指出：

"制定出版融合发展人才培养规划，支持出版单位与高校、研究机构和创新型企业联合开展出版融合发展人才培养，加大新兴出版内容生产人才、技术研发人才、资本运作人才和经营管理人才培养引进力度，进一步优化人才结构。

建立出版融合发展人才资源库。

鼓励出版传媒集团设立人才基金，鼓励出版单位加强领军人才和复合型人才队伍建设。

建立健全绩效考核体系，创新项目用人机制，探索出版融合发展条件下吸引人才、留住人才、用好人才的有效途径。"

笔者认为该文件中所提到的人才都需具备复合型人才的特点和能力。所谓复合型人才，指的是对传统出版流程、数字技术及经营管理都比较熟悉或精通的人才。①

第二节 数字出版人才类型

整体而言，数字出版人才队伍大致包括领军人才、管理人才、内容人才、资本运作人才、技术人才和销售人才等。而这几类人才，都必须具备复合型特征，需要横跨传统出版与数字出版两大领域，既对传统出版熟悉，也对新技术、新产品、新的传播方式很了解。

一、数字出版领军人才

数字出版的领军人才，是引领整个行业发展、推动行业前进的关键性力量，对内要能够充分整合传统出版资源、引进行业信息资源、协调出版社各部门、为出版社领导层在布局数字出版上出谋划策和提供智力支持；对外要能够充分争取行业支持、把握政策方向、沟通协调主管部门、推进行业人才体系建设、提高行业业务水平。

数字出版的领军人才在转型时期尤其难得，他们往往是充分汲取了传统出版的营养，而又自主学习和掌握了新技术、新业务、新业态的高素质、融合性的从业者。领军人才在数字产品研发、数字技术应用、数字人才布局、数字出版运营、行业智力支持等方面都掌握或者精通，他们往往既拥有丰富的数字出版理论知识，又富有足够的数字出版业务实践。

鉴于此，笔者联想到，我国目前的新闻出版人才评价体系需要进行创新，例如在"中国出版政府奖""韬奋出版奖""全国出版行业领军人才"等国家级奖项、行业级奖项等方面都要适当考虑数字出版从业者的因素，适度提高数字出版从业者的获奖比例，扩大数字出版从业者的获奖范围。

二、数字出版管理人才

数字出版的管理人才，是整个数字出版业务的掌舵者，必须站在能协调两种出版关系的高度，立足国际、国内两个视野，统筹出版社内部传统业务与数字业务的大局，从出版社的未来、从编辑的职业出路角度来制定本社数字出版战略。这样，才能确保出版社的数字业务在健康、持续、稳定发展的轨道上前行，才能确保出版社在未来的竞争格局中立于不败之地，才能为社属员工的长期发展、职业规划开辟新的道路。

以地质出版社为例，社领导、中层领导，具备前瞻而又务实的理念，在对待数字出版的问题上，不回避、不排斥，采取积极而又稳健的措施来应对出版业格局调整。地质出版

---

① 摘自《2007—2008 中国数字出版产业年度报告》。

社在 2015 年上半年短短的半年时间内，便在出版社领导层的统一决策和部署下，完成了数字出版分社的建制和初步发展，通过了数字出版公司——中地数媒科技文化公司的设立决议，为数字出版的后续发展奠定了扎实的人才基础和组织机构基础。

在数字出版的组织架构中，管理人才对应的管理层级别是数字出版部的部门主任或者数字出版公司的总经理级别，他/她们需要对出版社数字出版的年度工作目标、季度工作目标负全责，需要统筹整个数字产品研发、数字技术应用和数字市场运营产业链全部环节。

三、数字出版内容人才

数字出版的内容人才，是出版社数字出版战略的执行者，是出版社数字出版职能的落实者，是具体数字出版业务的实施者，同样需要对一个出版社的产品结构较为熟悉，需要对本社传统图书所可能产生的数字出版效益了然于胸，需要对市场上与数字图书相关的新技术、新产品进行一定的调研，并结合自身业务，对本社数字出版的具体开展提出合理、务实的建议。

在数字出版的组织架构中，骨干型的内容人才对应的是数字资源建设和数字产品研发的各部门主管，包括但不限于数字图书馆部主管、数据库部主管、网络出版部主管、手机阅读部主管、终端阅读出版部主管等。

随着"互联网+"理念对内容产业的影响不断加深，数字出版所需的骨干型内容人才越来越向着"产品经理"的方向演进。数字出版部门或企业所需的内容总监或者产品总监，往往要具备产品策划能力、资源调度能力、资源加工控制能力、产品封装能力、产品检测能力等有关数字产品的全方位能力，也就说是，他们可以独立自主地带领团队研发出适销对路的数字出版产品。

四、数字出版技术人才

数字出版的技术人才，是整个数字出版业务的关键角色，技术的落后或者先进，将直接影响合作方的意向、影响数字产品的销售，进而影响数字业务的发展。

技术人才，一方面需要在计算机技术方面有较丰富的知识和实践经验，另一方面需要熟识和掌握出版相关的专有技术，例如电子书的 B2B、B2C 技术。同时，该技术人才还需要具有稳定性特征，这样才能确保出版社网站建设、数据库建设和电子书建设的长久、稳定发展。最后，从行业的角度来看，技术人才的年龄不宜太高，国内外经验表明，一个优秀的技术人才的最佳发展期是 30 岁以前，处于这个年龄段的技术人才具有最强的开发灵感和研发创意。

数字出版的技术人才，在业务实践中一般对其能力的要求高过对学历的要求；不论其学历高低，只要能解决实际技术问题，便要不拘一格得聘用和使用。举例言之：

笔者从业过程中，曾经遭遇过法律数据库服务器崩溃的情况，当时聘请各路技术高手进行会诊和确定解决方案。最后，给出的答案都是服务器已瘫痪，无法重启，只有采用数据恢复、然后重建系统的办法才能解决。这样下来总共的费用预算大致为 300 万元，而笔者当时所接手的公司资金总共还不到 300 万元。

后来，公司专门邀请了惠普公司的硬件金牌工程师——小薛来处理。小薛用了三天的时间，把服务器的每一个部件都更换了一遍。到了最后一天下午，更换了一块服务器主板，整个服务器就启动了，数据库得以恢复，而只花费了 8000 元的代价。于是，小薛被引进到公司并聘为技术部主管。

数字出版技术团队的打造，除了内在培养以外，还有一种路径就是通过收购技术企业。高新技术企业的收购能够促使数字出版业务在短期内拥有一支完全覆盖首席技术官、架构师、高级工程师、开发人员、UI 设计人员等在内的全套技术力量，进一步推动出版机构数字出版在原有的资源优势、产品优势、渠道优势的基础上实现"技术嫁接"，使得数字出版产生"内容+技术"如虎添翼的发展效果，下面来看中地数媒（北京）科技文化有限公司（以下简称中地数媒）收购北京瑞尔智讯科技有限公司（以下简称瑞尔智讯）的案例。

中地数媒公司 2016 年 9 月启动了对国家级高新技术企业——瑞尔智讯收购程序，至 2017 年 9 月，历时一年，经过尽职调查、综合审计、资产评估、财政部专家评审等环节之后，终于完成并购工作。至此，瑞尔智讯正式转变身份，成为中地数媒的子公司，成为地质出版社数字出版的技术中坚力量。

五、数字出版销售人才

数字出版的销售人才，是最难取得的，他们业务开展得是否顺利，最终决定了数字出版是否有出路，他们承担着整个公司的主要营利任务。可以说，数字出版的销售工作，比传统图书的销售要更难开展：

首先，数字出版的销售工作，是一项全新的工作，没有现成的路可走，需要在艰难的信息消费市场中披荆斩棘闯出一条路。没有以往市场客户的积累，只能是通过一点一滴的努力，赢得客户，赢得市场，取得利润！从长远来讲，数字出版的销售人员，要在充分运用出版社品牌商誉的基础上，建立起一个庞大的、全新的、涵盖特定领域职业共同体在内的数字产品用户群。

其次，销售人员所负责的订单少则几万块钱，多则几十上百万。面对这样大的数额，任何一个单位都会慎重决定，这就需要数字出版的销售人员深刻认识本社数字产品的长处，将出版社数字产品的优势最大程度呈现，尽量回避或者化解本社数字产品的不足，以促成对方作出消费决策。

最后，数字出版的销售员工面对的客户都是特定行业、职业的消费决策人，对其社交往技巧和业务开拓能力的要求都非常高。一旦出言不慎，对方就可能因为你这一句话的青涩幼稚，而否定该笔订单。

因此，数字出版业务的销售员工，公司对其能力要求是多方面的：既要熟悉本社传统图书的优势，又要了解本社电子书的长处；既要说服对方接受本社产品的内容优势，也要让对方了解本社产品的技术优势；既要以产品说话，也要充分运用自己的人脉资源；既要借助出版社的传统资源来实现销售，更要不断拓展新的客户、新的消费团体。

第三节　数字出版人才培养与保障机制

作为一个新兴产业，数字出版的壮大与崛起，最关键的是要有一批能干事、能干成事、能干大事的人才队伍，这只人才队伍要特别能吃苦、特别能战斗和特别能奉献。与此同时，政府主管部门、行业指导部门和出版企业自身要有保障人才队伍成长、留住人才队伍、用好人才队伍和激励人才队伍的相应体制和机制。

在国家层面，主管部门需要建立和健全数字出版人才的培训、调训、职称等规章制度和政策。如前所述，北京市新闻出版广电局已经启动了数字编辑职称考试工作，数字编辑包括数字新闻、数字出版、数字视听、数字游戏和数字动漫五个领域的从业者。在编辑类型上，数字编辑分为内容编辑、技术编辑和运维编辑；在职称序列上，分为初级编辑、中级编辑和高级编辑；就数字出版而言，包括数字出版内容编辑（初级、中级、高级）、数字出版技术编辑（初级、中级、高级）和数字出版运维编辑（初级、中级、高级）。北京市的数字编辑职称考试启动后，其效力目前只局限于北京市地区，面向的范围不仅包括传统的国有出版社，还包括民营文化公司、网络技术公司等非公有制企业从业者。在北京市启动数字编辑职称考试之后，未来，江苏、四川、广东、重庆等地也将会纷纷启动地区范围的数字编辑职称工作。

在行业层面，作为数字出版的行业指导机构，如中国音像与数字出版协会、中国新闻出版研究院等，也需要在各自的领域内为数字出版人才建设与培养献言建策，同时在人才激励、评估等方面积极布局。2015 年 7 月，中国新闻出版研究院所举办的第六届中国数字出版博览会上，公布了"2014—2015 年度数字出版·新锐人物"奖项，首次为 5 位数字出版部主任颁发了新锐人物奖，这也是在行业层面第一次对数字出版部门主任进行评估和激励。笔者建议，以后在中国出版政府奖、新闻出版领军人物等各种行业级奖项中适度提高一线数字出版骨干的获奖比例，以提高数字出版从业者的积极性，推动数字出版业向着更快、更高、更好的方向发展。

在企业层面，出版单位需要充分重视人才，以待遇保障体系、薪酬激励体系、专业性人才培养体系为核心，选拔培养人才，引进优秀人才，鼓励人才成长，创造出有利于人才发展的良好环境。在这方面，地质出版社专门出台了"五个一"社长奖励基金，其中包括

"人才培训基金"，即每年拿出 100 万元用于人才的培养和培训。符合条件的数字出版人才可申请到国内高校攻读硕士、博士，还可申请到国外进行业务培训，以尽快提高数字出版人才队伍的整体素质和职业水平。

第四节　对数字出版"千人计划"的解读

2017 年 9 月初，原国家新闻出版广电总局办公厅发布了《关于开展"数字出版千人培养计划"试点培训工作的通知》，并启动了全国范围内的首批"千人计划"战略班、骨干班学员的遴选和征集工作，于 2017 年 10 月底正式步入实训阶段。

一、数字出版"千人计划"的重要性

数字出版"千人计划"是在党的十八大和十八届三中、四中、五中、六中全会精神的指引下，为推进实施《新闻出版"十三五"时期人才建设规划》和《新闻出版业数字出版"十三五"时期发展规划》，大力推动新闻出版业人才建设步伐，培养造就一批符合新闻出版业未来发展需要的创新型、复合型高级人才和数字出版业务骨干，而面向新闻出版行业开展的一项重要人才政策。

"数字出版千人培养计划"是总局在"十三五"时期确定实施的人才培养重点工程，也是数字出版人才队伍建设的一项战略举措，是着眼于未来的基础性工程和战略性工程，事关新闻出版事业产业发展全局。实施这一重大工程，既是提升目前新闻出版从业人员综合素质的有力举措，也是深化新闻出版业数字化转型升级工作的重要内容，更是确保新闻出版业在数字化时代继续保持平稳快速发展，巩固意识形态和宣传文化阵地的必然选择。

二、数字出版"千人计划"的内容解读

"数字出版千人培养计划"分年度、分类别、分层次开展，为书报刊三类新闻出版企业培养高端复合型战略人才和精通专业技能的骨干人才。

1. 战略班

战略班的培养对象为新闻出版单位主要负责人或在本单位分管数字出版、新媒体业务的负责人，培养的是数字出版的战略型人才。易言之，战略班培养的是未来出版企业的决策层、社领导，或者是数字出版传媒集团的总裁，所以有专家称之为"数字出版总裁班"。

战略班的培养工作包括三个阶段。第一阶段是高校脱产学习，在经总局遴选确定，并且具有数字出版相关专业和课程设置的高等院校集中脱产学习（时长 30 天）；第二阶段是企业实训，进入相关在市场领先的互联网企业进行实训（时长 30 天），深入了解学习互联网企业先进成熟的运作模式；第三阶段是境外学习交流（时长根据班次类型确定，最长不

超过 21 天），进一步强化素质，拓展视野。

战略班的考核，实行分阶段、递进式考核方式，每个阶段都将进行考核，考核不通过的，取消下一阶段培养资格。最终考核通过的，由总局授予"数字出版千人计划"荣誉称号。

战略班的学员要求是：年龄不超过 55 周岁（以报名时间为准），身体健康，有丰富的专业工作经验和较高的管理水平，工作业绩突出，具有副高及以上专业技术职称；

2. 骨干班

骨干班培养对象为新闻出版单位数字出版、新媒体业务的部门负责人或中青年业务骨干。换言之，骨干班培养的是数字出版部门主任或者数字出版企业的总经理，培养的是数字出版骨干型人才。

骨干班的培养工作包括两个阶段。第一阶段是高校脱产学习，在经总局遴选确定，并且具有数字出版相关专业和课程设置的高等院校集中脱产学习（时长 30 天）；第二阶段是企业实训，进入相关在市场领先的互联网企业进行实训（时长 30 天），深入了解学习互联网企业先进成熟的运作模式。相对于战略班而言，骨干班没有境外学习交流的环节，而是专注于强化学员的业务能力和理论水平。

骨干班的学员要求是：年龄不超过 45 周岁（以报名时间为准），身体健康，具有本科以上学历，在数字出版或新媒体业务领域工作超过 5 年，具备一定的互联网和相关业务知识，视野开阔，执行力强。

三、数字出版"千人计划"试点工作的具体要求

数字出版千人计划是转型升级工作的重要组成部分，也是推进数字出版产业化发展的关键性抓手。在"千人"计划学员的选择方面，同时兼顾了总局之前开展其他各项试点、示范单位的优先推荐性。《通知》规定：已被总局确定为全国数字出版转型示范单位、出版融合发展重点实验室、新闻出版科技与标准重点实验室的单位选送人员优先考虑。

2017 年，"千人计划"试点工作计划安排：战略班举办两期，每期 20 人，共计 40 人；骨干班举办两期，每期 30 人，共计 60 人。由于 2017 年先行试点，战略班和骨干班，各地新闻出版广电局均可分别推荐不超过两人参加；中央有关部门所属出版单位均可分别推荐一人参加。

需要强调的是为了确保学员培训的专业性、严肃性和认真性，真正能够做到学有所用、学有所成，地方出版集团、出版机构的学员安排在北京印刷学院进行学习，而中央出版企业的学员则安排在武汉大学进行学习。

第十四章 数字编辑职业化历程回顾与价值分析

数字编辑的职业化历程先后经历了专业技术职务的确定化和专业技术资格的法定化过程，该过程与数字出版业务的部门制、公司制等发展模式紧密相关。北京市首开数字编辑职称的先河，为全国数字出版从业者带来了政策利好和职业福音，创新性地安排了主任编辑的职称称谓，开创了数字出版从业者"三横三纵"的职称体系，首次实现了数字编辑职务与职称相匹配，在全国范围内第一次为数字出版从业者提供了权威的身份认证和评价指标体系。

随着 2010 年电子书元年的开启，2011 年文化产业发展基金的设立，2013 年全国首批数字出版转型示范单位的公布，2015 年全国第二批数字出版转型示范单位的评审和公布，数字出版作为一种新兴业态，呈现出蒸蒸日上、芝麻开花节节高的发展态势。尤为可喜的是，在国家十三五规划纲要中，明确提出"加快发展网络视听、移动多媒体、数字出版、动漫游戏等新兴产业，推动出版发行、影视制作、工艺美术等传统产业转型升级。"2016年，重磅政策利好频频来袭，与数字出版从业者息息相关的是，数字出版人的身份认证和评价机制终于确立并开始实施。

如果说 2010 年是电子书元年，2013 年是转型示范元年，2014 年是融媒体元年，2015 年是知识服务元年的话，那么，2016 年必定被称之为数字编辑元年。2016 年 1 月初，北京市人力资源和社会保障局与北京市新闻出版广电局联合出台了《北京市新闻系列（数字编辑）专业技术资格评价试行办法》，并正式启动了数字新闻、数字出版、数字视听等数字编辑专业领域职称评价工作。2016 年 3 月初，北京市完成了首次数字编辑初级（助理级）、中级职称评审报名审核工作，并于 2016 年 5 月 14 日进行了第一次初级（助理级）、中级专业技术资格考试，于 2016 年 6 月开展了首次数字编辑副高、正高职称评审工作，于 2017 年 9 月开展了第二次数字编辑副高、正高职称的评审工作。2017 年 6 月，原国家新闻出版广电总局在出版专业职称评审的通知中，也将数字副编审、数字编审正式纳入了职称评审范围。

第一节 数字编辑职业化的历程回顾

数字编辑的职业化，是指数字出版从业者工作状态的标准化、规范化和制度化，职业化要求数字出版人能够完成并胜任出版转型升级、媒体融合发展的职责和使命。数字编辑职业化包含两个层面：

第一，数字编辑的专业技术职务的确定性，即明确数字出版部门主任、内容编辑、技术编辑、运维编辑等职务的属性和职务内容。2013 年，原新闻出版广电总局进行了全国范围内的第一次数字出版负责人调训,这次培训在业界也被称为数字出版主任的"黄埔一期",对于明确数字出版主任职务、促进数字出版行业交流具有至关重要、不可替代的价值和意义;而各出版机构的数字出版编辑,也大都按照产业链的配置,分别担任内容制作、技术应用、运营维护和项目管理等角色。

第二,数字编辑专业技术资格的法定化,也就是在政府主管部门层面以法定化、公开性的政策文件确认数字出版从业者专业技术职务任职资格,通俗地说就是职称的确立和实施。数字编辑职称在北京市新闻出版广电局的统筹部署下,在人事部门相关负责人的大力推动下,历经四年、数次修订教材,终于在 2016 年得以确立和实施;其历程之艰辛、任务之艰巨、工作之复杂,只有参与其中的行业人士才可体味。

总体而言,数字编辑的职业化历程先后经历了数字出版从业者数量的增加、主任编辑话语权的提升、人才队伍梯次培养等阶段,而这些阶段中,数字编辑职称的确立和实施,无疑是一个最具标志性的里程碑。

一、职务的确定化历程

数字编辑的职务确定化,经历了一个较为漫长的过程,期间夹杂着各种不同的声音:反对、质疑、观望、不置可否……直至最终的确定。数字出版业务负责人职务的确定化过程是与数字出版发展模式紧密相关的。就发展模式而言,数字出版业务负责人的职务先后经历了以下几个阶段:

其一,兼职角色阶段,时间段大致在 2012 年以前。早些年的数字出版业务负责人的职务大多为兼职性质,或者以总编室主任兼任,或者以办公室主任兼任,或者以出版部主任兼任。时至今日,仍然有一小部分出版社的数字出版业务负责人属于兼职性质,其职务的确定化仍然没有实现。

其二,部门主任或者分社社长阶段,时间段于 2012—2014 年之间。到 2012 年以后,大量的出版机构才直接以确定的数字出版主任或者分社长的方式来给予数字出版业务负责人确定的职务称号。2013 年的图书出版单位数字出版业务负责人的调训,在出版界起到了为数字出版负责人"正名"的积极作用。自此以后,各出版社步入了数字出版独立的"部门制"发展阶段,纷纷成立数字出版部、数字出版分社、数字出版事业部,来推动数字出版新兴业态的发展,来解决数字出版负责人的职务确定性和独立性问题。

其三,公司高管阶段,时间段于 2015 年至 2018 年。当数字出版模式迈进"公司制"的发展阶段后,数字出版业务负责人的职务相应调整为各数媒公司的总经理、副总经理,向着企业化、市场化的方向又迈进了一大步。目前成立数字出版公司的单位大多是各出版集团,单体出版社成立数字出版公司的还不是大多数,但是企业化运作、市场化经营始终是数字出版的未来发展方向,这也意味着站在职位的角度,越来越多的数字出版业务负责人将走上公司高管的岗位。

其四，高管后阶段，时间段是当下。在数字出版的发展模式历经"部门制""公司制"之后，有的出版机构已经开始了"股份制"发展的模式，通过吸纳社会资本、设立多种所有制公司的形式，来促进数字出版的发展，这个阶段的数字出版负责人职务除了公司高管以外，还充当着公司股东的角色。在股份制公司的格局中，数字出版负责人可以采取股东式的做法，也可以采取高管股权激励的方式。两种做法各有利弊，至于其对数字出版市场化、产业化的助推效果，仍然需要时间来观察和判断。

二、职称的法定化历程

长期以来，数字出版负责人都过着"有职务无职称"的日子。这种"有职务无职称"的现象，小部分表现为没有职称却担任数字出版主任，更多的情况是为没有独立的数字编辑职称而长期担任数字出版主任。当然，没有独立的职称，这些数字出版负责人可能拥有传统出版的职称，或者是拥有工程师等序列的职称。我国的数字编辑职称的确立过程，也就是数字出版专业技术资格的法定化过程，有以下几个方面的特点：

1. 适逢"互联网+"时代的到来

音像电子出版的载体是磁带、光盘、硬盘、U 盘、软盘等，随着互联网技术和移动互联技术的高速发展，音像电子出版产业的影响力、从业者群体规模都表现出日益萎缩的趋势，而其单独的专业技术资格评价机制也失去了法定化的最佳时机；而数字出版所依托的载体是互联网，互联网已经成为当今社会的一种工作方式、生活方式和思维方式，这就意味着数字出版将是出版业转型升级的必然方向和大势所趋，意味着将有越来越多的出版人、媒体人将会向着数字化编辑的方向进行转变和升级。

数字编辑专业技术资格的出台，恰恰是"互联网+"的时代要求，是互联网时代信息内容产业对数字出版从业者职业资格和执业能力的一种评价方式和认可方式。从数字编辑职称教材的内容来看，专业技术资格的考核内容和评价方式与传统出版职业资格迥然不同：数字编辑需要把握互联网传播的规律和特点，需要理解大数据、云计算、语义分析等诸多高新技术，需要以更专业的水准、更严格的要求来开展数字传播工作。

"互联网+"时代，数字传播对出版、新闻、视听从业者提出了更严格的要求，更高的标准和更全面的业务能力需求：

首先，"互联网+"时代的传播特点和传播规律要求数字编辑增强把握网络传播阵地的能力，提升驾驭互联网传播的能力，提高网络空间的话语权，坚持数字传播产业的导向意识和主旋律意识；于数字编辑而言，这是一条红线，不可触碰，这也是政府主管部门出台职称办法和规范从业者行为的初衷和目标所在。其次，"互联网+"时代对数字编辑的技术理解和应用能力提出了更高的要求，数字编辑需要及时把握互联网、移动互联网的新技术和新业态，理解和应用大数据、云计算、物联网、语义分析等与数字传播、新闻出版紧密相关的高新技术。最后，"互联网+"时代对数字编辑的新产品认知和运用能力提出了更全面的要求，数字编辑要有与时俱进的意识，在第一时间认知互联网、移动互联网领域的新传播工具、新形态和新产品，同时在较短的时间内运用好微博、微信等传播范围广、社会影响力大的社交工具和其他传播形态。

北京市数字编辑职称辅导教材的出版，恰恰反映了上述"互联网+"时代的要求，在国内第一次较为全面的概括和阐述了这几年数字新闻、数字出版和数字视听领域的新技术和新产品；而"考评结合"的专业技术资格评价方式，一方面对于助理级编辑、中级编辑的数字传播知识和能力进行了全面的考核，另一方面，也对副高级、正高级数字编辑的理论研究能力和前瞻性业务把控能力提出了更为严格的要求。

2. 参与者"从80后到1980后"

北京市数字编辑职称的确立过程中，参与的专家具有典型的代表性和更广的参与面：

就所处领域而言，参与的专家囊括了数字出版、数字新闻、数字视听、数字游戏、数字动漫和传统出版等多个领域，分别从各自的角度提出了真知灼见，确保了数字编辑职称教材编写的权威性，保障了数字编辑职称序列设置的科学性，提升了数字编辑职称评审和考核的权威性和公信力。

就年龄结构而言，参与的专家既包含耄耋的资深专家，也吸收了1980后出生的年轻专家，以老、中、青三代专家的视角全面梳理了数字出版萌芽、发展、壮大等各阶段的观点、理论和业务实践技能，立体化呈现了数字出版业务过去、现在和未来的风貌。

就工作分工而言，先后启用了数批专家分别进行教材的大纲编纂、内容创作、统稿调整和试卷命题，既保证了数字编辑教材的专业性和权威性，又确保了兼容并蓄、吸收和采纳了各领域专家的业务专长。

3. 数易其稿

数字编辑教材的编纂过程，遵循了"否定之否定"的发展规律，在批判的基础上进行扬弃。首先将数字传播产业链各环节的发展过程进行了梳理，在梳理的基础上，总结和概括出了通用性、共识性的观点和理论；其次，在原有稿件的基础上，历经对一稿、二稿、三稿、四稿等数次稿件的调整和修订，对过时的观点进行删除，对先进的观点进行修订，对前瞻的技术进行介绍和补充；最后，教材的统稿环节，集中聘请了长于写作，且长期从事数字出版理论研究和业务实践的专家，进行终极的审核和把关。

4. 历时数年

数字编辑职称的探索历时了四年的艰辛历程，这四年也是数字出版从业者锐意创新、矢志不渝的四年：2011年底开始调研和论证，2013年初"数字编辑"职称被纳入北京市职称评审序列，向全社会发布，2016年初数字编辑职称评审办法公布，2016年春季完成了初级、中级编辑的报名审核，并将在2016年5月举行第一次考试。

北京市首开数字编辑职称的先河，此举也是全国第一次为数字出版从业者所定身量制的职称考试，标志着广大数字传播产业的编辑们将首次拥有权威的身份认证。此举极大地提高了数字出版从业者的积极性，增强了从业者的信心，有利于整个数字出版行业健康、快速、科学地发展，也为传统媒体和新兴媒体的融合发展提供了制度支撑和政策保障。

第二节 数字编辑职业化的价值分析

数字编辑职称制度的确立和实施，完成了数字编辑职业化历程最重要的步骤，第一次实现了数字出版从业者的权威身份认证，在全国范围内率先实现了数字出版从业者职务与职级的统一，开创性地设置了"新闻、出版、视听"三横三纵的支撑体系，创新性地树立了助理编辑、编辑、主任编辑、高级编辑四级职称级别。

一、首次实现权威的身份认证

"名正则言顺，言顺则事成"。长期以来，数字出版作为一种出版业内部的新兴业态，拥有着规模庞大、数量与日俱增的从业者，这些从业者在实际性地从事着数字资源建设、数字产品研发、数字技术应用和数字产品销售等工作，然而，却没有与之相对应的官方评价机制，缺乏与之适应的人才认可机制。这种评价和认可机制的缺位，一方面会降低从业者的职业信心，人为地拖慢市场化、产业化的步伐，给整个数字传播产业带来较大的不确定性；另一方面，会影响从业者的薪资待遇，打击从业者的工作积极性，成为他们事业规划和工作进步过程中的职业"瓶颈"。

令人欣慰的是，数字编辑职称的公布与实施，使得北京市在全国范围内第一次实现了数字出版从业者的权威身份认证，形成了对数字出版从业者的评价机制和认可机制。

二、率先实现职务与职称相统一

一直以来，数字出版从业者，尤其是数字出版负责人都处于"有职务无职称"的工作状态。在岗位设定上，数字出版负责人都被冠之以数字出版主任、数字出版分社长等职位，而在职称序列中却没有职称头衔，或者是只有出版编辑、副高级编辑的头衔。这种职务与职称不匹配，或者不完全匹配的情况存在多年，终于在数字编辑职称制度确立后被结束。

不过，目前仍然存在着传统出版职称和数字编辑职称的衔接问题：例如，传统出版的中级可以在什么情况下评审数字编辑的副高级职称？传统出版的职称与数字编辑职称能否相互承认，相互承认的条件是什么？数字编辑职称与数字出版职称在出版机构是否具备同一效力？等等。尽管存在这些问题，但是数字编辑职称的设置至少已经实现了职务与职称的相统一、相匹配，至于上述问题，都是可以解决的，都不是主要的问题。

三、开创"三横三纵"的职称体系

数字编辑职称首创了"三横三纵"的职称体系:"三横"指的是数字新闻、数字出版、数字视听,这三个领域构成的是数字传播产业的主体和核心;"三纵"指的是内容、技术、运维,这三个方面贯穿了数字传播产业链的内容、技术和运维全部环节。

"三横三纵"体系共计确立了数字编辑职称的九个细分方向——数字新闻内容编辑、数字出版内容编辑、数字视听内容编辑、数字新闻技术编辑、数字出版技术编辑、数字视听技术编辑、数字新闻运维编辑、数字出版运维编辑、数字视听运维编辑。

"三横三纵"职称体系首次对我国数字传播产业的主体领域、产业链环节进行了梳理和概括,也是第一次以官方的身份认可了数字传播从业者具体工作的构成和业务环节。

四、创新性的安排职称等级序列

传统出版的职称等级、名称分别为:初级、中级、副高(副编审)和高级(编审);而数字编辑的职称等级序列为:初级编辑、中级编辑、副高(主任编辑)、正高(高级编辑)。相比之下,最大的差别有两处,其一,数字编辑职称没有沿用编审、副编审的叫法,与传统出版职称比较,有其相对独立性;其二,数字编辑职称的副高级序列命名为"主任编辑"。以"主任编辑"命名为副高职称,政策制定者的初衷无法知晓,但笔者以为也是对数字出版负责人多年来辛勤工作某种程度上的官方认可。

"青青子衿,悠悠我心"。目前正值传统媒体与新兴媒体融合发展的好时机,恰逢出版转型升级、知识服务开展的进行时,数字编辑职称制度的出台和实施,给广大数字出版从业者打了一剂强心针,也为整个数字传播产业的壮大与繁荣提供了发展保障,海阔帆舞,正是共襄盛举时!

第五篇

谱写业态新篇

"十三五"开局至今，辛苦勤劳的数字出版同仁们在智库发展、融媒体构建、知识服务、财政项目实施等方面再接再厉，再创佳绩，分别开创了许多新的纪录，探索了诸多新的路径，也在实践中为数字出版业态创新起到了添砖加瓦的重要作用。

新型智库的蓬勃发展，知识服务的方兴未艾、财政项目的改革与成果转化共同促进了数字出版新业态的产生。

关于智库，由融智库发起的"首届、第二届中国新闻出版智库高峰论坛"分别在南京大学、广西师范大学出版社举办，已经引起了业界的广泛关注和报道，取得了较好的社会效益，为新闻出版转型升级增添了新的活力，提供了崭新的视角。

2018年6月27日至29日，由广西师范大学、融智库共同主办的"第二届中国新闻出版智库高峰论坛"在广西桂林召开。本届论坛得到了国家新闻出版署主管部门的精心指导和中国出版协会的大力支持。

"聚百龙之智，助行业转型"。论坛邀请了60余名顶级专家学者，就新时代新闻出版业的热点难点问题进行智慧分享与交流。来自全国新闻出版政府主管部门、行业协会、新闻出版机构、科研院校、技术企业等共400多人参会。

论坛以"新时代·新出版·新动能"为主题，围绕改造提升传统出版动能、培育壮大新兴出版动能，聚焦新闻出版业新动能的核心要素——科技、信息、数据、标准等内容展开研讨。经过三天的研讨和论证，主论坛达成如下共识：认真贯彻落实党中央有关智库建设的指示，新闻出版业应该牢牢把握意识形态的领导权，重点做好五件事情：完善组织、凝聚人才、基础设施建设、课题支撑和完善运行制度；应该致力于打造新时代新闻出版智库建设的六种核心能力：学习力、凝聚力、传播力、引导力、影响力、公信力，将这六种能力作为支撑新型智库建设与发展的能力体系；应该高度重视基础理论研究、持续加强实证研究、大力提升人才建设水平，继续深化新闻出版数字化转型升级，不断激发内容产业新动能。

分论坛由党政智库、高校智库、企业智库和媒体型智库专家共同组成，与会专家围绕传统出版动能的精品化战略、人才培养机制展开了热烈讨论，同时就新闻出版业与影视IP、人工智能、区块链、信息网络等新业态、新技术、新模式的跨界融合进行了前瞻务实的精彩演讲。

本次论坛还重点发布了新闻出版业首款智能科普机器人——"小悠"，进行了融智库13项重点课题的中标单位宣讲，同时公布了融智库60名专家。

第二届中国新闻出版智库高峰论坛，在政产学研各界专家的智慧分享中共话新时代新闻出版业的走向，共议新闻出版的新旧动能接续转换，共同探索新闻出版与科技创新的融合发展，共同探讨新闻出版智库建设的体制机制。"群峰倒影山浮水，无水无山不入神"。这场知识的盛会、智慧的盛宴、思想的大碰撞，为美丽桂林、青山秀水再添一抹亮色。

第十五章 数字出版高端智库建构综述

数字出版高端智库是在《关于加强中国特色新型智库建设的意见》(2014)政策发布的时代背景下，对专业高端智库建设的理论思考和实践回应；也是贯彻和落实《新闻出版业科技"十三五"时期发展规划》的重要举措和切实行动。数字出版高端智库应该本着"引领行业发展、服务政府决策"的战略定位，坚持党的领导，把握正确导向；坚持围绕大局，服务中心工作；坚持实事求是，鼓励大胆探索；坚持改革创新，规范有序发展。高端智库的构建，应该努力拓宽融资渠道，不断完善组织架构，创新智库建设方案，探索智库运营模式。

数字出版高端智库的建设应该奉行"辅助决策、有序发展、重点补位、产学研用"的发展步骤，切实解决"顶层设计、AR 技术、大数据技术、知识服务"等行业发展的当务之急，围绕"专家库、机构库、成果库、专题库、标准规范库"等数字出版特色智慧产品，综合运用"线上+线下"模式，沿着"数字出版智库、新闻出版智库、文化产业智库"的"三步走"发展路径，运用"创新运行机制、强化人才建设、实施项目驱动"等保障措施，共同推进官方智库、民间智库、综合智库和专业智库齐头并进、有序发展。

随着数字出版的创新性发展，传统出版与新兴出版的融合时代已经到来，这种创新、融合体现在许多新兴业务方向和领域不断被发掘，不断受到重视并被付诸实践；这种创新、融合已经远远超出了原有的数字出版项目申报实施、数字产品研发销售方面的创新，而是受到互联网企业、受到文化产业发展的影响和冲击，出现了新的发展模式、新的业态创新。文化与资本的对接，启发了许多出版集团、出版企业向着文化产业基金的方向发展；自主研发力量的重要性，促进了出版机构考虑与技术企业联手，或者参股，或者控股，向着技术研发的方向转型；高端人才的成长与政府决策机制的创新，推动着出版机构考虑向着智库的方向发展，等等。

关于智库的定义，通俗化的表述为"智囊团又称头脑企业、智囊集团或思想库、智囊机构、顾问班子，是指专门从事开发性研究的咨询研究机构"。根据我国智库界的约定俗成，或者说学术化的表述，体现在《2013 年中国智库报告》的规定，智库主要是指"以公共政策为研究对象，以影响政府决策为研究目标，以公共利益为研究导向，以社会责任为研究准则的专业研究机构"。尽管定义方面略有不同，但是作为"外脑、第四部门"，智库的功能、价值和定位是一致的：它将各学科的专家学者聚集起来，运用他们的智慧和才能，为社会经济等领域的发展提供满意方案或优化方案，是现代领导管理体制中的一个不可缺少的重要组成部分，其主要任务是提供咨询，反馈信息，进行诊断，预测未来。

高水平、国际化的智库既是国家软实力和国际话语权的重要标志，也是推进国家治理体系和治理能力现代化的重要力量。为深入贯彻落实党的十八大和十八届三中、四中、五中、六中全会精神，加强中国特色新型智库建设，建立健全决策咨询制度，为新闻出版业转型升级和融合发展提供智力支持和智慧支撑，结合出版业实际情况，依据《关于加强中国特色新型智库建设的意见》（2014）、《关于推动新闻出版业数字化转型升级的指导意见》《关于推动传统出版和新兴出版融合发展的指导意见》等政策文件，结合中地睿知"融智库"的实践经验，笔者就数字出版高端智库的现状和未来，浅谈如下。

第一节　数字出版高端智库建设的总体要求

数字出版高端智库建设的总体要求，大致包括其建设依据、指导思想、基本原则和工作目标等；这些总体要求，是官方智库、高校智库和企业智库无一例外都要遵守的。尤其是在目前我国智库界鱼龙混杂、形势不明的情形下，作为舆论宣传阵地的数字出版，必须要确保智库的导向正确、方向准确。

一、政策依据

数字出版高端智库的建设依据，一方面是《关于加强中国特色新型智库建设的意见》（2014）（以下简称《意见》）中关于科技创新智库、企业智库和高端智库的相关规定；另一方面是《新闻出版业科技"十三五"发展规划》中关于科技智库、智力支持的相关规定。

《意见》中明确规定："建设高水平科技创新智库和企业智库。""实施国家高端智库建设规划。加强智库建设整体规划和科学布局，统筹整合现有智库优质资源，重点建设50 至 100 个国家急需、特色鲜明、制度创新、引领发展的专业化高端智库。"① 《新闻出版业科技"十三五"时期发展规划》（冯宏声，2016）中则明确提出"加快智库建设，提供智力支持保障。完善新闻出版科技专家库，充分发挥科研机构、高等院校、技术企业、新闻出版企业在新闻出版科技创新体系建设中的重要作用。"②

就目前我国数字出版智库的分布状况来看，官方智库，由来已久，以中国新闻出版研究院为代表；高校智库，为数众多，以北京印刷学院、中国传媒大学、南京大学出版研究院等为代表；企业智库，发展迅速，以地质出版社、知识产权出版社联合成立的"融智库"为代表。三种智库形态均已出现，尤其是"融智库"的出现，填补了数字出版界企业智库、专门智库的空白。

---

① 内容详见《关于加强中国特色新型智库建设》第九条、第十一条。
② 冯宏声.新闻出版业"十三五"时期的科技工作思考[J].科技与出版，2016（6）.

二、指导思想

数字出版高端智库在指导思想、基本原则和工作目标方面，和其他各领域的专业智库相比，既有共通性，也有其独特性。

数字出版高端智库的指导思想是：深入贯彻党的十九大精神，高举中国特色社会主义伟大旗帜，坚持以马克思列宁主义、毛泽东思想、邓小平理论、"三个代表"重要思想、科学发展观、习近平新时代中国特色社会主义思想为指导，以服务新闻出版业决策为宗旨，以政策研究咨询为主攻方向，以完善组织形式和运行机制为要点，以改革创新为动力，努力建设面向"互联网+"时代、面向新闻出版行业、面向媒体融合的中国特色数字出版新型智库体系，进一步支撑新闻出版业转型升级，进一步提高新闻出版业的软实力和话语权，为新闻出版业多出思想、出成果、出人才，进一步推动新闻出版业更好更快发展。

三、基本原则

数字出版作为国家战略性新兴产业，决定和影响其发展方向的高端智库应该坚持以下几个方面的基本原则。

其一，坚持党的领导，把握正确导向。坚持党管智库，坚持中国特色社会主义方向，遵守国家宪法法律法规，始终以维护国家利益和人民利益为根本出发点，立足新闻出版业实际情况，服务于新闻出版业转型升级和融合发展。新闻出版领域的智库首先必须坚守"党管智库"的原则，因为新闻出版是宣传思想工作的主阵地，是意识形态工作的重要组成部分；坚持正确的导向、坚持弘扬主旋律、传播正能量、致力于出版业转型升级、致力于出版业融合协同发展，是数字出版高端智库的应有题中之意。

其二，坚持围绕大局，服务中心工作。数字出版高端智库的建设应该紧紧围绕新闻出版业转型升级急需的重大课题，围绕转型升级、出版融合、知识服务、大数据建设、标准化工作等重大任务，开展前瞻性、针对性、储备性政策研究，提出专业化、建设性、切实管用的政策建议，着力提高综合研判和战略谋划能力，切实起到"助力业态创新、服务政府决策、引领行业先锋、服务行业发展"的积极效果。

其三，坚持实事求是，鼓励大胆探索。数字出版高端智库的建设应该坚持求真务实，理论联系实际，以问题为导向，积极建言献策，围绕新闻出版业转型升级的重大任务，围绕传统、新兴出版融合发展的时代主题，提倡不同学术观点、不同政策建议的切磋争鸣、平等讨论，创造有利于智库发挥作用、有利于智库积极健康发展的良好环境。

其四，坚持改革创新，规范有序发展。数字出版高端智库的建设应该以原新闻出版广电总局为指导单位，以新闻出版企业为建设主体，充分吸收社会资本加入，汇聚行业顶尖专家和智慧。按照数字出版行业智库、新闻出版行业智库、中国文化产业智库的发展次序，逐步建构、建立健全、不断提升新型智库的影响力，不断提高新型智库的社会价值。

第二节 数字出版高端智库建设的重点任务

数字出版高端智库要想健康、积极、向上、持续地发展下去，需要在资本对接、组织结构、内容方案和服务模式等方面进行突破和创新。

一、拓宽融资渠道

数字出版高端智库在融资渠道方面，应该大胆创新、勇于尝试，可以采取跨所有制、跨领域、跨地域融资的方式，充分发挥文化与资本融合的优势，选取若干国有出版企业牵头，适当引入社会资本，以财政项目资金为助力，以股份制为主要实现形式，以股权激励为内在机制。

就官方智库而言，多方面、多渠道、多角度地争取国家政策支持和资金支持，是开展更高水平研究、提供更权威报告的重要保障；就高校智库而言，奉行产学研一体化发展思路，从行业、企业拓宽融资渠道，是科研实力更上一层楼的不二法门；就企业智库而言，通过跨地域、跨所有制、跨区域的合作，创新智库运作的方式方法，显得非常迫切。

2016年9月8日，地质出版社、知识产权出版社和睿泰集团三家联合成立了"中地睿知"管理咨询公司，公司设立了面向数字出版专业领域智慧服务的"融智库"。"融智库"的设立，体现了资本层面跨所有制的合作——地质出版社和知识产权出版社作为国有资本，睿泰集团则属于民营资本；体现了跨领域的合作，地质出版社、知识产权出版社作为出版社属于内容提供商，而睿泰集团则是标准的技术提供商，数字出版产业链上下游携手成立了融智库；体现了跨地域的合作，两家北京的出版社联合江苏的数字出版技术商，旨在打造第一个数字出版专业高端智库。

二、完善组织架构

数字出版高端智库的产业链构成，应该以原新闻出版广电总局为指导单位，以国有出版企业为发起单位，以科研院所为共建单位，以新闻出版行业权威期刊、报纸为合作媒体，以新闻出版内容、技术、运维企业为特别成员单位，吸纳产业链高端人才，汇聚整个行业顶尖智慧打造而成。

就具体的组织结构来看，数字出版高端智库可以采取公司制的方式，以管理咨询公司的身份设立；也可以采取非营利组织的形式，成立各种类型的研究院或者研究所。一般而言，官方智库、高校智库多采取事业单位、研究院、研究所等发展模式；而企业智库、民间智库多采取公司制模式，例如北京世纪超星信息技术发展有限责任公司、同方知网（北京）技术有限公司等大型知识服务提供商均在部门设置方面成立了研究所。

三、创新智库方案

结合数字出版"十三五"发展的专项规划，考虑到当前数字出版企业发展的态势，笔者以为数字出版高端智库的构成至少应包括：

——成员库，包括专家库、机构库、数字出版领域的各种示范单位和试点单位等；

——成果库，包括数字出版领域的核心论文、专著论述和标准规范等；

——专题库，涵盖数字出版领域的重大专题，包括知识服务、大数据、转型升级、融合发展、数字编辑、在线教育、ISLI、财政项目等；

——项目库，遴选数字出版领域的示范性项目，为整个行业转型和出版融合提供借鉴和参考。

四、探索服务模式

数字出版高端智库的服务模式不拘一格，可以表现为线上的咨询解答服务，也可撰写智库报告，或者出版年度白皮书、蓝皮书。从目前已经成立的智库运营模式来看，数字出版智库可以为广大数字出版从业者、数字出版机构提供会员制服务，为数字出版企业提供数字出版整体解决方案，可以开展数字出版项目监理服务，可以成为数字出版技术产品的中间商，也可以进行数字出版高端培训与认证等综合性智慧服务。无论何种模式，数字出版高端智库的成立初衷和目标在于促进行业发展、提升行业整体科研水平与战略高度。

第三节 数字出版高端智库建设的核心范畴

数字出版高端智库建设的核心范畴，是指数字出版高端智库的战略定位、研究重心、建设方案和经营模式等。核心范畴涉及的问题能否处理好，直接关系着智库能否起步、能否壮大、能否实现可持续发展，也决定着数字出版专业智库能否以"国家急需、特色鲜明、制度创新、引领发展的专业化高端智库"的面貌屹立于为数众多的智库之林中，进而能否纳入国家专业高端智库的建设规划之中。

一、数字出版智库的战略定位

数字出版高端智库的战略定位有二：一为政府献言建策，二为行业出谋划策。

就辅助政策决策而言，智库的定位在于："服务政府决策，助力业态创新"——为新闻出版业转型升级提供智力支持，为媒体融合发展提供智慧支撑，致力于提升政府主管部门的战略谋划能力和综合研判能力。例如，融智库最近着手于为原国家新闻出版广电总局有关部门提供关于 AR 技术应用于出版业的报告，便是资政献言、辅助决策的典型体现。

就引领行业而言，智库的定位在于："服务行业发展，引领行业先锋"——重点提出转型升级、融合发展、知识服务、大数据、转型示范等行业前瞻问题的发展理念和解决方案，为全行业研发创新产品、探索盈利模式、应用高新技术、培养融合人才提供科学模式和示范路径。

二、数字出版智库的研究重心

时值当下数字出版进入发展"拐点"之际，媒体融合国家战略的提出对传统出版人把握舆论阵地、增强网络空间影响力提出了更高的要求和更严格的标准，持续几年的财政投入对数字出版的产值规模和新的经济增长点也形成了较大的压力，出版业开展知识服务转型的成效急需以"双效融合"的方式加以显现……这些宏大的时代背景和政策方针，为数字出版高端智库发挥作用和价值提供了较好的前提条件，也为当下数字出版智库的研究主题指明了方向。数字出版高端智库应该着力解决当下困扰数字出版发展的热点问题和难点问题，通过问题聚焦、提供方案的方式，为政府决策服务，为行业发展出力。具体而言，数字出版智库的当务之急，需要为以下几个领域提供智力支持和智慧支撑。

（一）顶层设计的概念梳理

时下数字出版发展的顶层设计，涉及几个核心概念：转型升级、融合发展和知识服务，概念之间的逻辑关系急需梳理清楚：概念不清，则判断不准；判断不准，则推理不真，最终会影响到微观至企业、中观至行业、宏观至管理层面的决策和规划。笔者以为，转型升级是一个过程，是一个有起点无终点的连续过程，新闻出版业需要长期开展转型升级并将长期处于转型升级的过程之中。融合发展是一种状态，是传统出版与新兴出版在内容、技术、平台、运营、管理等方面的交融、互融、通融、共融的状态。知识服务是一个方向，是转型升级的最终方向，也是转型升级的最终结果；当新闻出版企业由纸质图书提供商转变为知识服务提供商之时，外化的表现必然是传统媒体与新兴媒体、传统出版与新兴出版融会贯通的状态。

（二）大数据与出版业结合的原理与流程

数字出版智库，无论官方、高校智库，抑或企业智库，都需要关注作为国家战略的大数据与出版业的结合，需要研究大数据的产业链与出版业的业务环节之间的关联和衔接。如何将大数据的数据采集、数据清洗、数据标引、数据计算、数据建模、数据应用、数据服务等产业链，和出版业的编辑、校对、印制、发行等流程进行无缝衔接，是考究数字出版智库水准的重要标尺之一。

（三）AR 技术与出版业相结合的产业链构造

AR 技术、VR 技术逐渐呈现出席卷社会各个行业的发展态势，甚至催生出了 MR 形态。在这种背景下，数字出版智库应该冷静地思考，思考出版机构的战略定位，探寻出版企业在 AR 产业链中的角色和盈利点——在"AR 编辑器、3D 模型库、图像识别呈现"三个基本环节之中，出版企业最容易立足、也是内容增值型知识服务关键点便是"3D 模型库"的建立，找准了这一点，出版企业也就握住了 AR 出版业态的抓手，牵住了"牛鼻子"。

（四）知识服务的深入开展

数字出版高端智库应该在知识体系的研发、知识标引工具的开发、知识资源建设、知识资源应用、知识图谱的生成、领域词表和领域本体构建、知识计算的模型建构等方面进行重点研究，切实将知识服务由概念推动至产业发展的层面，切实将知识服务变成出版业转型升级的行动纲领和重要里程碑。

（五）项目管理的规范化与职业化

项目申报的合规性与合理性、项目实施方式的法定性和约定性、项目管理过程的原则性和灵活性、项目验收的规范性和标准化等数字出版项目管理的核心领域，都应该被数字出版智库所关注并能够提出相应的解决方案。而这方面也恰恰是数字出版工作的主要组成部分，同时，也是许多数字出版从业者所难以把握和控制的工作难点。

举例而言，某地区存在较多项目未验收的情况，数字出版智库应该根据其未能如期验收的真实原因进行调研和分析，在此基础上，提供项目验收标准，通知其准备项目验收材料，在财务、技术、业务、管理四类文档"齐、清、定"的基础上，委派权威专家赴该地区进行验收。

三、数字出版智库的建设方案

中国新闻出版研究院作为新闻出版业的官方智库，自建院 30 周年以来，"研究院共编撰行业学术著作和专业图书 200 多种，科研人员每年发表专业学术论文 100 余篇，共完成课题 700 余项；连续多年推出《中国出版蓝皮书》《数字出版蓝皮书》等品牌研究成果，完成多项行业标准和国家标准的制修订工作"[1]，同时成立了中国出版网，及时对外发布行业动态和消息，为数字出版专业智库的建设与发展提供了标杆和示范。社会科学文献出版社"皮书"系列成果，也是集多年发展于一身，形成了"蓝皮书"品牌优势。

结合上述官方智库、民间智库的发展特点和成果，笔者以为数字出版高端智库可以"线上+线下"的互动模式进行建设。

---

① 刘蓓蓓，王坤宁. 中国新闻出版研究院 30 周年座谈会召开吴尚之出席并讲话[N]. 中国新闻出版广电报. 2015-11-30.

（一）线上模式——中国数字出版高端智库网

线上模式是各个专业领域的智库均要采取的模式，例如国务院发展研究中心打造的"中国智库网"、中国金融创新发展智库和战略智库发展基金建设的"中国战略智库网"等。

就数字出版高端智库网的建设而言，可以由专家库、机构库、成果库、专题库、项目库、数字出版技术产品交易中心、数字出版人才评价中心、新闻出版学知识库、新闻出版标准规范库、公共政策库等栏目所组成。

1. 专家库

专家库是整个智库建设的核心和龙头，是智库建设的重中之重，也是数字出版智库年度报告的主要起草者和撰写人。无论是官方智库，还是民间智库，都需遴选业界顶尖专家，进入数字出版高端智库网，同时要设立严格、科学、合理的指标评估体系，确保所入选专家的权威性、专业性和领先性。入选专家的指标体系应该包括：理论研究指标、实务业绩指标和行业影响力指标；同时要对所入选的专家进行动态评估，保证专家队伍的流动性、思想的先进性、实务的引领性和政策的指导性。

专家指标体系是否严格、高标准，直接关系到入库专家的水平和实力，直接关系到数字出版高端智库能否胜任资政献策、引领行业的目标，也直接关系到智库所在机构能否长久经营和发展。例如，融智库分别设置了管理专家、理论专家和实务专家的指标体系，每种类型的专家指标都各有特色，总体来讲，指标设定均较为严格，对于学术水平、实务经验和战略眼光都进行了评估和考察。

仅以"融智库"实务专家指标为例进行列举："①多次申报、获批、实施和验收文化产业财政项目（3个以上）；②具备较强的市场开拓意识，同时在数字出版市场化、产业化过程中积极探索和勇于尝试；③在数字出版转型示范、转型升级、知识服务、融合发展等重大工作中具有显著的推动作用和较大贡献；④吃苦耐劳、高度敬业，在业界具备较高声誉和影响力；⑤遵守新闻出版纪律，坚持弘扬主旋律、传播正能量，具备正确的价值导向和职业操守；⑥在核心期刊发表过新闻出版领域的专业论文5篇以上，或者出版过新闻出版领域相关的专著。"[①]可见，融智库对于实务专家的准入门槛是相当高的，既需要有丰富、成功的项目实践，又需要有市场化、产业化的能力；既需要有数字出版实务经历，又需要有较高的理论水平；既需要业务能力过硬，更需要导向正确、价值观积极向上。

2. 机构库

机构库是数字出版高端智库网的主体之一，需要邀请出版机构、数字出版技术企业、各省市新闻出版局等机构用户到数字出版高端智库网注册、登录；同时对上述机构用户的经营范围、主要特点、人员招聘、主打产品等核心信息进行介绍。

3. 成果库

数字出版高端智库每年将分专题、分时段推出中国数字出版高端智库报告，作为智库

---

① 融智库. 融智库指标体系及首批45名专家，融智库微信公众号. 2016-11-04.

年度成果，报告发布后将在成果库集中展示和运营。成果库是体现数字出版高端智库含金量的重要组成部分。

同时，可采取市场化的手段，汇聚和整理中国新闻出版业核心期刊的资源，对其中精华稿件和论文进行碎片化处理，作为成果库的主要素材之一。

4. 专题库

专题库最能体现数字出版高端智库的特色和区分度。数字出版高端智库网将围绕大数据、知识服务、转型升级、融合发展、ILSI 国际标准、CONIX 标准、复合出版、转型示范、AR 与 VR 等数字出版核心专题，提供理念、对策、解决方案、发展路径、顶层设计等系列智慧成果，智慧成果集中体现于专题库。

5. 项目库

项目库也是数字出版高端智库建设的重头戏之一。可以针对 2012 年以来的文化产业专项资金、国有资本经营预算金等财政项目，遴选和评审出示范性项目，将项目的概况和成效部分，集中在项目中进行展示，对新闻出版行业申报、实施、验收和转化项目提供示范性参考和借鉴。

6. 数字出版技术产品交易中心

鉴于目前数字出版产业信息不对称、缺乏统一展示平台的现状，高端智库可以汇聚数字出版技术企业的核心技术产品、平台产品，建成数字出版技术产品交易中心，向出版机构开放，同时可集中展示我国数字出版技术产品的全风貌。

7. 数字出版人才评价中心

数字出版高端智库同时也是高端人才成长和提升的摇篮。智库建设可以确定和选取数字出版人才培训课程，配合线下高端培训和线上网络培训，对经过培训的数字出版人才进行考核，考核通过后颁发相应的培训认证证书，进而建成数字出版人才评价中心栏目。

8. 新闻出版学知识库

自 2015 年以来，知识服务成为新闻出版业转型升级的主要方向，然而，各出版机构均围绕着各自所服务的国民经济专业领域开展知识服务，很少有出版企业面向新闻出版学提供知识服务。

鉴于此，数字出版高端智库网的必备服务方向之一是提供新闻出版领域的知识服务，以知识服务为核心，构建中国新闻出版学知识库栏目，为新闻出版从业者提供理论支持和知识储备，为新闻出版行业政策制定提供基础数据支撑和资料支撑。

9. 新闻出版标准规范库

标准化成果是数字出版高端智库的重要组成部分。数字出版高端智库网应建成中国新闻出版标准规范知识库，将近十年新闻出版领域的国际标准、国家标准、行业标准、项目标准、工程标准等对全行业具有指导性价值的标准规范进行集中和统计分析，做成标准规范查询平台，便于为整个新闻出版业提供知识服务。

10. 新闻出版公共政策库

为了更好地服务政府决策、为出版业转型升级提供建设性意见和建议，数字出版高端智库需要建成中国新闻出版公共政策库。公共政策库可收录历年来中国新闻出版的重大政策、发展规划、指导意见等公共管理性政策，为政府主管部门拟定新的战略规划提供资料支撑和数据基础，为新闻出版机构及相关机构提供知识性服务。

（二）线下模式——咨询管理业务

中国数字出版高端智库的线下模式主要包括提供咨询服务，提供个性化智库产品，提供数字出版高端人才培训、财政项目监理服务，等等。所提供的智慧型产品必须具备专业性、权威性和智慧性，同时以较高价格提供服务，旨在提供高端、智慧的知识服务。

四、数字出版智库的运营模式

纵观我国数字出版领域目前的官方智库、高校智库和企业智库，经过调研和总结，可以发现其主要运营模式包括以下几种。

（1）会员制模式：机构会员和个人会员分别采取收取年费的方式，以维持数字出版高端智库的日常运营和发展。

（2）财政项目监理模式：长期以来，数字出版项目一直是业务重心和难点，而数字出版项目的申报、实施、验收、管理、审计等业务一直缺乏标准化的流程，为此，数字出版高端智库可以考虑为行业提供标准化、程式化、规范化的项目监理服务，提供自策划至审计的全程智慧服务。

（3）智库产品订购模式：针对用户的个性化需求，提供个性化的智库解决方案，如数字出版的顶层设计、五年战略发展规划纲要等。

（4）高端培训模式：智库可于每年举办一期数字高端培训，针对数字出版主管、主任展开高端理论、业务和政策培训。

（5）线上知识服务模式：标准规范库、公共政策库、成果库、专题库等新闻出版知识服务库的收入，可以作为智库维持日常运转、扩大再生产的常态化资金。

（6）智库出版业务：出版物一直都是智库的主要收入来源之一，如，兰德公司已发表研究报告 18000 多篇，在期刊上发表论文 3100 篇，出版了近 200 部书。数字出版高端智库将围绕转型升级、知识服务、出版大数据、AR 出版物、ISLI 国际标准等热点前瞻专题，针对性地出版相应的白皮书，填补数字出版细分领域的空白，梳理和总结数字出版专项工作的成果和经验，为新闻出版业提供数据支撑和智力支持。

前述"融智库"自成立两月以来，先后承接了《AR 技术在出版业应用》的研究课题、《出版集团大数据应用》的研究课题、高等院校数字出版专业人才培养一体化战略研究课题等，分别在辅助政府决策、服务行业发展和创新人才培养等方面进行了建言献策，并取得了较好的社会效益和经济效益。

第四节　数字出版高端智库建设的保障措施

一、规范运行机制

数字出版高端智库建设通过完全市场化的机制进行，采取股份制的方式运作，充分吸纳社会资本和技术资本的力量，以国有出版企业作为发起单位，以科研院所作为智力支持单位，以社会力量作为资本补充，以权威核心期刊报纸作为特别成员单位，以广大的新闻出版企业作为会员单位，荟萃行业智力资源，提供行业整体数字化智慧方案。

二、强化人才建设

数字出版高端智库吸纳行业顶级人才、权威政策制定者为首席专家库成员，吸收一线数字出版业务骨干、一线数字出版理论研究人员作为专家库成员，面向数字出版中坚力量、新生力量提供个性化智慧服务，面向广大会员机构提供定制化智慧服务，通过打造行业人才流动枢纽、行业智慧产品交易中心，来聚集人才、培养人才和提升人才。

三、实施项目带动

数字出版高端智库将积极奉行项目驱动战略，在实现原始成员积累、数据积累、平台积累之后，将通过文化产业资金、新闻出版基金等多种财政项目的形式，积极申报并争取财政项目，以项目促进智库建设，以项目提升智库的行业影响力和社会效益。

结语：数字出版智库，任重道远

以知识服务为视角，分为产品驱动型、信息驱动型、技术驱动型和智慧驱动型的知识服务；作为智慧驱动型的知识服务，数字出版高端智库显示出知识服务的旺盛生命力，同时，又以出谋划策、建言献策为己任，承担着推动产品知识服务、助力信息知识服务、启蒙技术知识服务的艰巨任务。

纵观我国的数字出版智库格局，尽管很少直接冠之以"智库"的名称，但是以中国新闻出版研究院数字出版研究所为代表的官方智库，以北京印刷学院、武汉大学、南京大学等为代表的高校智库，以"融智库"为代表的企业智库分别在各自的领域展现出了强劲的发展势头，并且互为补充、相得益彰，共同助推着我国数字出版业的健康、有序、稳步发展。

第五节　融智库的理念与实践

融智库由中地数媒（北京）科技文化有限责任公司、北京中献电子技术开发中心联合投资设立。

公司依托"融智库"平台及近百名行业权威专家，为广大数字出版从业者、数字出版机构提供培训，咨询，项目策划、实施、监理和评审等服务，为国家宏观决策、政府政策制定、行业发展提供智力支持和政策咨询服务。

一、战略定位

服务政府决策，助力业态创新——为新闻出版业转型升级提供智力支持，为媒体融合发展提供智慧支撑，致力于提升政府主管部门的战略谋划能力和综合研判能力。

服务产业发展，引领行业先锋——重点提出转型升级、融合发展、知识服务、大数据、转型示范等行业前瞻问题的发展理念和解决方案，为全行业研发创新产品、探索盈利模式、应用高新技术、培养融合人才提供科学模式和示范路径。

融智库作为中国新闻出版高端智库，依托"智慧型知识服务、知识产权知识挖掘与服务"两大国家级科技与标准重点实验室，始终以"服务政府决策、助力业态创新；服务产业发展、引领行业先锋"为宗旨，为广大数字出版从业者、数字出版机构提供培训，咨询，项目策划、实施、监理和评审等服务，为国家宏观决策、政府政策制定、行业发展提供智力支持和政策咨询服务。

融智库目前共拥有三大横向区域性分库，五大纵向业务分库，囊括国内文化产业顶尖专家 200 多名，在国家标准、行业标准制定，项目创新布局，前沿科技研发，文化产业报告撰写，行业评价评估，科研课题发布，高端论坛策划组织等方面取得了一系列成果。

二、发展规划

2016—2017 年，建立健全中国数字出版高端智库。

2017—2019 年，建设建成中国新闻出版业高端智库。

2019—2020 年，建立和完善中国文化产业发展高端智库。

三、核心业务

（1）智库报告。组织智库报告撰写及发布，为政府和企业提供切实可行的解决方案，为行业发展助力。

（2）智库培训。利用融智库在全国的优质专家资源，以及丰富的培训经验，推动融智库总库及分库为数字出版从业者提供系列培训和定制化知识服务。

（3）智库咨询。面向新闻出版企业，提供标准研制，项目策划、实施、监理和评审等服务；面向高等院校，提供专业体系课程设置、财政项目申报等专业咨询和辅导服务。

（4）标准研制。迄今为止，已为新闻出版业研制数字出版领域的企业标准、项目标准、团体标准、行业标准、国家标准共计30多项，成功地在数字出版内容、技术、渠道、队伍、运营、管理等多方面进行了规范化梳理和建言献策。

四、智库专家

专家队伍是智库的核心，专家是智库运转的龙头，是智库报告和课题的研究者和撰写人，入选专家应具备权威性、专业性和领先性。公司将根据发展需要，每年对专家进行动态评估和调整，及时补充遴选专家入库。以下表格中专家的单位为入选时所在单位。

（一）2016年度融智库总库首批专家名单

2016年度融智库总库首批专家包括管理专家、理论专家、实务专家（表15-1～表15-3）。

1. 管理专家

表 15-1 2016 年度融智库总库首批管理专家名单表

姓　名	单　位
罗学科	北京印刷学院
孙建军	南京大学
诸敏刚	知识产权出版社有限责任公司
顾晓华	大地出版传媒集团
艾顺刚	镇江睿泰联合投资有限公司
李　超	北京市新闻出版广电局
闫　翔	中国文联出版社
李　弘	电子工业出版社

2. 理论专家

表 15-2 2016 年度融智库总库首批埋论专家名单表

姓　名	单　位
王　勤	中国音像与数字出版协会
孙　卫	国家新闻出版重大工程办公室
吴洁明	北方工业大学
杨海平	南京大学
王　飚	中国新闻出版研究院
刘颖丽	中国新闻出版研究院
王章俊	大地出版传媒集团
陈　丹	北京印刷学院
王晓光	武汉大学

3. 实务专家

表 15-3 2016 年度融智库总库首批实务专家名单表

姓　名	单　位
石　雄	人民卫生电子音像出版社有限公司
刘爱芳	中国农业出版社
唐学贵	知识产权出版社有限责任公司，融智库
张新新	大地出版传媒集团，融智库
路本福	外语教学与研究出版社
秦新利	人民军医出版社
李洪健	天津大学出版社
柯积荣	广东高等教育出版社
王　昇	北京万方数据股份有限公司
姜占峰	北京行翼科技有限公司
郑立新	中国少年儿童新闻出版总社
魏　枫	中国建筑工业出版社
周志颖	苏州梦想人软件科技有限公司
赵海涛	中新金桥数字科技（北京）有限公司
张　棣	CSIP 国家软件与集成电路公共服务平台暨移动互联网创新服务平台
高　培	人民交通出版社
戚　雪	中国法制出版社
林　进	江苏云媒数字科技有限公司
刘化冰	知识产权出版社有限责任公司
张忠凯	贵州出版集团
冯玉明	华商传媒研究院
邵世磊	中国农业科技出版社
温　强	化学工业出版社
胡　涛	社会科学文献出版社

（二）2017 年度融智库总库第二批专家名单

2017 年 10 月，在南京大学举办的"首届中国新闻出版业智库高峰论坛"上，融智库公布了第二批专家 28 名，其中：管理专家 8 名、实务专家 17 名，理论专家 3 名（见表 15-4～表 15-6）。

1. 管理专家

表 15-4　2017 年度融智库总库第二批管理专家名单表

姓　名	单　位
尚春明	中国建筑工业出版社
李　程	知识产权出版社有限责任公司
李海川	北京聚能鼎力科技股份有限公司
张　震	北京网梯科技发展有限公司
于晓华	河北一路领先图书贸易有限公司
陈章鸿	中国计划出版社
程　天	广东音像教材出版社有限公司
刘茂林	重庆数字出版协会

2. 实务专家

表 15-5　2017 年度融智库总库第二批实务专家名单表

姓　名	单　位
朱国政	九州出版社
王文峰	农业教育声像出版社
郑铁男	山东斯麦尔数字出版技术有限公司
蒋艳平	北京开卷信息技术有限公司
江　波	海洋出版社
谢俊波	湖北长江传媒数字出版有限公司
庄红权	清华大学出版社
刘华东	漫阅科技（天津）有限公司
汪海洲	北京富雷姆科技有限公司
王　军	北京云测信息技术有限公司
严　强	北京昆仑联通科技发展股份有限公司
耿春伟	原北京瑞尔智讯科技有限公司
徐天水	广西师范大学出版社
李海亮	中国传媒大学知识互联网实验室
邓荣任	广东省新闻出版技师学院技能鉴定和培训中心
汪凡云	中南大学出版社
安　达	人民邮电出版社

3. 理论专家

表 15-6　2017 年度融智库总库第二批理论专家名单表

姓　名	单　位
杨　林	南京财经大学
郭万超	中国社会科学院经济研究所
刘世能	中国国际城市化发展战略研究委员会、北京富达尔城市发展研究院

五、分库战略：横向分库与纵向分库

2017 年 3—5 月，融智库陆续与吉林、重庆、广东等地新闻出版主管部门和出版机构签订战略合作协议，联合设立融智库分库，通过优势互补、资源共享和协同创新，为地方政府和出版企业提供咨询管理服务，助力地方数字出版转型升级、融合发展。融智库还将逐渐在条件成熟的地区开设分库，扩大规模，不断提高融智库在全国新闻出版行业的影响力和知名度。目前，融智库吉林分库拥有专家 9 名，重庆分库拥有专家 10 名，广东分库拥有专家 18 名。

（一）大数据分库

1. 分库简介

融智库·大数据分库是在融智库总库指导下成立的面向大数据行业的专业智库，服务于大数据全产业链，从数据标准与规范、数据安全、数据采集、数据存储与管理、数据分析与挖掘、数据运维及应用多个环节，覆盖了数据从产生到应用的整个生命周期，为新闻出版与大数据产业融合提供专业的咨询、项目策划、实施、监理与评审等服务。

2. 报名条件

融智库·大数据分库现向全国新闻出版企业、相关高等院校、科研院所及大数据技术企业招募影视分库专家，本次拟召集专家 30 人左右，专家需具备以下相关条件。

（1）遵守宪法和法律，具有良好的品行。

（2）从事或即将从事大数据行业，负责过大数据项目者优先。

（3）精通新闻出版业务，熟练掌握大数据基本理论，了解大数据产业链原理及应用规律，并对此有独到的见解者。

（4）副高级以上专业技术职称，具有 5 年以上所属行业的工作经验者优先。

3. 专家的权利和义务

成功入选专家库的成员如在职的，需事先征得其所在单位同意。对符合条件的智库专家，融智库颁发智库专家聘任证书。聘期一年，期满后可续聘。

融智库专家在履行义务的同时，也享有相应的权利。

A. 融智库专家应当履行的义务

（1）为智库承接的政府咨询项目、企业战略规划制订与财政项目实施等提供咨询，并根据需要撰写相关咨询报告、实施报告、科研课题、标准规范等。

（2）积极参与智库承接的培训、讲座、论坛等活动。

（3）在咨询活动中积极配合提供有关资料。

（4）严格遵守保密约定，不得向任何第三方泄露委托方的商业秘密和其他不能公开的信息。

（5）关注大数据产业发展，充分利用融智库大数据分库内专家交流机制，持续开展新闻出版与大数据融合的相关工作。

（6）作为专家应履行的其他义务。

B. 融智库专家享受的权利

（1）提供咨询意见、撰写相关咨询报告或实施报告时，享有独立、客观、公正、科学提出咨询意见、实施方案的权利。

（2）享有参与融智库组织的旨在提升个人能力或影响力活动的权利。

（3）获得对项目咨询服务的劳务报酬。

（4）作为专家应享有的其他权利。

2018 年 5 月 28 日，在首届新闻出版大数据高峰论坛上，融智库公布了首批大数据分库专家，共计 22 名专家进入大数据分库，未来，他们将主要围绕标准规范、科研课题等方面内容，为我国新闻出版大数据的建设与发展献言建策。

（二）人工智能分库

1. 分库简介

融智库·人工智能分库是在融智库总库指导下成立的面向人工智能行业的专业智库，服务于新闻出版与人工智能的融合发展，为新闻出版行业提供大数据智能、跨媒体智能、人机混合智能、群体智能、自主无人系统智能技术等方向的专业的咨询、项目策划、实施、监理与评审等服务。

2. 报名条件

融智库·人工智能分库现向全国新闻出版企业、相关高等院校、科研院所及新兴技术企业招募人工智能分库专家，本次拟召集专家 10 人左右，专家需具备以下相关条件。

（1）遵守宪法和法律，具有良好的品行。

（2）从事或即将从事新闻出版、人工智能行业，负责过人工智能项目者优先。

（3）熟练掌握大数据智能理论、跨媒体感知计算理论、混合增强智能理论、群体智能理论、高级机器学习理论等人工智能前沿基础理论；通晓知识计算引擎与知识服务技术、群体智能关键技术、混合增强智能新架构和新技术、自主无人系统的智能技术、虚拟现实智能建模技术等人工智能关键技术体系，并具备将关键技术与文化产业相结合的理论研判和实践推动能力。

（4）副高级以上专业技术职称，具有 5 年以上所属行业的工作经验者优先。

3. 专家的义务和权利

成功入选专家库的成员如在职的，需事先征得其所在单位同意。对符合条件的智库专家，融智库颁发智库专家聘任证书。聘期一年，期满后可续聘。

融智库专家在履行义务的同时，也享有相应的权利。

A. 融智库专家应当履行的义务

（1）为智库承接的政府咨询项目、企业战略规划制订与财政项目实施等提供咨询，并根据需要撰写相关咨询报告或实施报告。

（2）积极参与智库承接的培训、讲座、论坛等活动。

（3）在咨询活动中积极配合提供有关资料。

（4）严格遵守保密约定，不得向任何第三方泄露委托方的商业秘密和其他不能公开的信息。

（5）积极参与人工智能和新闻出版业融合发展的道路探索，结合人工智能的原理，为出版流程再造献计献策，持续开展新闻出版与人工智能融合的相关工作。

（6）作为专家应履行的其他义务。

B. 融智库专家享受的权利

（1）提供咨询意见、撰写相关咨询报告或实施报告时，享有独立、客观、公正、科学提出咨询意见、实施方案的权利。

（2）享有参与融智库组织的旨在提升个人能力或影响力活动的权利。

（3）获得对项目咨询服务的劳务报酬。

（4）作为专家应享有的其他权利。

（三）网络安全分库

1. 分库简介

融智库·网络安全分库是在融智库总库指导下成立的面向网络安全行业的专业智库，服务于从硬件安全、软件安全到安全服务三大类，提供安全硬件策划、系统安全评估、产品安全评估、安全事件分析管理等，并为新闻出版业的相关项目提供咨询、实施、运维和培训。

2. 报名条件

融智库·网络安全分库现向全国新闻出版企业、相关高等院校、科研院所及新兴技术企业招募网络安全分库专家，本次拟召集专家20人左右，专家需具备以下相关条件。

（1）遵守宪法和法律，具有良好的品行。

（2）从事或即将从事网络安全行业，负责过网络安全相关项目者优先。

（3）熟练掌握信息网络安全技术原理，能够提供信息安全等级测评方案，在新闻出版业机房建设及知识服务平台等方面，能够提供包括但不限于物理和环境安全、网络和通信安全、设备和计算安全、应用和数据安全、云安全、移动互联网安全、物联网安全、大数据安全等网络安全解决方案，并能够研制相关的网络安全标准。

（4）副高级以上专业技术职称，具有5年以上所属行业的工作经验者优先。

3. 专家的义务和权利

成功入选专家库的成员如在职的，需事先征得其所在单位同意。对符合条件的智库专家，融智库颁发智库专家聘任证书。聘期一年，期满后可续聘。

融智库专家在履行义务的同时，也享有相应的权利。

A. 融智库专家应当履行的义务

（1）为智库承接的政府咨询项目、企业战略规划制订与财政项目实施等提供咨询，并根据需要撰写相关咨询报告或实施报告。

（2）积极参与智库承接的培训、讲座、论坛等活动。

（3）在咨询活动中积极配合提供有关资料。

（4）严格遵守保密约定，不得向任何第三方泄露委托方的商业秘密和其他不能公开的信息。

（5）积极参与新闻出版项目安全测评标准制定，持续开展新闻出版与安全产品评估等相关工作。

（6）作为专家应履行的其他义务。

B. 融智库专家享受的权利

（1）提供咨询意见、撰写相关咨询报告或实施报告时，享有独立、客观、公正、科学提出咨询意见、实施方案的权利。

（2）享有参与融智库组织的旨在提升个人能力或影响力活动的权利。

（3）获得对项目咨询服务的劳务报酬。

（4）作为专家应享有的其他权利。

（四）校园安全分库

1. 分库简介

融智库·校园安全分库是在融智库总库指导下成立的校园安全领域的专业智库，校园安全分库专业打造适合中小学的校园安全综合防控体系，为少年儿童创造优良的学习成长环境提供科学的指导与帮助。

2. 报名条件

融智库·校园安全分库现面向各级学校、科研院所及社会各界招募教育、交通、法律、科技等领域的校园安全分库专家，本次拟召集专家20人左右，专家需具备以下相关条件。

（1）遵守宪法和法律，具有良好的品行。

（2）从事或即将从事教育行业，有校园安全培训经验或相关知识储备者优先。

（3）关心青少年的教育与成长，持续关注校园安全问题，并在校园安全的理论研究、实务操作、技术开发等方面有一定建树，在政策层面、司法领域、公益活动等方面有突出贡献。

（4）具有副高级以上专业技术职称或5年以上教育行业工作经验者优先。

3. 当选及聘期

融智库·校园安全分库对符合条件的人员颁发智库专家聘任证书，聘期一年，期满后可续聘。当选专家库的成员如在职的，需事先征得其所在单位同意。

4. 权利及义务

融智库专家在履行义务的同时，也享有相应的权利。

A. 融智库专家应当履行的义务

（1）持续关注校园安全，整理分析历年发生的校园安全事件，充分利用智库专家交流机制，根据安全问题的趋势和热点，制定相应的应对策略。

（2）积极参与融智库举办的关于校园安全的咨询、培训、讲座、论坛等活动。

（3）积极配合融智库的工作，主动提供相关信息及资料。

（4）严格遵守保密约定，不得向任何第三方泄露委托方的商业秘密和其他不能公开的信息。

（5）努力开展校园安全工作，构建与校园的沟通渠道，完善校园与智库专家的交流机制。

（6）作为专家应履行的其他义务。

B. 融智库专家享受的权利

（1）享有独立、客观、公正、科学地提出咨询意见、撰写咨询报告、制定实施方案的权利。

（2）享有参与融智库组织的各项活动的权利，享有在活动中提升个人能力或影响力的权利。

（3）提供安全咨询服务有获得相应报酬的权利。

（4）作为专家应享有的其他权利。

（五）影视 IP 分库

融智库·影视分库是在融智库总库指导下成立的面向影视行业的专业智库，服务于影视产业上游的 IP 储备与交易、中游的影视剧制作与运营、下游的衍生品市场，为三者形成的完整影视 IP 产业链提供专业的咨询、项目策划、实施、监理与评审等服务。

融智库·影视分库面向全国新闻出版企业、相关高等院校、科研院所及新兴技术企业招募影视分库专家，首次拟召集专家 20 人左右，专家需具备以下相关条件。

1. 招募条件

（1）遵守宪法和法律，具有良好的品行。

（2）从事或即将从事新闻出版、影视行业，负责过影视 IP 项目者优先。

（3）热爱出版与影视行业，并对此有独到的见解者。

（4）副高级以上专业技术职称，具有五年以上所属行业的工作经验者优先。

2. 专家权利

（1）提供咨询意见、撰写相关咨询报告或实施报告时，享有独立、客观、公正、科学提出咨询意见、实施方案的权利。

（2）享有参与融智库组织的旨在提升个人能力或影响力活动的权利。

（3）获得对项目咨询服务的劳务报酬。

（4）作为专家应享有的其他权利。

3. 专家义务

（1）为智库承接的政府咨询项目、企业战略规划制订与财政项目实施等提供咨询，并根据需要撰写相关咨询报告或实施报告。

（2）积极参与智库承接的培训、讲座、论坛等活动。

（3）在咨询活动中积极配合提供有关资料。

（4）严格遵守保密约定，不得向任何第三方泄露委托方的商业秘密和其他不能公开的信息。

（5）积极发现、发掘优质影视 IP 资源，建立起原创作者与融智库影视分库的交流机制，持续开展新闻出版与影视 IP 融合的相关工作。

（6）作为专家应履行的其他义务。

成功入选专家库的成员如在职的，需事先征得其所在单位同意。对符合条件的智库专家，融智库颁发智库专家聘任证书。聘期一年，期满后可续聘。

六、融智库成果概览

融智库成立一年以来，已经先后承担、研制了数十项数字出版领域的标准，同时研制了转型升级、AR 出版物、数字出版前瞻问题研究等一系列智库报告成果，产生了较好的社会效益和经济效益。

（一）标准化成果

1. 国家标准

（1）《知识资源建设与知识服务指南》

（2）《知识关联规则》（已步入研制阶段）

2. 行业标准

（1）《数字出版业务流程与管理规范》（已发布）

（2）《AR 技术在出版业应用研究》（已获批，在研制）

3. 国土地质行业标准

（1）《国土资源领域知识资源建设与服务工作指南》（已发布）

（2）《国土资源专业知识体系》（已发布）

（3）《地质学知识体系》（已发布）

（4）《知识资源建设与服务工作指南》（已发布）

（5）《出版机构数字出版业务流程规范》（已发布）

4. 企业标准

（1）《AR 出版物企业标准》（已发布）

（2）《国土地质专业领域行业级数字内容运营平台产品标准》（已发布）

（3）《国土地质专业领域行业级数字内容运营平台管理标准》（已发布）

（4）《国土地质专业领域行业级数字内容运营平台技术标准》（已发布）

（5）《中国宏观经济领域行业级数字内容运营平台技术标准》（已发布）

（6）《中国宏观经济知识体系标准》（正在研制）

（7）《全球汉语国际推广与中国文化传播资源平台——基础框架标准》（正在研制）

（8）《全球汉语国际推广与中国文化传播资源平台——数字资源定义标准》（正在研制）

（9）《全球汉语国际推广与中国文化传播资源平台——数字资源管理标准》（正在研制）

（10）《全球汉语国际推广与中国文化传播资源平台——数字资源服务标准》（正在研制）

（11）《对外汉语教学数字资源平台——数字资源服务标准》（正在研制）

（二）科研报告成果

（1）《中国新闻出版业智库评价指标体系》

（2）《中国新闻出版智库蓝皮书》

（3）《供给侧改革背景下教育出版创新研究与实践》

（4）《现代出版业经营管理》

（5）《AR 技术在出版业应用研究蓝皮书》

（6）《新闻出版业数字化转型升级蓝皮书》

（7）《数字出版前瞻研究报告蓝皮书》

（8）新闻出版业转型升级智脑系统

七、首届中国新闻出版智库高峰论坛情况概要

"金秋送爽、丹桂飘香"。2017 年 10 月 13—15 日，来自全国各地新闻出版业的代表齐聚美丽仙林、百年南大，共话新闻出版智库创新发展，共议现代出版业未来走向，共铸献言建策机制，共享思想盛宴。

2017 年 10 月 15 日，由原国家新闻出版广电总局数字出版司指导，由南京大学、中国音像与数字出版协会专业数字出版工作委员会、融智库三家单位联合主办的首届中国新闻出版业智库高峰论坛顺利闭幕。此次高峰论坛，在南京大学信息管理学院、中地数媒（北京）科技文化有限责任公司、江苏凤凰出版传媒股份有限公司 3 家承办单位和其余 9 家协办单位、12 家媒体单位的精心筹备下，在与会同仁的共同努力下，顺利完成了论坛预期的

议题，取得了圆满成功！

我有嘉宾，鼓瑟吹笙。参加本次高峰论坛的共有 271 位代表，其中政府机构的领导 23 位，出版机构代表 82 位，专家学者 43 位，企业公司代表 105 位，其他相关部门代表 22 位。

融智聚慧，共谋发展。在充实而又紧张的两天时间里，大会共举办了一场开幕主论坛、成果主论坛、千人计划分论坛、党政管理分论坛、企业智库分论坛、高校智库分论坛，公布了第二批融智库专家名单，揭牌两家新闻出版业科技与标准重点实验室。与会代表就智库建设、知识服务、人才培养、大数据挖掘、人工智能应用、AR/VR 技术、网络信息安全等政产学研四界密切关注的重要议题展开了充分交流和深入探讨，在交流中激出学术锋芒，在探讨中擦出思想火花。主论坛大咖收放自如的精彩演讲，让我们感受到知识的厚重与凝练，思想的魅力与光芒；分论坛专家的精彩讲解和点评，向我们展示了业界与学界代表的思考与探索。

在短短两天的时间里，大家达成了很多学术共识，分享了诸多实务经验，进一步增进了相互的情谊。首届中国新闻出版业智库高峰论坛的举办对于推动和促进新闻出版业智库向战略性、前瞻性、高端化方向发展必将产生重要深远影响。

融智库将以海纳百川的胸怀，吸收全国各地的新闻出版专家，与专家们携手前行，砥砺奋进，为数字出版的发展繁荣殚精竭虑，为新闻出版业的转型升级出谋划策，为文化产业的提质增效添砖加瓦。

八、第二届中国新闻出版智库高峰论坛情况

中国新闻出版智库高峰论坛旨在搭建衔接政府、行业和企业的智慧桥梁，推动新闻出版行业沿着正确的导向健康发展，高端交流、相互借鉴、凝聚共识、合作共赢。继 2017 年 10 月举办首届论坛之后，第二届中国新闻出版智库高峰论坛再次凝聚新闻出版行业"最强大脑"，深入探讨最前沿热点难点话题，发布一系列智库成果，论坛形式更加丰富，论坛规模进一步扩大，交流成果愈加显著。

步入新时代以来，新闻出版从业者需在财政调控的指引下，继续掌握新知识、熟悉新领域、拓宽新视野，继续做大做强新闻出版主业，充分运用市场发展规律，深度钻研和做强数字内容、技术应用、运维销售的数字内容产业链，培育壮大以知识、技术、信息、数据等新生产要素为支撑的数字经济新动能，力争成为数字经济发展的新引擎，进而为数字中国建设做出应有贡献。

2018 年 6 月 26 日至 6 月 30 日，融智库在广西师范大学出版社举办了第二届中国新闻出版智库高峰论坛。论坛围绕当下最新科技发展与新闻出版业转型升级的话题，以"新时代、新出版、新动能"为主题，对人工智能、区块链、影视 IP 等话题进行了充分而深入的探讨。主要议题内容如下。

——精品出版分论坛。步入新时代以来，新闻出版如何体现"主旋律更响亮、正能量

更强劲"？如何策划出更多优质图书？如何源源不断地推出一批精品力作？如何在主题出版方面重点发力？如何在走出去方面大显身手？……

——人工智能+出版分论坛。《新一代人工智能发展规划》提出：人工智能的迅速发展将深刻改变人类社会生活、改变世界。当前，新一代人工智能相关学科发展、理论建模、技术创新、软硬件升级等整体推进，正在引发链式突破，推动经济社会各领域从数字化、网络化向智能化加速跃升。大数据智能理论、跨媒体感知计算理论、混合增强智能理论、群体智能理论等前沿基础理论的研究，知识计算引擎与知识服务技术、跨媒体分析推理技术、混合增强智能新架构和新技术、群体智能关键技术等关键共性技术的研发成为人工智能发展的重点任务。人工智能技术正在加速进入新闻出版行业，在数据加工、数字阅读、数字教育、印刷物流、发行等领域得以应用，为新闻出版业的转型升级带来更多的可能。如何实现人工智能和出版的融合，探索人工智能在出版流程再造、出版效率提升、出版业态转变中的应用成为当下必须思考的战略问题。

——区块链技术+出版分论坛。近年来，区块链技术成为科技领域最热门的话题，它被认为具有颠覆性潜力，其去中心化、分布式、公开透明等技术特性使其可以在互联网各个领域大展拳脚，文化产业也将是其中重要的应用领域，区块链+文化这一领域有着巨大的市场空间，全球范围内已有不少区块链文化项目次第涌现。区块链技术如何应用于出版业，支撑出版业生产过程，甚至进一步连接创作者、生产加工者、消费者，都是值得探讨和研究的话题。

——信息网络安全分论坛。习近平总书记在全国网络安全和信息化工作会议上指出，要树立正确的网络安全观，加强信息基础设施网络安全防护，加强网络安全信息统筹机制、手段、平台建设，加强网络安全事件应急指挥能力建设。随着层出不穷的新兴技术在出版领域的应用，信息系统复杂性带来的安全隐患和攻击方式的多样性、隐秘性，给出版业带来新的挑战，在"互联网+"时代下，出版人如何提高应对网络安全事件能力，预防和减少网络安全事件造成的危害，保证信息系统安全，确保内容传播和输出的稳定性和安全性，是当下亟待解决和探讨的问题。

——出版影视融合分论坛。在"互联网+"背景下和一系列政策文件的指导下，出版单位纷纷探索融合发展之路，在技术手段、运营模式上不断推陈出新，加大融合型人才培养力度，创造融合型内容产品，出版内容的生产呈现多元化发展态势。在探索出版影视融合的道路上，出版业如何立足自身的内容资源优势，提高与影视业合作的主动性，积极开拓与影视业的多元化合作，提升在影视图书市场的竞争力，延伸与影视业合作的产业链，是值得深入挖掘和讨论的问题。

——人才培养分论坛。人才培养分论坛由原国家新闻出版广电总局数字出版千人计划北京班、武汉班所组成，包括邀请千人计划学员、授课老师、国家新闻出版署有关领导，共同探索数字出版未来向何处去，转型升级的具体路径和做法，新时代数字出版发展战略和人才培养等议题。

第十六章　以知识服务标准体系为引领，推动出版机构知识服务转型

出版社所开展的知识服务，是指出版社围绕目标用户的知识需求，在各种显性和隐性知识资源中有针对性地提炼知识，通过提供信息、知识产品和解决方案，来解决用户问题的高级阶段的信息服务过程。出版社开展知识服务需要遵循战略策划、模式策划、资源采集、资源组织和资源应用等流程。相对于图书馆知识服务而言，出版社开展的知识服务，无论是扩展性的知识服务还是定制化的知识服务，其性质、特点和内容都有着鲜明的不同之处，这也意味着出版社开展知识服务具有良好的社会效益和经济效益。在"互联网＋"的时代背景下，在媒体融合、出版融合的形势驱动下，未来的出版业转型升级的最终方向必然是知识服务，为目标用户提供全方位、立体化、多层次、多介质的知识服务。

导语

2015 年 11 月 12 日，在原国家新闻出版广电总局的统筹下，在全国新闻出版标准化技术委员会和中国新闻出版研究院的指导下，由出版机构主导研发的 8 项专业数字内容资源知识服务模式试点通用标准，全部通过评审。[①]八项标准分别为：《知识服务标准体系表》《知识资源建设与服务工作指南》《知识资源建设与服务基础术语》《知识资源通用类型》《知识元描述通用规范》《知识应用单元描述通用规范》《知识关联通用规则》和《主题分类词表描述与建设规范》。2015 年 11 月 23 日，上述 8 项标准正式批准发布；2018 年 6 月，上述 8 项标准中的 7 项正式进入国家标准的研制阶段。

就知识服务与大数据战略的结合点而言，在 2015 年的 9 月份，国务院印发了《促进大数据发展行动纲要》（国发〔2015〕50 号），提出了政府治理大数据等十大工程，其中涉及教育文化大数据、服务业大数据、新兴产业大数据等与知识服务密切相关的大数据应用布局和规划，在万众创新大数据工程中专门提到了要建立"国家知识服务平台与知识资源服务中心"；2016 年 1 月，国家发展和改革委员会下发了《国家发展改革委办公厅关于组织实施促进大数据发展重大工程的通知》（发改办高技〔2016〕42 号），为国务院的促进大数据发展行动纲要提供了落脚点和配套政策，由此可见，知识服务已经上升到了国家级战略的高度，并有大量的政策和资金予以支撑和推动。

---

① 香江波. 专业数字内容资源知识服务模式试点 8 项通用标准通过评审[EB/OL]，中国出版网. 2015 年 11 月 18 日.

第一节 出版机构知识服务解析

2000 年，张晓林教授发表了《走向知识服务——寻找新世纪图书情报工作的生长点》一文，提出把知识服务作为新世纪图书情报工作的生长点、突破口和核心能力。该文在国内学术界产生了重大影响，并由此拉开了国内图书情报界研究图书馆知识服务的序幕。[①] 较之于图书情报界的知识服务，新闻出版界的知识服务系统工程，发端于专业出版机构知识服务模式试点单位的遴选和确定。2015 年 3 月，原新闻出版广电总局办公厅发布了《关于开展专业数字内容资源知识服务模式试点工作的通知》新广出办函〔2015〕82 号，并在经过专家评选之后，选取了 28 家单位作为知识服务模式探索的试点单位，紧接着启动了出版机构知识服务通用标准的研制工作，在 2016 年又揭开了知识服务模式探索的大幕。

相对于图书馆机构的知识服务模式而言，我国的出版机构所要开展的知识服务具有很大的不同，一则是因为图书馆是非营利的机构，而出版社要考虑到社会效益和经济效益；二则是因为图书馆本身并不生产知识，而出版社承担着知识资源的编辑、加工和生产的职责；三则，图书情报界的知识服务最早是由学术界发起的，而出版机构的知识服务是由政府主管机构自上而下推动开展的，体现了政府推动文化产业发展的前瞻性和指导性。

一、出版机构知识服务的基本含义

出版社所开展的知识服务，是指出版社围绕目标用户的知识需求，在各种显性和隐性知识资源中有针对性地提炼知识，通过提供信息、知识产品和解决方案，来解决用户问题的高级阶段的信息服务过程。

出版社所开展的知识服务分为三层：第一层为信息服务，是指出版社为目标用户提供书讯、图书基本信息、数字产品信息等服务；第二层为知识产品，是指出版社根据目标用户的需求所提供的数字图书馆、条目数据库和以知识体系为核心的知识库等产品；第三层为知识解决方案，是指出版社根据用户个性化、定制化的知识需求，为目标用户提供点对点、直供直连直销的知识化的问题解决方案。

二、出版机构知识服务的主要特征

出版社的知识服务，其主要特征有以下几个方面。

其一，知识服务注重社会效益，同时也注重经济效益。该点与图书馆所提供的图书情报信息服务有着显著性的差别，图书馆的图书情报信息服务公益性色彩较重，基本不涉及

---

① 张晓林. 走向知识服务——寻找新世纪图书情报工作的生长点[J]，中国图书馆学报，2000（5）.

依靠图书情报信息服务来提高经济效益的目标，所提供的图书情报服务以无偿服务为主；而就出版社而言，长远地看，出版社未来的业务发展，出版社将来生产和发展的主体业务，应该是提供知识服务，并且多数情况下提供的是有偿的知识服务。

其二，能够提供多层次、跨媒体、全方位的知识服务。相对于图书馆知识服务而言，出版社所提供的知识服务更加全面、立体和丰富。首先，出版社所提供的知识服务可以包括信息资讯服务、数字产品和知识解决方案，信息服务、数字产品、解决方案的层次性差别明显，既能够满足一般用户的大众化的、扩展知识的需求，也能够满足特定用户个性化的、解决特定知识问题的需求。其次，出版社能够提供包括纸质介质、网络介质、终端介质等在内的多介质、跨媒体的知识服务。最后，出版社所提供的知识服务既能满足特定专业、特定领域的用户需求，也能满足普通社会大众的知识需求，服务范围囊括整个社会，属于全方位的知识服务，而图书馆知识服务往往只能面向特定专业群体或者特定社区，具有服务范围特定性特点。

其三，知识服务是出版社转型升级的最终目标。我国的数字出版转型升级工作推行了数年，部分出版社已经实现了一定程度的业态转型，但是国内出版单位目前主要的经营主业仍然是提供纸质的图书产品。从转型升级的最终目标来看，包括但不限于纸质图书的知识服务应当是出版社经营发展的最终走向。原国家新闻出版广电总局关于转型升级的部署，无论是数字化软件、硬件的配置，还是数字资源库项目的启动，抑或是行业级数字内容运营平台的搭建，其初衷和归宿都在于让出版社具备提供数字化、信息化的数字产品与服务的能力，推动出版社具备开展互联网、移动互联网知识服务的能力，最终实现出版社由单一地提供纸质图书产品向提供全方位、多媒体的知识服务的角色转型。

三、出版机构知识服务战略转型的国内外现状

在关于出版机构自身定位的调研中，笔者查阅了数十家出版单位的企业介绍，发现无论是专业类、大众类、教育类还是综合性出版社，其定位大多是"出版机构、图书出版商、信息服务提供商、图书提供商、出版公司"等，旗帜鲜明地指出向服务方面转型的只有外语教学与研究出版社，在其企业简介中指出："为教育机构以及学习者提供全面的教育解决方案，发展为国际化的、领先的教育服务提供商。"而国外的出版机构，其大多定位于信息服务、知识解决方案，例如，励德·爱思唯尔的企业介绍定位于"励德·爱思唯尔已全面转向信息服务，离传统的出版越行越远"；汤森路透的定位是"商务和专业智能信息提供商，提供智能信息及解决方案"。相比而言，境外的出版传媒集团很早就意识到知识服务是转型升级的方向和目标，而国内大部分出版单位仍局限于纸质产品的经营和销售范围内；实践证明，知识服务是新闻出版业高水准满足信息消费需求的必然发展方向，率先思考知识服务转型、率先开展知识服务工作的外语教学与研究出版社、知识产权出版社等国内出版社

都取得了较好的转型效果。[①]

第二节　出版机构知识服务标准体系的价值分析

由地质出版社等 28 家出版单位牵头制定的《知识服务通用标准体系》，具有以下几个方面的特征和价值。

首先，锻炼了出版企业的标准化队伍，提升了出版人的知识服务理论素养。在标准的撰写主体方面，一改过去的由技术企业牵头的做法，转而由出版单位牵头制定。在标准制定之初，所确定的 28 家出版单位，在标准人才储备方面略显不足，标准起草的经验也不丰富，这种人才和经验的欠缺曾一度引起质疑。而经过长达 5 个多月的专业训练和认真学习研究后，所制定的 8 项通用标准得到了业界专家的一致认可和高度肯定。这项标准撰写工作，一方面为出版企业开展知识服务提供了依据和准绳，使得知识服务的开展有章可循、有据可依；另一方面，推动和促进了一批新闻出版标准化人才的成长，锻造和提升了一支出版企业标准化人才队伍。

其次，涵盖了知识服务的基本理论、基本经验、基本方法和基本流程。八项标准由《知识服务标准体系表》统领，包括基础术语、知识资源类型、知识元描述规范、知识应用单元描述规范和知识关联规则等通用性的理论型标准，同时也包括知识资源建设与服务工作指南这一最具实务指导性的应用型标准。八项标准大多包含了所在领域的基本概念和经验，而《知识资源建设和服务工作指南》则囊括了知识资源建设的基本条件、基本流程和基本方法，对于广大出版企业开展知识资源数字化、碎片化和数据化工作具有较强的指导意义，对于出版机构探索知识服务模式、应用不同的知识服务形态实现自身的转型升级具有较高的借鉴价值。

再次，借鉴和吸收了图书情报界的成熟经验做法，同时开创性地融合了新闻出版界知识服务的新技术、新业务和新业态。图书情报界关于信息、数据和知识等知识服务的基本范畴大多被此次知识服务标准体系所吸收，而那些晦涩、繁杂的专业性观点则较少被采纳；而新闻出版界所正在开展的数字图书、知识库、专题数据库、MOOC 课程、SPOC 课程等知识服务的形态多数都被囊括在标准体系中。

最后，确立了知识服务的基本阶段，厘清了知识服务的基本形态。本着删繁就简、求同存异的原则，此次知识服务标准所确立的基本阶段包括知识服务战略规划制定、知识服务模式策划、知识资源的获取、知识资源的组织和知识资源的应用；而知识服务的基本形态则包括基于满足大众求知欲的扩展性知识服务和基于满足小众个性化知识需求的定制化知识服务。例如，MOOC 是典型的扩展性知识服务形态，而 SPOC 则是较为新兴的定制化知识服务形态。

---

① 冯宏声. 出版的未来：从"互联网+"到"内容+" [J]. 出版人，2015（5）：34-37.

第三节　出版社开展知识服务的流程

出版社开展知识服务，需要在统一的知识服务战略的指引下，在充分调研市场的基础上，以目标用户公共性、特定性的知识需求为导向，围绕着知识资源的获取、知识资源的组织、知识资源的管理进行，最终实现知识资源的应用，对外为目标用户提供各种层次的知识服务。

一、知识服务战略规划

在开展知识服务以前，出版单位应该组建知识服务领导小组，由社领导层担任领导小组组长，定期制定、修改知识服务总体战略规划、阶段性发展规划，检查、督促知识服务工作整体进度，建立、健全知识服务评估体系，确保知识服务长期、稳定地开展和进行。

出版单位应该制定并落实前瞻、务实的知识服务战略规划，在充分调研目标用户市场的基础上，形成自身的知识服务产品研发策略、技术应用策略和市场运营策略。战略规划需要立足行业发展现状和出版社实际情况，要有配套的体制机制，要有知识服务团队加以实施，要推行绩效考核，责任到人，只有这样，才能够切实有效地将战略规划落实到日常的经营管理实践中去。

二、知识服务模式的策划

出版社知识服务模式的策划，是指根据目标用户的知识需求的不同，而确定采取信息服务、知识产品抑或知识解决方案，以及采取具体哪一种信息服务、知识产品和解决方案。知识服务模式策划是策划人员根据用户需求及调研结果明确其市场定位、确定知识资源，并据此确定服务模式。知识服务模式策划由用户需求分析、资源可行性分析、技术可行性分析、市场可行性分析、撰写产品计划书等基本步骤构成。

在上述可行性分析之中，目标用户类型分析、同类竞争性产品分析和目标用户购买力分析显得至为重要。用户目标是个人用户还是机构用户，决定了知识出版社是采取在线提供还是镜像安装，决定着出版社是提供单一性数字产品还是提供综合性数字产品。同类竞争性产品是否存在、数量多寡，引导着出版社是采取蓝海战略还是红海战略，是填补市场空白还是提供更优质、更便捷的知识产品。值得一提的是，目前，我国知识产品市场的竞争不充分，存在着许多市场空白，尤其是在专业性数字产品和解决方案领域，这便为出版社开展知识服务提供了有力的市场先机。目标用户的购买力分析，直接决定着出版单位的知识服务价格策略体系，仅以政府机关用户为例，出版社所提供的数字图书馆、数据库产品的价格要符合目标用户的年度预算和决策机制，否则将会严重干扰价格策略的稳定性和有效性，出现要么销售打不开局面、要么销售周期人为延长的不利后果。

就 2016 年而言，知识服务模式的策划与创新是出版机构知识服务的主题建设年，如何找寻合适的知识服务模式，是否能够争取到财政项目资金的支持，对于出版机构而言显得特别重要。自 2013 年中共中央宣传部、财政部和原国家新闻出版广电总局联合启动中央文化企业数字化转型升级项目以来，出版机构先后在基础软硬件配置、特色资源库建设和行业级运营平台等方面获得了中央财政国资预算金的大力支持；而到了知识服务"最后一公里"的阶段，如果财政资金能够继续给予支持，将会大力推动出版企业由传统的图书提供商向知识服务提供商转变，对出版企业而言，这意味着锦上添花甚至是雪中送炭。

三、知识资源获取

在经过充分的市场调研、制定知识服务模式之后，出版社应该尽最大可能去采集和获取相应的知识资源。知识资源获取的过程就是把用于问题求解的专门知识从某些知识源中提炼出来的过程。[1]关于知识资源的获取，经过这几年的转型升级项目实施，出版社并不陌生。知识资源获取的方法主要有三种：存量资源的转化、在制资源的建设和增量资源的发掘。

第一，存量资源获取。存量资源的获取，主要采取纸质产品形态转化的手段，对出版社既存的知识资源进行数字化、碎片化，进而获得所需的各种类型的知识资源。各出版社的历史有长短，所积累的存量图书少则千余种，多则数万种，这些存量资源的数字化、碎片化是很重要的知识资源积累。

第二，在制资源获取。在制资源的获取，是指针对出版社日常编辑出版过程中的知识，通过流程同步化的手段，进行数据的标引、加工，以获得所需的知识资源。通过 2013 年第一批数字化转型升级项目的有效实施，出版社基本具备了在制资源的获取能力。

第三，增量资源获取。增量资源的获取，是指在出版社主营业务之外，通过资源置换、资源购置、网络抓取等方式和手段，获得所需的知识资源。增量资源获取能力的高低，是出版社开展知识服务，与民营企业、海外出版机构竞争的关键所在，也是目前各出版社正在着力解决的难题。

四、知识资源组织

在实现知识资源获取之后，出版社需要根据目标用户的知识需求或者知识服务的类型开展知识资源的组织工作。知识资源组织的路径主要有三种：基于知识体系、基于行业应用和基于用户定制。

---

① 董金祥. 基于语义面向服务的知识管理与处理[M]. 杭州：浙江大学出版社，2009：8.

（一）基于知识体系的资源组织

基于知识体系的资源组织，是指根据各学科领域的细分不同，在抽取和建立知识元的基础上，形成各个学科领域的知识体系，根据知识体系的逻辑层次对文字、图片、声音、视频、影像等各种类型的知识资源进行聚类和重组。[①]基于知识体系组织资源，主要可面向高校、科研机构和科研工作者，提供满足扩展知识面、查阅参考相关资源的知识服务类型。

基于知识体系组织资源，出版社需要做好知识元的建构和知识体系研发两项准备性工作。关于知识元的建构，根据用途不同，出版单位可分别建构概念型、事实型和解决方案型的知识元，为知识服务的有效展开奠定逻辑基础。关于知识体系的研发，在知识元建构的基础上，理清知识元相互之间的知识逻辑层次，分别就学科、领域而制定知识体系，将知识体系作为知识标引的依据和参照。

（二）　基于行业应用的资源组织

基于行业应用的资源组织，是指根据目标用户的行业应用需求不同，围绕特定行业、特定领域用户的业务流程、工作环节组织文字、图片、声音、视频、影像等各种类型的知识资源。随着知识服务向专业化、行业纵深角度开展，越来越多的出版社根据所服务的国民经济行业的业务流程、工作环节来组织相应的资源，提供相关的知识服务，例如社会科学文献出版社的皮书数据库、法律出版社的中国法官数字图书馆等产品，均取得了较好的社会效益和经济效益。

（三）　基于用户定制的资源组织

基于用户定制的资源组织，是指根据特定用户的具体知识需求不同，围绕特定知识问题，对相关知识资源进行重组、聚类和关联，向特定用户进行推送或者交付。基于用户定制的资源组织往往适用于较高端的知识服务，为了满足特定用户的个性化需求，而提供定制化的知识解决方案，例如，励德·爱思唯尔的数字决策工具产品。

五、知识资源应用

在采集、组织好相应的知识资源以后，便步入到知识资源应用的环节。知识资源的应用，分为内部应用和外部应用，内部应用包括知识的共享和交流，外部应用就是出版社用之以开展知识服务了。

知识共享是指员工彼此之间相互交流的知识，使知识由个人的经验扩散到组织的层面。[②]这样在组织内部，员工可以通过查询组织知识获得解决问题的方法和工具。反过来，员工好

---

① 张新新. 数字出版产业化道路前瞻——以专业出版为视角[J]. 出版广角，2014（9）.

② 岳高峰. 知识管理良好实践指南——GB/T 23703 知识管理国家标准解读[M]. 北京：电子工业出版社，2014：05.

的方法和工具通过反馈系统可以扩散到组织知识里，让更多的员工来使用，从而提高组织的效率。出版社进行知识资源的共享管理，一方面可以通过人与人之间的交流，将技能、经验等隐性知识进行传递和共享；另一方面可以通过文档、邮件、数据库录入等方式对开展知识服务的显性知识进行上传和分享。

第四节　出版社开展知识服务的基本形态

出版社开展知识服务，大致包括两种形态：扩展性知识服务和定制化知识服务。

一、扩展性知识服务

扩展性知识服务，针对无具体问题，以学习知识、拓展知识面为目的的用户，针对用于意欲拓展的知识领域提供较为科学的研究方向和相关数据资料。扩展性知识服务的主要形态有以下几种。

（一）　数字图书馆

数字图书馆，是指出版社以学科体系或者行业应用为分类标准，提供综合型、全面性或者特定行业、特定领域的数字图书、期刊、报纸，及其检索、复制、粘贴、关联等多项服务。如中国法学院数字图书馆、中国少年儿童数字图书馆等。

（二）　专业数据库

专业数据库，是指出版社按照特定行业或者特定专业，以海量条目数据作为基本知识素材，以提供检索、查询、复制、粘贴、推荐、关联等各种服务。如北大法宝数据库、皮书数据库等。

（三）　知识库产品

知识库产品，是指以知识体系为内核，综合采用文字、图片、音视频等多种知识素材，围绕特定领域、特定行业甚至是特定问题，提供一站式知识服务。知识库产品是新兴、先进的知识服务类型，融入了知识体系的内核，能够满足特定领域的知识需求，目前正处于探索和建设阶段。

（四）　大型开放式网络课程 MOOC（massive open online courses）

MOOC，是指出版社按照学科领域的不同，集中拍摄、制作各个领域权威教授的网络课程，通过互联网传播的手段，面向规模巨大的学生受众群体进行开放和提供服务。例如，人民卫生出版社的人卫 MOOC 联盟产品。

二、定制化知识服务

定制化知识服务，是根据用户需求，以用于欲解决的问题为目标，不仅为用户检索并提供数据，更要根据相关知识对提供的数据进行筛选、清晰、拆分、重组，提供解决问题的产品或者方案。定制化知识服务的主要形态有以下几种。

（一）　个性化知识解决方案

通过用户特定类别、特定领域的个性化知识问题需求，提供点对点的直联、直供、直销的知识解决方案，以满足用户的个性化知识需求。例如，励德·爱思唯尔的数字化决策工具。

（二）　移动型知识服务平台

遵循移动互联网传播规律，以知识元数据为资源基础，以通信技术为支撑，针对用户个性化、定制化的知识需求，采取模糊匹配、语音回复等方式，提供个性化的知识解决方案。法律出版社正在研发的手机律师产品便属这种类型。

（三）　小规模限制性在线课程（Small Private Online Course，SPOC）

SPOC，是指根据企业需求，创建小规模限制性在线课程，为特定用户提供服务。[①]SPOC将课堂人数控制在一定数量，并对课程活动做出明确规定，如在线时间、作业完成情况和考试及格线等。需要指出的是，SPOC 课程产品是对 MOOC 产品的改进和扬弃，它能够有效提高出版机构和目标用户的互动性，并且能够提高课程的完成率和通过率。

结语：

结合目前国内出版业的现状来看，部分出版社已经在扩展性知识服务方面研发了相应的知识产品，并且取得了一定的社会效益和经济效益，尽管这种效益比例占出版社整体收入述相对较低；但是，仍然有大部分出版社在知识服务方面还没有形成清晰的知识服务战略规划，没有完成相应的知识积累、知识资源的转化与应用，还缺乏一支了解知识服务原理、通晓知识产品研发、洞察知识服务规律的复合型出版人才队伍。

同时，还应该看到，尽管我们的出版单位已经在知识服务方面进行了探索和试点，但是我们目前所取得的成果仍然局限于扩展性知识服务范畴，对于如何针对特定群体、特定个人的目标用户提供定制化的知识服务，出版单位还没有产生示范性、引领性的服务模式和服务案例。一言以蔽之，知识服务转型之路，还有很长的道路要走。

---

① 维克托·迈尔-舍恩伯格，肯尼思·库克耶. 与大数据同行——大数据与未来教育[M]. 赵中建，张燕南，译. 上海：华东师范大学出版社，2015.

第十七章　知识服务热潮背后的问题剖析与对策思考

——以深化新闻出版业转型升级为视角

在知识服务领域，新兴互联网企业充分运用"互联网+"的技术优势，不断创新知识服务模式，以"听书""共享"为代表的知识服务新业态在有效捕捉用户、抢占市场空白领域等方面取得了可喜的业绩，同时也存在着良莠不齐、快餐文化、不合规经营等问题；传统出版机构按照知识元建构、知识体系研发、知识标引和知识库建设的思路稳步推进，但是因自我造血机制尚未形成、提质增效不明显、动能转换不到位，导致知识服务市场化和规模化盈利没能如期实现。新时代知识服务创新性发展的合理对策是：以深化新闻出版转型升级为根本方向，在纸质载体层面多出精品力作，优化内容供给；在互联网载体方面，持续创新知识服务新模式与新形态，不断革新营销方式，运用现代营销手段；在未来发展趋势方面，要不断适应"互联网+""人工智能+""区块链+"等新形势和新业态，利用信息化、网络化、数字化、智能化的技术手段，不断提供适应新时代发展需求的精准化、个性化、定制化、交互化的优质数字内容服务，不断满足人民群众多样化、个性化的精神文化需求，为智慧社会、网络强国和数字中国建设提供有力支持。

知识服务作为新闻出版行业转型升级的重要组成部分，自 2015 年初由原国家新闻出版广电总局数字出版司开始部署，到 2017 年底，得到了全国新闻出版企业的高度认可，也在一定程度上影响和带动了一批新兴互联网企业的发展。传统出版单位按照软硬件改造、资源库建设、行业级运营平台研发、知识服务的供给侧改革，有条不紊地加以推进，尽管横向对比，见效不是太明显，但是纵向对比自身转型，已是一日千里；新兴互联网企业则在知识共建共享、碎片化知识服务创新等方面重点发力，掀起了一股新的知识服务热潮，并且取得了相对明显的经济效益和社会效益。

在知识服务热潮的背后，客观冷静稍加思考，便可以看出：传统出版企业按照知识元建构、知识体系形成、知识标引数据、知识图谱生成、知识服务提供的思路，稳步加以推进，尽管见效较慢，但是在知识的传承、文化的传播、全民阅读能力的提升方面，起着不可替代的重要作用。而以"听书""共享"为代表的新兴互联网知识服务的业态模式，尽管圈粉无数、资本运作提速较快、让许多人为之眼前一亮；但是毕竟在知识的厚重性、权威性、准确度方面，还存在着较大差距；同时，内容供给良莠不齐、文化快餐消费、功利阅读的痕迹较重，甚至少部分企业因出现管理不严、传播违法违规信息的问题而被作出短期下架的行政处罚。

从宽泛的角度加以理解，知识服务的概念超越载体、超越时空，自古以来，传统出版企业始终承担着知识服务提供商的角色没有改变。所不同的是，以前主要是以纸质载体形式，提供纸质的书报刊等产品，在"互联网+"时代，提供知识服务的载体更加立体化、形式更加多元化、方式更加智能化。出版业转型升级的最终方向必然是为目标用户提供全方位、立体化、多层次、多介质的知识服务。①

第一节　知识服务现状认知

纵观近几年新闻出版业转型升级的整体推进情况以及传统互联网企业的转型升级情况，可以得出以下知识服务进展的现状。

一方面，新兴互联网企业知识服务如火如荼：以"知乎"为代表的知识共建和知识共享模式，充分发挥着吸引力法则的作用，短期内迅速融资，并成功晋级为独角兽企业；以"得到"为代表的"碎片化知识服务"模式，旨在充分用好用户的碎片化时间，实现个人知识的扩展和增值，取得了一年"吸粉"700万用户的骄人业绩；以"喜马拉雅"为代表的声音传递和分享知识模式，更是在短短的几年时间内，实现了数亿用户的覆盖率。新兴互联网企业开创的知识服务模式，如同轻骑兵，创新了技术赋能知识服务的格局，以其轻松、快捷而广受欢迎，将知识共享、粉丝经济、吸引力法则的效应发挥到极致，也因此在短期内实现了较好的经济效益，甚至形成了一种气候，某种程度上成了全民阅读的弄潮儿。

另一方面，传统出版企业知识服务步步为营：传统出版企业，尤其是专业出版机构，自2013年以来，充分运用财政资金的杠杆作用，以文化产业各种项目为抓手，通过技术改造、资源库建设、运营平台搭建的阶梯，加速迈向知识服务的康庄大道。近几年，传统出版企业更是在大数据、增强现实、虚拟仿真、CNONIX、ISLI、人工智能等领域不断创新、不断突破。在原国家新闻出版广电总局以及其他政府主管部门的指导和推动下，传统出版企业知识服务的重要里程碑事件有：

（1）2015年3月：原国家新闻出版广电总局经过遴选和公示，正式发布了第一批知识服务模式试点单位28家。

（2）2015年9月：国务院印发了《促进大数据发展行动纲要》（2015），提出了政府治理大数据等十大工程，其中涉及教育文化大数据、服务业大数据、新兴产业大数据等与知识服务密切相关的大数据应用布局和规划，在万众创新大数据工程中专门提到了要建立"国家知识服务平台与知识资源服务中心"。

（3）2015年11月12日：经过遴选和公示，32家知识服务技术支持单位正式公布。

（4）2015年11月23日：8项知识服务模式试点通用标准正式发布。

（5）2016年3月：原国家新闻出版广电总局日前正式批复中国新闻出版研究院筹建知识资源服务中心。11月，原国家新闻出版广电总局数字出版司发布了《2016年新闻出版业数字化转型升级软件技术服务商推荐名录》，共有67家数字化转型升级软件技术服务商入选。

---

① 张新新. 出版机构知识服务转型的思考与构想[J]. 中国出版，2015，（24）：23-26.

（6）2017 年 1 月：原国家新闻出版广电总局公布了 42 家新闻出版科技与标准重点实验室，其中 18 家属知识服务重点实验室，占比 42%。例如，地质出版社获批智慧型知识服务关键技术与标准重点实验室，知识产权出版社获批知识产权知识挖掘与服务实验室，社会科学文献出版社获批社会科学领域知识挖掘与服务实验室等。

（7）2017 年 7 月：国务院发布了《新一代人工智能发展规划》，其中重点提到了"知识计算引擎和知识服务技术"。指出要"重点突破知识加工、深度搜索和可视交互核心技术，实现对知识持续增量的自动获取，具备概念识别、实体发现、属性预测、知识演化建模和关系挖掘能力，形成涵盖数十亿实体规模的多源、多学科和多数据类型的跨媒体知识图谱。"该部分内容对于新闻出版业深度推进知识服务建设具有较强的方向指引价值和技术指导意义。

（8）2017 年 7 月：前述 8 项知识服务模式试点通用标准，有 7 项标准上升为国家标准：《知识服务标准体系表》《知识资源建设与服务工作指南》《知识资源建设与服务基础术语》《知识资源通用类型》《知识元描述通用规范》《知识应用单元描述通用规范》《知识关联通用规则》和《主题分类词表描述与建设规范》。

（9）2017 年 11 月：全国范围内第二批知识服务模式试点单位征集启动，并于 2018 年 1 月正式对外公布。

（10）2018 年 3 月：中国新闻出版研究院正式启动了第三批知识服务模式试点单位（综合类）的遴选和征集工作，此次主要面向大众知识服务提供单位，涵盖面更加广泛。

在知识服务领域，传统出版企业如同重装部队，所提供的知识服务在学科的完整性、学术的规范性、体系的健全性以及知识的精准性方面，是新兴互联网企业所无法企及的。实践中，也出现了一大批知识服务经典案例，如人民法院出版社的法信大数据平台、中国大地出版社的国家土地督察移动知识服务平台、人民出版社的党员小书包、社会科学文献出版社的皮书数据库等产品。这些平台和产品，经过层层渠道分发，分别在各专业机构系统生根发芽，源源不断地为特定行业、特定领域的专业人士提供着垂直知识服务。

第二节 知识服务问题剖析

本着实事求是的态度，客观加以分析，无论是新兴互联网企业所开展的知识服务，还是传统出版企业所布局的知识服务，均存在着一些问题，这些问题影响了知识服务的稳定性、健康化推进，也容易将出版从业者带入误区。

2017 年 6 月，《全民阅读促进条例》正式发布，标志着全民阅读已上升为国家级战略。全民阅读国家战略的推行，旨在培养公民阅读习惯，提高公民阅读能力，提升公民阅读质量，传播有益于公民全面发展和社会文明进步的科学文化知识。从全民阅读的角度来看，新兴互联网企业所提供的"听书""共享""碎片化"知识服务，显然是难以全面承担提高阅读能力、提升阅读质量、促进共勉全面发展和社会文明进步的重任。其所提供的阅读，绝大多数属于浅阅读范畴，是快餐文化的必然产物，是基于猎奇、兴趣而进行的阅读。这种文化快餐存在的问题是"压饿不营养、营养不均衡、不全面、不成体系"，所提供的知识为碎片化知识，或者是其他人"咀嚼"以后的知识残羹，没有留下用户深度分析、思考、论证的思维轨迹。如同鲁迅先生所言："一部红楼梦，经学家看见《易》，道学家看见淫，才子看见缠绵，革命家看见排满，流言家看见宫闱秘事"。而快餐文化所提供的知识服务，是一维的，是单一的，是"一千个读者心中，只有一个哈姆雷特"的效应；用户所接受的仅仅是一种观点，仅仅是被灌输的观点、理论或是思想。同时，新兴互联网企业所鼓吹的"快乐阅读""懒人阅读"模式，本身是与知识获取的规律背道而驰的：知识的获取过程，是一个"痛苦、蜕变"的过程，从"腹中空空"到"腹有经纶""诗书满腹气自华"本就是一个"破茧成蝶"的过程，而破茧成蝶是需要付出代价和牺牲的；"快乐阅读""懒人听书"是一种功利阅读的体现，是一种浮躁心态的体现。

从新闻出版业转型升级的角度来审视传统出版企业所开展的知识服务，其主要问题有以下几个方面。

（1）项目驱动作用未能充分发挥，提质增效不明显。传统出版企业自 2013 年以来，确立项目驱动战略，依靠文化产业发展资金和国有资本经营预算金支撑转型、推进知识服务转型，先后在技术改造、资源建设和运营平台方面进行重点发力；但是，真正的财政资金的杠杆作用、撬动作用没有充分体现：体现在两个方面，第一，财政资金撬动的知识服务转型社会资金、企业资金没有匹配到位，某种程度上制约了知识服务转型的速度和力度；这也是近几年文化产业资金支持方向由"重大项目"逐步转为"市场化配置资源"的原因之一。第二，沉溺于"造血机制"，数字出版的"自我造血机制"没有充分形成，传统出版企业在知识服务提质增效方面未有实质性改观，鲜有出版企业在新兴出版方面实现产业化营收和规模化利润。

（2）知识服务生态圈亟待改进、优化和完善。传统出版企业所开展的知识服务，从产业链的角度存在以下问题：首先，产品打磨不到位，短期内无论是专业知识服务还是综合知识服务的产品数量都无法与市场现有竞品进行单独竞争，在产品质量上也存在着体系性、科学性和完整性的问题；其次，就提供服务的方式而言，知识服务产品支持镜像安装的更新速度不快，有的出版企业为垂直机构用户提供服务，其更新周期甚至晚于传统出版产品一年以上；知识服务产品支持远程访问的，也经常出现 BUG，响应速度较慢，访问不流畅；最后，现有传统出版企业知识服务产品的网络安全问题亟待解决、刻不容缓，实践中甚至出现了专业知识库、官方网站被勒索病毒攻击的案例。

（3）数字出版发展模式不健全。在体制机制层面，数字出版业务的部门制发展模式，导致了数字出版负责人很少以"企业家"的角色来开展经营和管理，客观上动力机制、压力机制、约束机制的缺位，也是知识服务"开花不结果"的深层次原因。实践证明，部门主任的角色难以承担出版转型、媒体融合的重任，敢于担当、忠诚履职的企业家精神所引领的数字出版公司才能扛起转型升级的大旗。知识服务的理念、框架、动能要素都需要新的体制机制加以承载，真正具备战略规划、组织执行、经营管理、税务统筹等综合型文化素养和商业素养的领军人才，在创业创新理念的指引下，依托于现代企业制度，做实产品、优化技术、改进销售，才能够步步为营，为知识服务的产业化发展开创一片广阔的天地。

（4）新旧动能接续转换不到位。大部分从事知识服务的人员都脱胎于传统出版，思维深处根深蒂固地受制于"做书"的理念束缚，其对于知识服务发展动能的认知，始终停留在图书以及基于图书的衍生品领域，很难实现跨越性的突破。传统出版企业知识服务难以实现市场化创收、规模化盈利的根本性原因，在于传统出版动能不足，近十年来图书产值的增长速度并不十分理想；而新兴出版动能在转换、接续方面又显得力不从心，以科研、技术、标准、数据等新生产要素为支撑的出版业新动能尚未完全形成，尚未发挥足够积极的作用，尚未创造出足够大的价值。

第三节　知识服务对策思考

以深化新闻出版业转型升级的视角，来看待传统和新兴出版企业知识服务转型，其主要对策有以下几个方面。

其一，在传统纸质载体的供给侧，多出精品力作，弘扬时代主旋律。从内容、产品角度来看，从目前我国的新闻出版业态格局来看，传统纸质图书也是知识服务的一种形态，而且是最重要的形态；从供给侧多提供精品力作，着力出版一批讴歌党、讴歌祖国、讴歌人民、讴歌英雄的精品力作；始终坚持以人民为中心的价值追求，多出版一些人民群众喜闻乐见的纸质图书产品，多出版能够不断满足人民群众高品质、多样化、个性化的精神文化需求，提升人民群众文化幸福感和获得感的优质图书。这是深化知识服务转型升级的不二法门，也是深化新闻出版业转型升级的根本宗旨。

其二，在互联网新媒体方面，以科技为出版赋能，创新知识服务模式。无论是新兴互联网企业，还是传统出版企业，都应牢牢抓住时代机遇，充分理解和运用新技术、新模式和新业态，将技术赋能出版的抓手用好，进而为用户提供更加优质、更加合理、更加新颖的知识服务类型。例如，截至2017年6月，我国出版企业已经出版了共计276种AR图书，在AR知识服务提供方面做出了重要探索和尝试；同时，人民法院出版社、地质出版社、中国人民公安大学出版社等单位在大数据知识服务提供方面，已经研发出相关平台，为广大读者提供了大数据知识服务，等等。面向未来，我们的新闻出版企业还会为广大读者提供更加智能化的知识服务，包括智能AR模型、智能教育助理、智能教育机器人等[①]。

其三，向新兴互联网企业学习，创新营销方式，加大营销力度。值得关注的是，以上所分析的新兴互联网企业，在开展知识服务方面，所运用的新型营销方式和方法，是传统

---

① 张新新. 出版+人工智能：未来出版的新模式与新形态[J]. 科技与出版，2017，（12）：38-43.

出版机构应该大力学习和加以推广的。无论是知乎、得到、还是喜马拉雅抑或百道网，都成功地发挥了粉丝经济的效应，将移动端营销、"圈粉"营销、营销激励运用最佳，进而在较短的时间内，赢得了数百万甚至数亿规模的用户；这些用户的黏性较强，成为新兴互联网企业忠诚追随者。传统出版企业要综合运用新技术，打造新平台，凝练新思维，催生营销新模式，积极开展数字营销实践，引导提高数字消费水平，以营销为突破口，不断提高知识服务的数字化、智能化水平。

最后，深化新闻出版行业数字化转型升级，以数字化、智能化知识服务为抓手，不断扩大知识服务市场。新闻出版业的数字化转型升级，已然成为行业发展大势所趋，并且已经成为数字中国建设的重要组成部分。深化新闻出版业数字化转型升级的四大方向分别为：智能出版、知识服务、在线教育和全版权运营。①传统出版企业和新兴互联网企业在智能知识服务的构建方面，要不断适应"互联网+""人工智能+""区块链+"等新形势、新业态和新模式，重点研发应用知识计算引擎、知识管理及知识服务的关键技术与标准，积极发展共享知识经济，对内开展智能选题策划、智能审校、智能排版、智能印刷、智能发行、智能决策等系统和工具集和研发，对外提供智能教育机器人、智能语音助理、智能 AR/VR 模型等智能化的知识服务。

综上所述，近几年，政府有关主管部门坚持宏观调控的原则，举旗定向、谋篇布局，使得知识服务在标准研发、技术改革、产品研发等方面取得了一定的成绩，知识服务已然成为新闻出版业的关注重点和改革焦点；但是，实事求是来讲，知识服务存在着提质增效不明显、产业链不优化、体制机制不完善、动能转换不到位等问题。面对这些问题，新时代知识服务的走向是：以国家级知识资源服务中心的组建为契机，坚持以科技为新闻出版赋能，多出版精品力作，优化内容供给，创新营销方式，进而不断扩大知识服务尤其是智能知识服务的市场占有率，重点提供信息服务、知识产品和知识解决方案，不断提升知识服务的创新能力、创造能力和供给能力，形成涵盖国民经济各个行业的数十亿实体规模的跨媒体知识图谱，为智慧社会、网络强国和数字中国建设贡献应有之力。

---

① 冯宏声. 关于推动新闻出版业数字化转型升级进入深化阶段的总体思路. 数字出版在线微信公众号发布.

第十八章　新闻出版业转型升级宏观调控政策详解

近年来，在新闻出版转型升级领域，中共中央宣传部、财政部和原国家新闻出版广电总局等有关主管部门给予了大量的财政项目和政策支持。因此，财政项目的策划、申报、实施和验收也构成了新常态下数字出版从业者主要工作内容之一，也成为各位数字出版主任微信朋友圈深更半夜所"晒"的主要内容之一。

在国家级宏观调控政策方面，以项目政策的来源和归口为分类标准，数字出版项目主要可以分为新闻出版改革发展项目库项目、"原动力"中国原创动漫出版扶持计划项目、文化产业发展专项资金项目和国有资本经营预算金项目等；其中前两者属于原国家新闻出版广电总局发布政策和组织评审，后两者由财政部发布政策和组织评审。在地方性文化产业政策调控方面，各省市财政部门、宣传部门也都每年陆续给予相应的文产资金和政策支持。据不完全统计，新闻出版业每年从文化产业发展专项资金、国有资本经营预算金等项目中所获得的支持比例高达 30%以上。

这些财政项目应该如何申报？项目书的撰写在形式上和内容上有哪些技巧？项目审批后实施过程中有哪些注意要点？项目成果转化的难题何在？本章试图回答和呼应上述问题。

第一节　数字出版项目类型

就数字出版的项目类型而言，除了财政部、原国家新闻出版广电总局所发布的项目外，还包括教育部、科技部等有关部门所管辖的项目；但是就数字出版部门、公司所申报、实施的主要项目而言，主要包括：新闻出版改革发展项目库项目、"原动力"中国原创动漫出版扶持计划项目、文化产业发展专项资金项目和国有资本经营预算金项目。

一、文化产业发展专项资金

为贯彻落实中央关于文化改革发展的战略部署，加快推动文化产业成为国民经济支柱性产业，财政部每年会发布当年度的文化产业发展专项资金的通知。文化产业发展专项资金（下面简称"文产资金"）是中央层面支持文化产业发展的唯一一笔专项资金，由财政部文资办每年进行发布、评审、公示和公布。

文化产业是以生产和提供精神产品为主要活动，以满足人们的文化需要作为目标，是指文化意义本身的创作与销售，狭义上包括文学艺术创作、音乐创作、摄影、舞蹈、工业设计与建筑设计。根据国家统计局日前发布的《文化及相关产业分类 2012》的分类标准，我国的文化产业及其相关产业主要分为十大类：①新闻出版发行服务；②广播电视电影服务；③文化艺术服务；④文化信息传输服务；⑤文化创意和设计服务；⑥文化休闲娱乐服务；⑦工艺美术品的生产；⑧文化产品生产的辅助生产；⑨文化用品的生产；⑩文化专用设备的生产。通过审阅历年的文产资金的通知文件可以看出，上述文化产业类型就是每年的文产资金所主要支持的范围。

（一）2014—2018 年度文产资金支持方向及其变化

2014—2018 年，国家级文化产业发展专项资金先后经历了"项目制""市场化配置资源+重大项目"制、"中央本级+地方重大项目"制的几个发展阶段，每个阶段都有其特定时代背景和意义。

1. 2014—2015 年："项目制"文产资金支持模式

2014 年文产通知的支持方向为九个方面：①继续支持推进文化体制改革、培育骨干文化企业、构建现代文化产业体系、促进金融资本和文化资源对接、推进文化科技创新和文化传播体系建设、推动文化企业"走出去"六大方向。②巩固文化金融扶持计划。③扩大实体书店扶持试点范围。④实施环保印刷设备升级改造工程。⑤开展新闻出版业数字化转型升级。⑥推动电影产业发展。⑦促进文化创意和设计服务与相关产业融合。⑧加快特色文化产业发展。⑨推动对外文化贸易发展。

2015 年度文产通知的支持方向为八个方面：①巩固文化金融扶持计划。②继续扶持实体书店发展。③开展新闻出版业数字化转型升级。④加快推动影视产业发展。⑤促进文化创意和设计服务与相关产业融合。⑥支持特色文化产业发展。⑦推动对外文化贸易发展。⑧推动传统媒体和新兴媒体融合发展。

通过 2014 年、2015 年文化产业专项资金支持方向的对比，我们可以看出，2015 年文产支持方向相较于 2014 年度有以下"删""调""增"三个特点。

第一，"删"——取消了第一条关于继续支持文化体制改革、培育骨干文化企业等六大方向的提法。

第二，"调"——将"环保印刷设备升级改造"调整到"新闻出版业数字化转型升级"的条文里，不再作为单独的一条加以重点强调。

第三，"增"——增加了关于媒体融合发展的支持方向。推动传统媒体和新兴媒体融合发展。支持传统媒体运用已有技术成果，开展全媒体、大数据应用、视听新媒体、音视频集成播控等平台建设；支持传统媒体发挥内容资源优势，创新文化产品和服务，培育核心竞争力；支持传统媒体与新兴媒体在内容、渠道、平台、经营、管理等方面的深度融合，拓展传播渠道与影响力。[1]

针对上述支持方向的变化，出版机构要适度调整好自己的申报方向，例如，2015 年度申报媒体融合发展方向的项目，如果在形式要件、实体要件都符合优秀项目的标准，那么

---

[1] 关于申报 2015 年度文化产业发展专项资金的通知（财办文资〔2015〕2 号）。

其获批的可能性会更大，同时，其获批的资金支持量相应也会更大；相反，如果还在印刷环保领域重点申报项目的，可能会受到文产项目"优中选优"的限制，获批的可能性较小，或者获批的资金量相对较少。

从 2015 年文产项目公示的 800 多个项目来看，仅仅申报媒体融合领域的"大数据"相关的项目就获批了 17 个，包括"大数据应用模式下新华书店数字化转型升级改造工程、涉台影音大数据及云服务共享平台、审计数字出版大数据应用知识库建设项目、影视文化内容制作行业的大数据决策辅助平台、昌荣 ATD 大数据广告服务平台（昌荣 ATD 广告营销智能化平台）、基于消费行为大数据的广告精准投放系统、基于云技术的全平台化游戏大数据分析系统、福建省有线电视大数据应用中心项目、中国地质专业资源知识服务大数据平台"等。仔细分析可以看出，这些项目分布于新闻出版、广播电视、游戏广告等各个领域，都特色鲜明地体现了大数据对于文化产业各个领域的决策辅助、数据分析等价值和作用。

2. 2016—2017 年文产资金模式："市场化配置+重大项目"双驱动机制

在"十三五"开局之年，2016 年文化产业发展专项资金进行了重大改革，改革的主要方向是增加了"市场化配置资源"部分，主要用于文投集团和基金方面的支持，2016 年累计拨付 14 亿元。同时，仍然保留了"项目补贴"的方式，并将获得支持的财政项目界定为"重大项目"。根据财政部有关文件，重大项目部分是指围绕党中央、国务院重大决策部署，开展的巩固文化金融扶持计划、支持特色文化产业发展、促进文化创意和设计服务与相关产业融合、加快推动影视产业发展、推动广电网络资源整合和转型升级、继续扶持实体书店发展、推动传统媒体和新兴媒体融合发展、推动对外文化贸易八个重大项目，着力提高财政推动文化领域供给侧改革贡献度。根据财政部公开的数据来看，2016 年重大项目部分支持的金额为 223 413 万元，支持项目数量较以前没有太大变化，但是支持金额较前几年减少了近乎一半，平均每个项目的支持额度不足 300 万元。

2016 年文化产业发展专项资金的最大亮点在于支持范围中新增了"市场化配置资源部分"。市场化配置资源部分是指为落实《国务院关于改革和完善中央对地方转移支付制度的意见》（国发〔2014〕71 号）有关要求，引入市场化运作模式，培育、遴选一批中央、地方和市场的优秀文化产业基金，支持重点省级国有文投集团加大债权投资力度，切实发挥财政资金引导和杠杆作用，积极撬动社会资本支持文化产业发展。市场化配置资源主要包括两个方向，其一是优秀文化产业基金，其二是省级文投集团，数据统计表明，2016 年文化产业发展专项资金 44.2 亿元，支持项目 944 个，其中 2016 年文化产业发展专项资金支持市场化配置资源部分的金额为 141 000 万元。共有北京、河北、江苏、贵州等 12 个省份获得了市场化配置资源部分的支持，最少的省份获得的支持为 5000 万元，而最多的省份则拿到了 55 000 万元的支持。

2016 年文产资金改革实行"市场化配置+重大项目"双驱动机制，具有三个重要特点，做到了"三个首次"。一是立足理顺政府与市场关系，首次大幅引入市场化运作机制，将"有形的手"与"无形的手"相结合。二是围绕党中央、国务院重大决策部署，首次取消一般扶持项目，仅支持重大项目。其中 28.6 亿元全部投入重大项目，聚焦媒体融合、文化创意、影视产业、实体书店等 8 个方面，着力提高财政推动文化领域供给侧改革贡献度。三是与宣传文化部门统筹谋划、共同实施，首次建立牵头部门负责制。2016 年文产资金分布情况见表 18-1。

表 18-1　2016 年文产资金分布情况　　　　　　　　　　　　　金额单位:万元

序号	省/市	市场化配置资源部分	重大项目部分	总　计
1	北京	55 000	16 930	71 930
2	天津		4795	4795
3	河北	5000	6210	11 210
4	山西		3430	3430
5	内蒙古		4590	4590
6	辽宁	5000	5660	10 660
7	大连		4065	4065
8	吉林		1952	1952
9	黑龙江		4825	4825
10	上海		4989	4989
11	江苏	10 000	10 635	20 635
12	浙江		15 400	15 400
13	宁波		2285	2285
14	安徽		10 235	10 235
15	福建	10 000	7585	17 585
16	厦门		2080	2080
17	江西		7810	7810
18	山东	10 000	7194	17 194
19	青岛		2767	2767
20	河南		7780	7780
21	湖北		6160	6160
22	湖南	10 000	9880	19 880
23	广东	5000	4580	9580
24	深圳	5000	7393	12 393
25	广西		4420	4420
26	海南		469	469
27	重庆		5500	5500
28	四川	10 000	9339	19 339
29	贵州	10 000	3760	13 760

续表

序号	省/市	市场化配置资源部分	重大项目部分	总　计
30	云南		8515	8515
31	西藏		4690	4690
32	陕西	6000	8020	14 020
33	甘肃		6740	6740
34	青海		2890	2890
35	宁夏		2800	2800
36	新疆		7040	7040
	合计	141 000	223 413	364 413

注：

① 市场化配置资源部分是指为落实《国务院关于改革和完善中央对地方转移支付制度的意见》(国发〔2014〕71号)有关要求，引入市场化运作模式，培育、遴选一批中央、地方和市场的优秀文化产业基金，支持重点省级国有文投集团加大债权投资力度，切实发挥财政资金引导和杠杆作用，积极撬动社会资本支持文化产业发展。

② 重大项目部分是指围绕党中央、国务院重大决策部署，开展的巩固文化金融扶持计划、支持特色文化产业发展、促进文化创意和设计服务与相关产业融合、加快推动影视产业发展、推动广电网络资源整合和转型升级、继续扶持实体书店发展、推动传统媒体和新兴媒体融合发展和推动对外文化贸易八个重大项目，着力提高财政推动文化领域供给侧改革贡献度。

2017年文产资金支持类别，仍然包括重大项目和市场化配置资源两个大的领域，和2016年基本相同。不同之处在于：支持的方向为10个；相对于2016年文产资金，增加了中华优秀传统文化、体育健身休闲2个方向，分别由中共中央宣传部和国家体育总局牵头负责；获批的文产项目数量相对于2016年更多，同时，每个项目仍然保持平均300万元左右的拨付额度。2017年文化产业发展专项资金(重大项目方面)转移支付汇总表见表18-2，市场化配置方面汇总表见表18-3。

2017年文产资金所支持的重大项目包括：

（1）支持中华优秀传统文化传承发展，由中共中央宣传部牵头负责。

（2）实施文化金融扶持计划，由文化部牵头负责。

（3）支持特色文化产业发展，由文化部牵头负责。

（4）促进文化创意和设计服务与相关产业融合发展，由文化部牵头负责。

（5）推动影视产业发展，由原国家新闻出版广电总局牵头负责，其中重点影视项目由中共中央宣传部负责。

（6）推动广电网络资源整合和智能化建设，由原国家新闻出版广电总局牵头负责。

（7）扶持实体书店发展，由原国家新闻出版广电总局牵头负责。

（8）推动传统媒体和新兴媒体融合发展，由原国家新闻出版广电总局牵头负责，其中报刊台网媒体建设由中共中央宣传部负责。

（9）推动对外文化贸易发展，由商务部牵头负责。

（10）支持体育健身休闲产业发展，由国家体育总局牵头负责。

表 18-2 2017 年文化产业发展专项资金（重大项目方面）转移支付汇总表 金额单位：万元

序 号	省/市	支 持 金 额
1	北京	14 868
2	天津	3140
3	河北	4290
4	山西	3508
5	内蒙古	4310
6	辽宁	3710
7	大连	2039
8	吉林	2460
9	黑龙江	4705
10	上海	10 162
11	江苏	10 221
12	浙江	11 117
13	宁波	2668
14	安徽	9887
15	福建	4180
16	厦门	3950
17	江西	6172
18	山东	5691
19	青岛	749
20	河南	5113
21	湖北	6985
22	湖南	8149
23	广东	5375
24	深圳	6054
25	广西	4595
26	海南	2155
27	重庆	2690
28	四川	6388
29	贵州	2405
30	云南	8181
31	西藏	1041
32	陕西	5340
33	甘肃	4480
34	青海	2620
35	宁夏	2690
36	新疆	4500
合计		186 588

注：重大项目部分是指围绕党中央、国务院重大决策部署，开展的支持中华优秀传统文化传承发展、实施文化金融扶持计划、支持特色文化产业发展、促进文化创意和设计服务与相关产业融合发展、推动影视产业发展、推动广电网络资源整合和智能化建设、扶持实体书店发展、推动传统媒体和新兴媒体融合发展、推动对外文化贸易发展和支持体育健身休闲产业发展 10 类重大项目，着力提高财政推动文化领域供给侧改革贡献度。

表 18-3　2017 年文化产业发展专项资金（市场化配置方面）转移支付汇总表　　金额单位:万元

序　　号	省/市	市场化配置方面
1	北京	15 000
2	天津	4000
3	河北	8000
4	山西	4000
5	内蒙古	14 000
6	辽宁	8000
7	黑龙江	8000
8	江苏	26 000
9	山东	10 000
10	河南	8000
11	湖南	3000
12	广东	10 000
13	云南	4000
14	陕西	12 000
15	甘肃	5000
合计		139 000

注:市场化配置资源方面是指为落实《国务院关于改革和完善中央对地方转移支付制度的意见》(国发〔2014〕71 号)有关要求，引入市场化运作模式，支持地方优秀文化产业基金和省级国有文投集团发展，切实发挥财政资金引导和杠杆作用，积极撬动社会资本支持文化产业发展。

3. 2018 年文产资金模式：重大项目"中央+地方"模式

2018 年文产资金的政策又是一个重要拐点，相对于 2014—2018 年的文产政策而言，有以下几方面的特点。

第一，在重大项目方面，以两个文件的形式下发政策，分别是:《关于申报 2018 年度文化产业发展专项资金（重大项目方面）》(财办文〔2017〕50 号)以及《财政部办公厅 中宣部办公厅 商务部办公厅关于申报 2018 年度文化产业发展专项资金（重大项目方面）转移支付项目的通知》(财办文〔2018〕13 号)。相比而言，以前年度的中央文化产业发展资金政策都是以一个文件的形式下发，而 2018 年度截至 2018 年 5 月底，在重大项目扶持方面就已经下发了两个文件。

第二，首次区分中央本级重大项目和地方性重大项目。同时，两个文件对于重大项目的支持方向有着重大区别:中央本级项目的支持方向为 9 个，在 2017 年文产资金的基础上，删减了"实施文化金融扶持计划，由文化部牵头负责"的内容;而地方性重大项目的支持方向则包含两个方面:"其一，推动影视产业发展（中宣部牵头负责）。重点支持用于增强文化自信、保障国家文化安全的重大革命历史题材，反映改革开放和中国特色社会主义伟大实践取得重大成就和宏伟业绩题材的重点影视剧;其二，推动对外文化贸易发展（商务部牵头负责）。鼓励和支持我国文化企业参与国际竞争，扩大文化服务出口，推动中华文化走出去。对列入《2017—2018 年度国家文化出口重点企业目录》且在 2017 年具有较好文化服务出口业绩的地方文化企业，根据 2017 年度文化服务出口额按比例予以奖励。"①

第三，在地方性重大项目扶持方面，强化对增强文化自信、保障国家文化安全、推动中华文化走出去的支持。而对于以往年度的地方新闻出版企业的"转型升级""媒体融合"等部分的支持方向则明确予以取消。这意味着，连续多年获得财政项目扶持的新闻出版企业，在转型升级、媒体融合等领域，真正需要发挥企业自身的主动性、能动性和积极性，向着市场化运营和产业化发展的方向努力，向着自我造血机制形成的方向前进。

第四，对文化产业宏观调控的精准性、细分性以及绩效要求有明显提升。2018 年文产资金首次对重大项目和市场化配置资源部分进行分别发文（在市场化配置资源的部分，国家级文化产业发展资金的相关政策尚未出台），首次区分了中央本级和地方重大项目，体现了宏观调控的精准性和细分性。同时，对所申报的重大项目，在经济效益、社会效益、公益指标等方面做出了严格的要求。仅以"传统媒体和新兴媒体融合发展"类项目的指标来看，设置了总体目标和三级效益指标，一级效益指标包括产出指标、效益指标和满意度指标。产出指标包括数量指标、质量指标和时效指标；效益指标包括社会效益、经济效益、生态效益指标和可持续影响指标。

文化产业专项资金的"市场化""绩效性"改革，对数字出版圈最大的启发在于：数字出版企业不能总是本着"等、靠、要"的心态，不能只是依靠财政扶持来维持生存，而应该及早地根据市场规律，发挥市场在配置资源中的决定性作用，自负盈亏、自主经营，真正埋头研究市场，真正扎根于市场，快速形成自我造血机制，在市场中锻炼和造就经营发展的本领。

（二）2014—2018 年度文产资金支持情况概要

2014 年，财政部下达文化产业发展专项资金 50 亿元，比 2013 年增加 4.2%，共支持项目 800 个（其中：中央 191 个，地方 609 个），与 2013 年基本持平。据财政部文资办相关人士介绍，这是为贯彻落实中央关于文化改革发展的战略部署，也是加快推动文化产业成为国民经济支柱性产业的重要举措。

2014 年专项资金管理工作有三个突出特点：一是充分借助行业主管部门力量。二是积极发挥专家评审作用。在中共中央宣传部、文化部、原国家新闻出版广电总局、商务部等推荐的基础上，大幅扩大专家库规模，专家库总人数由 54 人增加至 152 人，涵盖专业领域更广，人员结构更合理，特别是新增了大量金融领域、新兴文化产业领域的专家，以适应专项资金申报项目日趋复杂化、多样化的需要，同时也确保了项目评审的公平公正。三是

---

① 财政部：财政部办公厅中宣部办公厅商务部办公厅关于申报 2018 年度文化产业发展专项资金（重大项目方面）转移支付项目的通知（财办文〔2018〕13 号），http://whs.mof.gov.cn/pdlb/zcfb/201804/t20180402_2858236.html.

全面引入社会监督机制。社会监督力量，是符合新《预算法》精神的有益尝试。①

2015年9月底，财政部下达2015年度文化产业发展专项资金50亿元；支持项目850个，较2014年增长6.25%。为使专项资金分配更加科学、合理、规范，2015年重点做了以下改进：一是继续优化资金投向；二是积极创新管理模式；三是全面引入第三方监督机制。截至2015年底，文化产业发展专项资金已累计安排242亿元，支持项目4100多个，有力地支持了文化体制改革和文化产业发展，对推动全国文化领域结构调整、合理配置文化资源、优化产业发展整体布局发挥了重要作用。②

2016年文化产业发展专项资金下达44.2亿元，支持项目944个，其中2016年文化产业发展专项资金支持市场化配置资源部分的金额为141 000万元。共有北京、河北、江苏、贵州等12个省份获得了市场化配置资源部分的支持，最少的省份获得的支持为5000万元，而最多的省份则拿到了55 000万元的支持。28.6亿元全部投入重大项目，聚焦媒体融合、文化创意、影视产业、实体书店等8个方面，着力提高财政推动文化领域供给侧改革贡献度。③

2017年文化产业发展专项资金在重大项目方面投入186 588万元，市场化配置方面139 000万元，总计约32.56亿元。其中重大项目获得支持总数在1亿元以上的有四个省份：分别为北京14 868万元、上海10 162万元、江苏10 221万元、浙江11 117万元。在市场化配置方面，共有15个省份获得支持，超过1亿元以上支持的省份包括：北京1.5亿元、内蒙古1.4亿元、江苏2.6亿元、广东1亿元、陕西1.2亿元。

二、国有资本经营预算金

国有资本经营预算（以下简称"国资预算"），是国家以所有者身份对国有资本实行存量调整和增量分配而发生的各项收支预算，是政府预算的重要组成部分。在文化产业领域，财政部文资办面向100多家中央文化企业，每年定期发布关于申报国有经营预算金项目的通知，并组织答辩、专家评审，最终确定入选的项目和支持的比例。

（一）2013—2018年度国有资本经营预算金项目重点支持方向

除了支持一般性项目以外，2013—2015年，财政部文资办在国资预算项目中专门确定了为期三年的重点支持领域，按照"层层落实、压茬推进、扶优扶强"的原则，连续三年

---

① 财政部：2014年度文化产业发展专项资金达50亿元，新华财经，http://news.xinhuanet.com/fortune/2014-11/15/c_127214187.htm，2015年10月4日访问。

② 财政部下达50亿文化产业发展资金比上年增4.2%，网易财经.宏观新闻，http://money.163.com/15/0930/15/B4P6H18B00252G50.html，2015年10月1日访问。

③ 财政部：财政部下达44.2亿元文化产业发展专项资金（2016-8-5），http://whs.mof.gov.cn/pdlb/gzdt/201608/t20160805_2376596.html。

分别就数字化转型升级、特色资源库、数字内容运营平台三个领域给予了符合条件的出版机构以重点支持。

2013 年所启动的央企数字化转型升级项目，主要解决了中央文化企业的数字化软硬件配置问题，为符合条件的出版单位配置了转型升级的相关硬件，同时在数字化加工软件、内容资源管理系统、协同编辑软件和内容发布平台等软件领域给予了资金支持。通过项目开展，从生产流程改造、产品表现形式两个方面推动全面、完整的数字化转型升级。项目实现了预期的两大目标：一是对传统的出版流程进行数字化改造的软件及系统，推动出版流程的完整性建设；二是对多种属性的内容资源进行关联、复合应用的软件及系统，推动出版产品表现形式的完整性建设。①

2014 年所启动的中央文化企业特色资源库项目，是在央企技改项目的基础上，致力于传统出版企业实现存量资源转化、在制资源建设、增强资源发掘三项任务，通过资源建设，推动出版社实现特定行业、特定领域的资源库、产品库的建立和健全。通过特色资源库项目，传统出版单位实现了包含文字、图片、视听、游戏、动漫等全部知识素材在内的全媒体资源库的建立和完善，为市场化运营和规模化发展奠定了扎实的内容基础。

2015 年所启动的数字内容运营平台项目，是在技改项目、资源库项目的基础上，财政部文资办再次发力推动出版社完成数字出版市场化"最后一公里"的任务。数字内容运营平台项目主要从数字产品和运营平台两个维度，支持传统出版机构建设特定行业领域的数字图书馆、专业数据库、知识库等代表性的数字产品；同时重点支持出版机构就特定行业开展行业级的数字运营平台建设，支持出版社将大数据、云计算等各项技术应用于数字产品运营的精准投送、精准营销、决策辅助等环节。

2016 年没有确定具体的支持方向，所围绕的重点支持方向仍然是：转型升级、媒体融合等。2017 年国资预算出现重大变化，由以前的"项目制"改为"规划制"，支持中央文化企业三年发展规划，同时对社会效益、经济效益等效益指标提出了更高的要求。其支持方向主要包括三个方面：落实国家重点文化发展战略、推进文化领域供给侧结构性改革以及调整文化领域国有资本布局结构。

（二）2014 年度国有资本经营预算金项目支持情况概要

2014 年底，中央财政下达 2014 年中央文化企业国有资本经营预算资金 10 亿元，共支持 72 家由财政部代表国务院履行出资人职责的中央文化企业实施的 118 个项目。资金重点支持三个方向：一是支持中央文化企业兼并重组；二是支持中央文化企业开展转型升级、数字资源库、文化与科技融合等项目建设；三是支持具有竞争优势、品牌优势和经营管理能力的中央文化企业开展文化走出去业务。2011 年至 2014 年，中央财政已累计安排国有资本经营预算资金 30.6 亿元，切实发挥了财政资金的引导和撬动作用，有力扶持和推动了

---

① 《中国新闻出版报》：总局发文助推文化央企数字化转型升级，财政部网站，http://wzb.mof.gov.cn/pdlb/mtxx/201311/t20131106_1007841.html，2015 年 10 月 4 日访问。

中央文化企业的转型升级、融合发展和文化走出去。①

（三）2015年度国有资本经营预算金项目支持情况概要

2015年度，中央财政下达国有资本经营预算资金7.31亿元支持67家财政部代表国务院履行出资人职责的中央文化企业实施96个项目。资金重点支持三个方向：一是支持中央文化企业按照优势互补、资源组合的原则，合并组建新企业或集团公司，作为兼并主体通过购买、直接入股等方式取得其他文化企业所有权或控股权。二是支持中央文化企业集聚跨部门、跨地区、跨所有制的数字内容资源实施行业及数字运营平台建设，开展具有典型示范效应的网络传播与运营服务平台。三是支持具有竞争优势、品牌优势和经营管理能力的中央文化企业与国外有实力的文化机构进行项目合作，建设文化产品国际营销网络，推动文化产品和服务出口，开拓国际市场。②

2011—2015年，中央财政已累计安排国有资本经营预算资金37.91亿元，切实发挥财政资金杠杆作用，助力中央文化企业改革发展，推动中央文化企业做大做强，从而促进文化产业全面振兴。

（四）2016年度国有资本经营预算金项目支持情况概要③

2016年国资预算的支持没有延续2013—2015年的"技改、特色资源库、行业及运营平台"的专项支持道路，而是按照企业自主申报，根据实际情况给予中央文化企业以项目支持。支持重点较前三年有所调整，但是仍然将传统产业转型升级作为重要支持方向之一加以对待。

2016年，中央财政安排国有资本经营预算资金11.53亿元，支持54家中央文化企业联合重组和促进传统产业转型升级，重点包括：一是打破部门区域限制，推动中央文化企业联合重组，合并组建新的中央文化企业或集团公司，作为兼并主体通过购买、直接入股等方式取得其他文化企业所有权或控股权，加快公司制、股份制改造。二是推动出版发行、影视制作、文艺演出等传统产业转型升级，催生新兴文化业态，实现传统出版和新兴出版在内容、技术应用、平台终端等方面共享融通，进行拥有自主知识产权、有利于产业结构调整或升级的关键技术研发，与新兴媒体融合发展。三是引导中央文化企业"走出去"，通过新设、并购等方式在境外设立文化企业，参与联合经营，建设文化产品国际营销网络，推动文化产品和服务出口。

---

① 中央财政安排10亿支持72家中央文化企业发展，中国证券网.新闻，http://news. cnstock.com/news/sns_bwkx/ 201412/3278810.htm，2015年10月1日访问。

② 中央财政安排7.31亿元国有资本经营预算支持中央文化企业发展，财政部官网，http://whs.mof.gov.cn/pdlb/ gzdt/201511/t20151118_1568452.html，2017年10月7日访问。

③ 中央财政安排11.53亿元资金支持中央文化企业发展，财政部官网，http://whs.mof.gov.cn/pdlb/gzdt/201609/t20160902_2410280.html，2017年10月7日访问。

（五）2017年度国有资本经营预算金项目支持情况概要

国资预算支持的最大改革在于 2017 年，改革的核心在于：由之前的"项目制"改为"规划制"，由注重单体项目完成质量向注重企业实际经营绩效方向进行转变。

改革的背景是：经过调研，发现部分项目落实情况不到位，进度执行缓慢问题，调整较多，存在项目经费不能用于其他方面支出等问题，基于全方面考虑，改革势在必行。

此次改革的总体指导思想是：项目管理的资金注入方式由直接分配改为间接分配，做到"支持有重点，编制有规划，执行有监管，绩效有反馈"。

改革之后，主要的亮点在于：①事前专家评审与事后评估相结合；②执行预算方式进行改革，可以根据市场及规划进行调整，只要不偏离报备的整体规划；③加强绩效管理和决算方式管理。

具体而言，2017 年国有资本金支持调整了方向，由以前的支持中央文化企业申报项目改为"引导中央文化企业科学制定发展战略，支持中央文化企业做好三年规划"。

在《关于做好 2017 年中央文化企业国有资本经营预算支出管理工作的通知》（财办文〔2017〕22 号）的"二、支持重点"部分指出：

贯彻落实中共中央办公厅、国务院办公厅《印发〈关于推动国有文化企业把社会效益放在首位、实现社会效益和经济效益相统一的指导意见〉的通知》《关于印发〈国家"十三五"时期文化发展改革规划纲要〉的通知》等文件精神，国有资本金注入支持重点主要包括：

（一）　落实国家重点文化发展战略。支持中央文化企业把社会效益放在首位，实现社会效益和经济效益相统一。支持企业公司制、股份制改造，组建成立集团公司，壮大企业整体实力和竞争力。支持"专、精、特、新"中小中央文化企业发展。解决中央文化企业改革历史遗留问题。

（二）推进文化领域供给侧结构性改革。推动传统媒体与新兴媒体融合发展，促进中央文化企业数字化转型升级。支持文化科技创新，整合广电网络资源，建设知名文化品牌，提升版权资源价值。加大"文化+"创新力度，推动文化与旅游、体育等紧密融合，弘扬中华优秀传统文化，培育新型文化业态。

（三）调整文化领域国有资本布局结构。以资本为纽带，支持中央文化企业跨地区跨行业跨所有制并购重组。支持文化资源与金融资本、社会资本有效对接，整合优质文化资源、平台和内容。支持中华文化走出去，扩大对外文化贸易和文化投资，打造外向型骨干中央文化企业。

在"四、绩效管理与决算"中"（一）绩效管理"部分指出：

加强对中央文化企业国资预算绩效管理。企业在申请国资预算时，要紧密结合国资预算内容，设置预算绩效目标及指标，做到指向明确、细化量化、合理可行。执行中，企业要对照预算绩效目标，加强绩效执行监控；年度终了后，开展绩效自评。财政部要对中央文化企业国资预算定期组织开展重点绩效评价，绩效评价结果要作为改进管理、完善政策和以后年度预算的依据。

应该说，经过改革之后的国资预算支持方式和考核方式，充分体现了宏观调控的特点，大大激活了新闻出版企业的积极性和主动性，使得新闻出版企业能够按照自身发展实际情况和行业整体发展态势对具体规划的执行作出灵活调整，充分尊重了市场规律在经济运行过程和事物中作用，进一步推动了政府调控这只"有形的手"和市场规律这只"无形的手"相互融合和促进。

（六）2018 年度国有资本经营预算金项目支持情况概要

2018 年国有资本经营预算金项目仍然延续"规划制"的方式，按照"退后一步，站高一层"的原则，继续在落实国家重点文化战略、文化领域供给侧改革和文化领域国有资本布局结构三个方向给予重点支持。

同时，2018 年国资预算支持的力度更大、额度更高，真正体现了扶持做优做强做大的调控原则；在具体的文化与科技融合方面，人工智能+文化产业、区块链+文化产业、高端智库建设等新技术、新业态、新模式不断融入项目之中，科技的发展对新闻出版业转型升级的要求越来越高。

三、新闻出版改革发展项目库

为深入贯彻落实中央、国务院推动文化产业发展相关政策文件精神，有效实施项目带动战略，推动新闻出版业大发展大繁荣，原国家新闻出版广电总局已连续多年开展了新闻出版改革发展项目库的申报和评审工作。新闻出版改革发展项目库是各个出版社关于新闻出版业改革和发展最新思路、最新规划、最新布局的集中体现，在整体上反映了我国新闻出版业发展的最新趋势和下一步的发展走向。

2014 年度新闻出版改革发展项目库最终确定入库项目 323 个。截至 2013 年底，约有超过 1/3 的入库项目获得中央和地方各类资金资助。除获得中央和地方的文化产业发展专项资金外，还得到中央文化企业国有资本经营预算资金、宣传文化发展专项资金、国家出版基金、走出去专项资金、民族文字出版专项资金、东风工程等多方面、多渠道的资助和支持。这些项目的实施大力推动了新闻出版业从传统出版向数字化转型，从传统印刷向绿色印刷、数字印刷转型，从传统的内容提供逐步向知识服务转型。[①]

在数字出版层面，近几年，新闻出版改革发展项目库为文化产业发展专项资金、国资预算金提供了大量的优质项目，改革项目库入选的重点项目获批文产资金、国资预算金项目的可能性大大提高。这一方面体现了新闻出版改革项目库本身所选择的项目具备很高的质量，代表着新闻出版业转型升级的最新探索，代表着出版融合发展的最新尝试，同时也如实反映了各新闻出版单位的业务现状和规划；另一方面，体现出政府主管部门在新闻出

---

① 323 个项目入选 2014 年度新闻出版改革发展项目库，原国家新闻出版广电总局，新闻资讯，http://www. gapp. gov.cn/news/1663/265858.shtml，2015 年 10 月 4 日访问。

版业调控方面的良性衔接与互动，共同推动出版业，尤其是数字出版向着规模化、产业化、融合化的方向发展和迈进。值得关注的是，2018 年文产资金，取消了对新闻出版方向的支持，这也意味着大量的新闻出版改革发展项目库的出库资金来源问题将会日益凸显。

第二节 财政项目申报技巧揭示

数字出版项目的申报已经成为数字出版人的主要工作之一，一旦相关文件的通知下发后，数字出版部门或者公司就开始了为期一两个月的项目撰写工作。笔者以为，出版机构所申报的财政项目要根据企业自身的发展战略，充分考虑市场的实际状况，逐年申报以形成项目体系，在内容、技术、运营等各方面借助财政资金的支持实现全方位、立体化、多层次的转型升级，而不能仅仅是等到文件通知下发后再"临时抱佛脚"。

一、系统策划，统筹部署

数字出版项目的申报要遵循"系统策划、统筹部署"的原则，并且各个项目之间要建立起鲜明的逻辑关系，要呈现出良性互动、梯次推进、目标一致的特点；不能东一个项目、西一个项目，项目之间不能杂乱无章，不能没有交集。总体而言，出版机构项目申报的统筹性要参考以下几个方面的要素。

（一）行业发展趋势

申报数字出版项目首先要确保所申报的项目符合行业发展趋势，符合互联网时代、移动互联时代的传播规律。如前所述，数字出版的发展经历了数字化、碎片化和体系化三个发展阶段，按照这三个阶段的理论。在 2010 年左右，出版单位申报数字图书馆平台、数字出版中心平台类似的项目获批的可能性较大，因为那时各社数字出版处于起步阶段，需要最基础、最初级阶段的项目来助力发展；到 2014 年，如果出版社还申报数字图书馆、中心平台类似的项目则被否决的可能性较大，因为数字出版已经步入了碎片化的发展阶段，专业性的数据库、图片库、数字视听库等类似项目才是支持的方向和重点；而在 2015 年、2016 年，步入体系化发展阶段的数字出版业，出版单位则需要考虑构建以知识体系为核心的项目、以大数据和云计算等技术为支撑的项目，确保所申报的项目与融合发展的时代趋势相一致，而不是落后于时代趋势申报相关的项目。

（二）出版社发展规划

现实工作中，存在着"为报项目而报项目"的心态和做法，这种做法不值得提倡，也不会得到财政资金的支持。申报项目要从出版社的实际情况出发，与出版社特定时期内的发展规划相一致，不能够紧跟潮流而忽略了出版社的发展目标和发展阶段。例如，法律出版社在 2012—2014 年，围绕着中国法律数据中心建设，先后申报了数字化转型升级、中国法律数据中心知识库建设、中国法律数据中心分销平台建设等一系列项目；围绕着法律知识服务的开展，在互联网知识服务领域申报了综合型法律知识服务平台、中国法律英文知识服务平台项目，在移动互联网领域申报了手机律师项目。总体来看，法律出版社所申报的项目，中心明确、层次鲜明、角度各异，但是都是按照产品、技术、营销的产业链环节来加以配置，最终服务于中国法律数据中心和中国法律知识服务这两个最高目标来开展。

（三）产业链环节

数字出版项目的申报还要服务于数字出版产业链的建立、健全、贯穿和畅通，每一个项目都要着力于解决数字出版产业链某一环节的主要问题，通过几个项目要能够实现数字出版从资源建设、技术供应、产品研发到市场运营的全流程目标。在产业链贯通方面，2013—2015 年连续三年的国资预算项目就是个很好的例证：2013 年，国资预算重点支持技术改造，解决出版社数字出版的软硬件配备问题；2014 年重点支持特色资源库建设，解决出版社数字出版的资源建设和产品研发问题；2015 年重点支持数字内容运营平台，解决出版社数字出版的市场营销和销售问题。

二、研究文件，吃透精神

在确保所申报的项目属于系统策划、统筹安排的情况下，便步入了财政项目撰写、申报的实质性工作阶段。在这一阶段，需要重点吃透所发布的文件精神，确保项目书与文件的支持方向相一致，确保项目书不能出现关键性细节错误，确保项目申报过程要牢牢把握住时间节点，不致出现逾期申报的悲剧性后果。

（一）把握支持方向

无论是文化产业发展专项资金项目，还是国有资本经营预算金项目，都会在文件通知里列出年度重点支持方向。这些重点支持方向可谓惜墨如金，每一句话甚至每一个词都会成为申报企业申报项目的线索和要点。仅以 2015 年文化产业发展专项资金的第八个支持方向加以分析：

"（八）推动传统媒体和新兴媒体融合发展。支持传统媒体运用已有技术成果，开展全媒体、大数据应用、视听新媒体、音视频集成播控等平台建设；支持传统媒体发挥内容资源优势，创新文化产品和服务，培育核心竞争力；支持传统媒体与新兴媒体在内容、渠道、平台、经营、管理等方面的深度融合，拓展传播渠道与影响力。"

这短短的一段话便揭示出多层次含义：首先，媒体融合发展上升到国家战略以后，必然会得到各个方面政策资金的重点支持，2015 年文产资金便是支持媒体融合的政策体现之一；并且，作为八个支持方向之一，媒体融合的支持资金总量相对而言会偏高。其次，对申报企业而言，该段文字提示出了为数众多的申报选择，包括全媒体平台、大数据应用平台、视听新媒体平台、音视频集成播控平台等；同时包括支持创新文化产品、创新文化服务；还包括支持内容融合、渠道融合、平台融合、经营融合、管理融合等方面文产项目。最后，对申报企业而言，该支持方向要求申报企业要运用已有的技术成果，要发挥内容资源优势，要培育核心竞争力，拓展传播渠道和影响力，这些内容都需要在项目书中得以体现。

（二）关键细节不犯错

在财政项目的申报过程中，许多出版社的项目没有成功申报，其原因不在于项目本身不行，而在于忽略了许多关键性的细节，进而导致该项目的夭折。这些细节大致如下。

其一，国资预算项目，所申报的资金额度超过项目额度的30%。国资预算项目的配比是财政资金/自筹资金≤3/7，这是一条硬性规定，如果项目书出现申请财政资金额度超过项目总投入的30%，则该项目在形式审查环节即被淘汰。

其二，文产资金项目，企业申请项目补助的，原则上只能申报一个项目，申请金额一般不超过企业上年末经审计净资产额的30%；企业集团最多可同时申报两个项目，合计申请金额不得超过企业集团上年末经审计合并净资产或母公司净资产的20%。一旦超过上述30%、20%的限制，则该项目同样在形式审查环节被淘汰。这种限制对于中小型出版机构而言，尤其需要注意，不能为了贪多求大，而忽略了企业自身的项目承担能力。

其三，文产资金项目，项目的初审工作一定要认真开展，并且要出具项目初审报告。项目初审报告要加盖主管部门的公章，而且必须是主管部门的公章，不能是主管部门内设机构公章。

其四，在规定的时间内，同时完成纸质文件的申报和网络填报工作。有的出版单位只关注到纸质文件申报工作，而忽略了网络填报工作的按时完成，这种情况尤其需要注意。

（三）紧扣时间节点

在数字出版项目申报中，因为没能把握住时间节点，而导致项目没能申报成功的案例举不胜举，年年都有发生。这种情况的出现，只能用遗憾来形容。具体来讲，包括几种情况：其一，到了规定的时间，出版机构没能及时将项目书报送到主管部门，进而没能加盖公章，无法按时申报；其二，出版机构已经将项目书及时报送至主管部门，但是没有继续跟踪盖章的环节和程序，而到放任流程自行前进，结果发现到了截止日期，主管部门的公章仍然没有加盖完毕，也无法按时申报；其三，出版机构没有认真研读文件，本该加盖主管部门公章，却加盖了主管部门内设机构的公章，如计财司、宣传司等司局公章，也不符合文件要求，无法进行申报。

三、认真实施，及时结项

在出版机构中，相当一部分出版社存在着"重申报，轻实施"的情形：即出版社非常重要项目的申报工作，每年的项目都认真组织申报，积极争取资金支持；而一旦资金下拨，却迟迟不实施，甚至资金下拨一两年后，项目尚未进入实施阶段。如果存在这种情况，出版社再次申请项目支持时，将会受到严重影响。

在《新闻出版改革发展项目库 2016 年度项目申报指南》文件中，明确规定了几种情形不得再次申报新闻出版改革发展项目：

（1）中途退出尚在进行的入库项目的单位。

（2）承担的入库项目中存在 2 年内没有启动或超过完成时限 3 年尚未结项的单位。

（3）在入库项目调查中发现重大问题的单位。

（4）因违规被取消申报资格和其他不能保证履行规定义务的单位。

估计在将来的文产资金项目、国资预算项目文件中，也会明文规定企业申报项目的禁止性规定，以便督促各出版机构认真实施项目，确保项目申报的科学性、规范性和严肃性。

四、优秀项目计划书的要件构成

财政项目的入选一定是按照"优中选优"的原则，所入选的项目大多具备示范性、创新性、可操作性、市场前景广阔、产业化可能性大等特点。从申报企业的角度来讲，优秀的项目计划书一定符合形式、实体两方面的若干要件。

（一）实体要件

实体要件，是指项目计划书所反映的项目本身必须具备若干优秀要素，这些要素能够打动专家，能够打动财政部的领导，进而能够入选当年度的财政项目。

首先，项目必须具有示范性。项目要能够发挥引导示范效果，起到以小带大、以点带面的作用，项目能够成为行业标杆，项目能够充分挖掘行业应用价值，为所属行业发展切实做出贡献，能够直接或间接的促进行业发展。

第二，项目必须具有可行性。项目的目标设定必须科学合理，与企业自身的项目承担能力相适应；项目必须具备资源、人才、标准、资金等方面的基础，这些基础应足以支撑项目的开展；项目在内容、技术、渠道等各方面都必须是可行的，具有项目实施的现实可能性。

第三，项目必须具有创新性。项目的创新性可以体现在资源整合的创新、产品研发的创新、高新技术的应用、盈利模式的新颖等各个方面，只有具有开创性、新颖性的项目才有入选的可能。

第四，项目必须具备良好的市场前景。无论文产项目，还是国资项目，其所追求的都是数字出版的产业化，公益性项目不是财政项目支持的重点和主流。因此，出版社所申报的项目一定要具备清晰的盈利模式，要能够切实为出版单位带来规模化的盈利和收入，要能够占有广阔的目标用户市场，真正将项目成果转化为促进转型、推动升级的文化生产力。

（二）形式要件

在形式要件方面，出版单位所申报的项目计划书，需要具备以下几个方面特点：

首先，项目概况部分一定要凝练和精准，能够用最精准的语言准确揭示项目的内容、目标、创新性和可行性；

其次，项目主体部分要采取图文并茂的方式，文字表述要清晰，关键部分要用图表加以说明，例如项目的整体框架图、项目的应用场景图均需要借助图表加以表达；

最后，项目的资金测算一定要符合市场平均报价，或者是符合现有的行业价格标准体系。

第三节　财政项目实施要点提醒

在参加了为数众多的出版社项目评审之后，在实施、主持验收了一些项目之后，笔者发现出版社在项目的实施过程中还有一些需要完善的地方，还有一些特别需要注意之处。

一、确保专款专用，保证项目质量

获批的数字出版项目，无论是文产项目还是国资预算项目，所获得的财政资金，都必须如数用在项目本身，用在项目的资源建设、技术购置、产品研发或者是渠道构建等方面，确保项目的专款专用，确保项目能够保质保量地完成。

曾经有的出版社由于项目开展不及时，便将项目的整体资金拿去做理财；有的出版社将本应用于项目建设的资金，用于补贴纸书出版；也有的出版社按照"大项目、小成果"的方式操作项目，在项目的实施过程中偷工减料，等等。这些做法都违反了项目的专款专用原则，一旦被发现，轻则进入财政项目黑名单，再也难以获批相关项目；重则触犯法律规定，要承担相应的法律责任。

二、提高实施效率，按时进行验收

这些年在出版社所申报的项目之中，只有 2013 年度的 50 多家央企数字化转型升级项目做到了按期结项，其他项目多少都有延期的现象。央企数字化转型升级项目，由总局数字出版司负责主持标准的统一制定，统筹把握六项软件的统一安装和部署，最终在 2013 年底、2014 年初基本实现了所有出版单位的项目验收工作。

一般来讲，项目的拖延实施由几个方面原因造成：有的出版单位，一旦财政项目批复，领导层便想着将项目资金用作其他用途，不是完全按照项目预期计划去实施；有的出版单位，本身不具备实施项目的人力、财力和物力资源，因此项目获批后一两年内迟迟开展不了；还有的出版单位，项目获批后，会考虑想办法将项目资金向关联企业、控股子公司转移，等等。这些情况都会导致项目的延期，有的单位甚至延迟数年不得结项。

三、组建项目团队，引进监理机制

要保证财政项目的按期实施、如期验收，最重要的莫过于组建合格的项目团队，在项目领导小组的统一安排下，分别组建项目资源建设组、项目产品开发组、项目技术实施组和项目市场运营组。各项目小组需要通力配合，保证项目实施的每个环节都按照项目实施规划进行，每个环节都保质保量，项目才会按时完工。

同时，鉴于出版单位在项目实施过程中，在软硬件实施方面存在着信息不对称的情况，有的出版社已经在实践中启动项目监理或者项目监督机制。实施主体单位开出一定的费用，聘请第三方技术企业，负责项目实施过程的监督，以确保所采购的硬件符合标准，所加工的数据资源符合系统要求，所研发的技术系统能够满足出版单位的应用实际。

四、程序公开公正，实体符合预期

项目实施过程最重要的原则莫过于确保项目实施程序的公平、公开和公正，确保项目主体工作能够完全符合项目预期目标，确保项目不出现偷工减料、挂羊头卖狗肉的现象。

具体而言，在项目实施程序中要做到以下几方面工作以确保项目公正：

第一，项目的实施要坚持公开招投标程序，而不能采取邀标程序。数字出版项目资金均属于财政资金，财政资金的使用以公开招标为原则，尤其是涉及 50 万元以上金额的分标段，更需要严格按照招投标程序进行。然而，在现实情况中，有的出版单位因为内部情况导致项目一再延期，为了尽快结项，便铤而走险，对于 50 万元以上的工程，直接采取邀标的方法来加以实施；也有的出版单位，为了规避公开招投标导致不确定性的出现，同样采取邀请招投标的方式来实施大额项目。

第二，项目的实施要处理好关联关系。许多出版单位都有关于数字出版或者信息技术方面的子公司，这些子公司的经营状况往往不是很好。一旦获批了财政项目，出版单位内部便会有人想着如何把财政资金变相转移到子公司去花费，于是结合邀请招投标的手段，让内部公司中标，甚至有的出版单位未经任何程序，直接将财政项目资金划拨到子公司，安排子公司从事项目的相关工作。笔者看来，即便对于出版社控股的子公司，也要严格按照招投标的程序，进行公开招投标，由未经谋面的专家进行评审。在经过评审之后，遵循专家组的意见，由专家组确定该子公司是否能够中标；而不能贸然采用邀标的手段刻意安排关联公司中标，更不能未经任何程序直接将项目交由关联公司实施。

在项目实体要件方面，一定要确保项目质量，严格按照项目计划书所确定的资源建设的数量、技术应用的状况、硬件购置的规模、产品研发的总量、渠道构建的效果来实施项目；不能够因为项目批复资金较少而对项目偷工减料，缩减项目目标；也不能挤占、挪用项目资金，使得项目无法保质保量完成。

五、及时进行验收，加快成果转化

平心而论，目前所验收的各出版单位的数字出版项目，其预期社会效益和经济效益的实现情况不容乐观。有的出版社项目验收工作开展的非常漂亮，验收文件多达数百万字，财务、业务、技术等各环节的项目档案非常齐全，验收程序非常正规，验收的社会影响力很大，但是，项目验收过后，该项目便如泥牛入海，再无踪影。

我们不能为了验收而验收，项目验收后，要继续开展对项目的评估工作：项目申报之初所制定的项目经济效益如何？社会效益如何？在项目实施完毕后几年内能实现项目盈亏持平？几年内能完成项目达产目标？如果以这样的标准来评估我们的项目，以经济效益、产业化指标来验收我们的项目，估计能够通过验收的项目寥寥无几。

无论如何，项目验收不是作秀，一定要注重项目的成果转化，我们所实施和验收的每个财政项目，最终都要转化为生产力，转化为出版社新的经济增长点，只有这样，才能够充分体现财政资金的示范作用、杠杆作用和撬动作用。

最后，建议主管部门在项目策划、申报、实施、验收、审计环节之后，要再增设项目后期评估环节。项目评估主要是核查项目验收之后，是否真正实现了预期的效益目标，是否真正如项目计划书所言，逐年实现了规定的经营收入指标，是否实现了规划的社会效益目标。

第四节　数字出版项目实施验收解决方案

经过多年的财政项目申报与实施，整合了众多出版机构关于财政项目的实施、管理与验收经验，特尝试提出以下数字出版项目的解决方案，仅供参考，其中，许多解决方案已被列入《数字出版业务流程与管理规范》行业标准。

一、项目领导小组、项目分项工作组、时间表路线图

财政项目获批后，要成立项目领导小组，项目领导小组主要负责对项目方向、项目内容、项目进度、项目成果转化进行宏观把控，确保项目在整体上符合预期目标。

要成立项目分项工作组（或称子项工作组），例如资源组、设备组、平台组、软件组等，

分项工作组的任务是具体实施项目各项内容，督促项目保质保量完成。

要在第一时间制定项目实施方案，项目实施方案主要解决的是项目申报之初与获批后的时间差内出现的情况变化，包括新技术、新业态的出现，出版行业整体发展态势变化，出版机构本身的发展规划出现调整等。项目实施方案要经过专家论证，同时报送主管部门备案。经过论证、备案后的实施方案将来可作为项目最终验收的依据。

实施方案确定后，要制定项目实施的时间表和路线图，在规定的时间内完成规定的项目指标，只有这样，才能够确保项目按照进度、保证质量地加以完成，避免项目"久拖不验"情况的出现。

二、"裁判员"与"运动员"分离机制

项目的实施过程，要确立裁判员和运动员分离的机制，项目实施部门不能既做"运动员"，又做"裁判员"，要在项目监督管理部门的监督下完成项目各项指标。

具体而言，在项目实施过程中，需要参与的部门主要包括：项目实施部门、项目管理部门、竞标监督小组、财务部门、纪委部门等，只有在阳光下实施和运行项目，才可以既确保项目实体质量达标，又确保项目程序公正。

三、科学合理的项目实施方式

项目实施过程中，可以根据项目分项、子项金额的大小，按照国家招投标法的相关规定采用公开招标、邀请投标、竞争性谈判、单一来源采购、民主集中决策等多种方式加以实施。

实践操作中，出版机构采用公开招投标的额度一般为100～200万；100万元以下，可以根据情况进行邀标、竞争性谈判或者单一来源采购；30万元以下，甚至可以根据项目需要，采用竞争性磋商或者市场比价的方式实施。

四、项目验收类型

在项目实施达到一定进度时，出版机构可以根据实际情况，分别安排项目的分项验收、子项验收、中期验收、预验收和最终验收。

分项验收、子项验收一般是在项目的分项、子项达到验收标准时，而针对该分项或子项进行验收，例如对资源加工的验收、对平台建设的验收、对硬件设备采购的验收等。

预验收，一般是邀请相关专家，在项目正式验收之前，对项目实施情况、资料档案、绩效报告等进行预先把关，进而为项目的正式验收做铺垫和准备。

项目最终验收，要做到各分项、子项都达到预期的项目目标，满足内容翔实、形式合规、财务符合专款专用的要求，同时要做到项目文档全面、准确和充分。

五、项目验收文档

项目验收文档是项目验收是否最终能够顺利的最重要因素，也是以后该项目进行检查、抽查和审计的最重要档案，同时是项目存档的最主要资料。在实践操作过程中，有许多新闻出版机构项目验收不通过的重大失误便是文档不全，以至于专家无法对该项目的整体实施情况作出客观、全面、科学的评判。

数字出版项目的正式验收，需要准备项目申报书、项目实施方案、项目过程文档、项目管理文档、项目绩效报告五大部分文档，具体每个部分文档的内容要求，参见表 18-4。

表 18-4　数字出版财政项目验收材料清单

一、项目申报计划书
二、项目实施方案
根据财政批复的金额，用于调整项目书实施内容，作为最终验收依据
三、项目过程文档
1. 招投标文档
2. 财务票据文档
3. 决策过程文档
（OA 纪要、调整记录、领导审批单等）
4. 项目技术文档
需求规格说明书、详细设计说明书、用户测试报告、用户使用手册、项目开发周志（月志）、项目会议纪要
四、项目管理文档
1. 项目管理制度
2. 项目人员配置
管理组、内容组、技术组、运维组
3. 项目进度表
项目整体进度，细化到季度或者月度
五、项目绩效报告
1. 项目成果交付物
项目产生的资源数量、产品规模、技术平台、硬件购置、项目收入、行业奖项等
2. 项目绩效分析
与原有设定目标的比对，项目实施方案所确定的几个目标，最终项目是否都实现，进行比对说明
3. 项目创新性成果
项目的亮点和创新点，对企业、行业产生哪些推动和助推作用
4. 项目后期推广运营方案
项目成果如何转化，将会开拓哪些渠道，大致会产生什么样的经济效益和社会效益

案例：某出版社项目招投标管理办法

×××出版社

集中采购管理办法

第一章　总则

第一条　为加强×××出版社集中采购管理，提高财政资金及经营性资金使用效益，规范采购行为，促进廉政建设，依据《中华人民共和国招标投标法》（以下简称"招投标法"）《中华人民共和国政府采购法》（以下简称"政府采购法"）、《中华人民共和国招标投标法实施条例》《中华人民共和国政府采购法实施条例》等法律法规，结合出版社实际制定本办法。

第二条　本办法所称集中采购，是指×××出版社（以下简称出版社）按照政府采购法律、行政法规和制度规定的方式和程序，使用财政性资金或经营性资金，采购货物、工程和服务的行为。

财政性资金是指我社从财政取得的政府拨款资金。

经营性资金是指我社通过生产经营所取得的资金。

第三条　本办法所称采购，是指以合同方式有偿取得货物、工程和服务的行为，包括购买、租赁、委托、雇用等。

本办法所称货物，是指各种形态和种类的物品，包括原材料、燃料、设备、产品等。

本办法所称工程，是指建设工程，包括建筑物和构筑物的新建、改建、扩建及其相关的装修、拆除、修缮等。

本办法所称服务，是指除货物和工程以外的其他集中采购对象。

第四条　集中采购应遵循公开透明、公平竞争、诚实信用和公正原则。与供应商有利害关系的采购项目经办人员及其他相关人员必须事前主动提出回避，不得参与集中采购过程。

第二章　机构职责

第五条　出版社竞标管理工作小组作为集中采购的领导机构，统筹集中采购工作。竞标管理工作小组成员由分管社领导、财务、项目、技术、法律等人员组成。主要职责是：

（一）负责出版社集中采购的实施和协调；

（二）审批标的类别，确定集中采购和必须上报招标的范围；

（三）监督、审查、批准集中采购过程中重要事项；

（四）对单笔采购金额5万元以上50万元（含）以下的采购项目，组织审核各部门上报的集中采购计划，各部门自行以邀标、竞争性谈判等方式组织采购，采购结果报竞标小组备案。

对单笔采购金额 50 万元以上 200 万元以下的采购项目，由竞标小组组织按照《招投标法》和《政府采购法》有关规定实施。

对单笔采购金额 200 万元（含）以上的采购项目，严格按照公开招投标方式执行。

（五）对于竞标管理工作小组职责范围内的采购项目，评标过程应划分为询标和决策阶段。询标阶段把关各部门上报的拟采购方案，进行论证，通过调研考察，选出 3～5 家进行排序，提出方案；决策阶段对拟选方案进行质询调查，制定规则，做出决策。

第六条　行政管理部作为集中采购工作管理部门，负责招标的日常管理工作，行使招标办公室职能。主要职责是：

（一）负责集中采购的组织；

（二）组织招投标总体工作；

（三）组织确定招投标方案的审核；

（四）组织具体招投标工作，确定招投标具体方式。

第七条　资产财务部作为集中采购工作监督部门，对集中采购进行监督管理。主要职责是：

（一）根据中央国家机关政府采购相关规定，解读政策法规；

（二）负责制定出版社有关集中采购方面的制度；

第三章　集中采购范围及职能划分

第八条　采购范围

（一）运营管理：包括办公用品、固定资产、物资采购等。

（二）工程项目：包括工程设备、房屋改造、维修装修，水电气改造、勘察、工程造价咨询等。

（三）印刷项目：包括纸张、设计、排印装等。

（四）服务项目：包括劳务服务咨询、设计委托等。

（五）专项项目：出版基金项目、国资预算项目、文产项目及外协项目等。

第九条　职能划分

根据集中采购范围不同，运营管理采购、工程项目、专项项目和服务项目采购由行政管理部负责实施或会同相关业务部门组织采购；印刷项目由出版管理部负责实施采购。

第四章　集中采购方式及审批流程

第十条　参照《政府采购法》的有关规定，集中采购需用以下方式：

（一）单笔采购金额 5 万元（含）以下的（不含印刷项目），根据职能划分，由负责采购部门直接采购。其中，对于运营管理中涉及的相关采购，原则上允许各分社自行采购，但必须履行审批程序。

（二）单笔采购金额 5 万元以上 50 万元（含）以下的，项目采购，由各分社按社集中采购办法自行实施。项目外采购，由竞标管理工作小组组织实施，由行政管理部提供不少于 3 家投标单位，投标单位公开化（社内各分社、管理部门等所有人员均可向行政管理部推荐候选单位），最终行政管理部向竞标管理工作小组提供初选入围投标单位的资质、质量、价格等情况。竞标管理工作小组组织评审，最终确定中标单位，并出具会议纪要。

（三）集中采购金额 50 万元以上 200 万元以下的采购项目，根据项目内容由竞标小组确定招标方式、组织机构。招标方式主要是公开招投标或邀标、竞争性谈判、单一来源采购、询价、竞争性磋商等。

（四）印刷项目，包括纸张、设计、录排、印刷、装订等采购办法另行制定实施意见。

第十一条 集中采购审批流程

一、提交书面申请：

（一）运营管理采购：

申请部门要提交书面申购报告，内容包括申请事由、物资用途、规格、型号、配置、品牌、参考价格等，经本部门负责人签署意见，同意申购的，交分管社领导审核。

如果是申请更新物资，应先由行政管理部负责物资保管人员（或会同相关技术人员）对原物资现状进行评估验证，并在书面申购报告上明确签署是否需要更新的意见，需要更新的，行政管理部负责人签字后，由申购部门交分管社领导。

（二）工程项目采购：

申请部门要写出书面立项报告，内容包括拟进行工程施工的项目名称、立项原因、立项依据、立项论证报告（项目论证负责人、参加论证人、论证意见）项目欲达到的标准或要求、可行性实施方案（根据项目情况，提交 1～3 个方案不等）、根据市场价格估计的工程预算，项目拟进行的时间（或工期）、社内项目负责人、项目监督人（根据情况可以聘请社外专业人员）等。经申请部门负责人签署意见，同意立项的，交分管社领导审核。

（三）服务项目采购：

申请部门要写出书面立项报告，内容包括拟需要服务咨询的项目名称、立项原因、立项依据、立项论证报告（项目论证负责人、参加论证人、论证意见）项目欲达到的标准或要求、可行性实施方案（根据项目情况，提交 1～3 个方案不等）、根据市场价格估计的项目预算等。经申请部门负责人签署意见，同意立项的，交分管社领导审批。

（四）专项项目采购：

申请部门要根据项目意向书及项目领导小组审议通过的实施方案写出书面申请报告，内容包括申请事项、申请预计达到的目的、预计价格等，经本部门负责人签署意见，同意申请的，由业务分管社领导审批后上报竞标管理小组。

二、领导审批

分管社领导要对是否确需购买进行认真审核，并签署明确意见或建议。同意购买的，由申购部门负责人将报告呈分管社领导。超过一定额度或重大事项按出版社"三重一大"

决策制度实施办法进行决策。

三、资格预审

对于招标项目，审批程序批准采购的，相关业务部门提出需求，由竞标小组确定采用何种招标形式，由招标公司寻找有意投标的单位，按照招投标的要求，竞标小组办公室对有意投标的单位的资质进行初步审核。资格审核通过的，列入本次招投标单位范围，需要交纳招标保证金的，按照要求缴纳招标保证金。

第六章　招标采购方式

第十二条　参照《政府采购法》的有关规定，集中采购金额 50 万元以上项目需采用以下方式：

（一）公开招标；

（二）邀请招标；

（三）竞争性谈判；

（四）单一来源采购；

（五）询价；

（六）竞争性磋商；

（七）财政部认定的其他采购方式。

第十三条　公开招标应作为招标采购的主要采购方式。特殊情况需要采取公开招标以外的邀请招标、竞争性谈判、单一来源、询价和竞争性磋商等采购方式的，应在采购开始前进行技术论证及市场调研，确认采购需求满足相应采购方式规定条件的方可组织采购。

第十四条　采购金额达到国务院规定的公开招标数额标准以上的货物、工程或服务项目，必须采用公开招标方式采购。

第十五条　公开招标原则上应委托招标代理机构进行。常规性服务项目可采取社内招标方式，由相关部门编制招标文件，竞标小组进行评审，纪检监察部门进行监督。

第十六条　招标采购的主要程序：

（一）签订招标代理协议。竞标小组按照有关规定选择招标代理机构，提出采购需求，并与之签订招标代理协议。

（二）编制标书。竞标小组根据业务部门需求向招标代理机构提交采购项目的技术要求等，审定招标代理机构编制的招标文件和招标公告。

（三）向拟投标单位发布招标公告和发出招标邀请。

（四）开标。建立评标委员会进行专家评审，确定中标、成交供应商。

（五）签订、履行合同。根据招标结果，与中标、成交供应商签订合同，在规定的时间内支付合同款项、验收合同标的。

第十七条　符合下列情形之一的货物或者服务，可以依照本办法采用竞争性谈判方式采购：

（一）招标后没有供应商投标、没有合格标的或者重新招标未能成立的；

（二）技术复杂或者性质特殊，不能确定详细规格或者具体要求的；

（三）采用招标所需时间不能满足用户紧急需要的；

（四）不能事先计算出价格总额的。

第十八条　符合下列情形之一的货物或者服务，可以依照本办法采用单一来源方式采购：

（一）只能从唯一供应商处采购的；

（二）发生了不可预见的紧急情况不能从其他供应商处采购的；

（三）必须保证原有采购项目一致性或者服务配套的要求，需要继续从原供应商处添购，且添购资金总额不超过原合同采购金额百分之十的。

第十九条　采购的货物规格、标准统一、现货充足且价格变化幅度小的集中采购项目，可依照本办法采用竞争性谈判方式采购，或采用询价方式进行采购。

第二十条　集中采购工程项目，按《中华人民共和国招标投标法》和有关部门的规定确定采购方式。

第二十一条　在招标采购中，出现下列情形之一的，应予废标：

（一）符合专业条件的供应商或者对招标文件作实质响应的供应商不足三家的；

（二）出现影响采购公正的违法、违规行为的；

（三）投标人的报价均超过了采购预算，采购人不能支付的；

（四）因重大变故，采购任务取消的；

废标后，除采购任务取消情形外，应当重新组织招标。

第二十二条　采取竞争性谈判方式采购的，应当遵循下列程序：

（一）推荐供应商。使用部门负责人或项目发起人负责推荐供应商，以上成员应了解采购需求，供应商的推荐材料经社竞标小组汇总审核后将结果通知相关供应商，参加招标谈判的供应商应不少于3家。

（二）制定招标谈判文件。招标谈判文件由采购项目所在部门拟写，经社长办公会审核后统一发给各参加招标谈判的供应商。招标谈判文件应当明确招标需求、投标资质要求、投标准备材料以及评定成交的标准等事项。

（三）成立招标谈判小组。招标谈判小组由社竞标小组及使用部门负责人或项目发起人、纪检监察人员组成，总人数不得少于7人。

（四）招标谈判。招标谈判小组所有成员集中与单一供应商分别进行谈判。在谈判中，任何一方不得透露与谈判有关的其他供应商的技术资料、价格和其他信息。谈判文件有实质性变动的，招标谈判小组应当以书面形式通知所有参加谈判的供应商。

（五）确定成交供应商。谈判过程中，竞标小组应当要求所有参加谈判的供应商在规定时间内进行最后报价及最后承诺，并根据符合采购需求、质量和服务相等且报价最低的原则确定成交供应商。

第二十三条 采取单一来源方式及竞争性磋商方式采购的，采购方与供应商应当遵循本办法规定的原则，参照第二十二条，在保证采购项目质量和双方商定合理价格的基础上进行采购。

第二十四条 采取询价方式采购的，应当遵循下列程序：

（一）成立询价小组。询价小组由竞标小组成员中随机抽取的3名成员及使用部门负责人组成，询价小组应当对采购项目的价格构成和评定成交标准等事项作出必要说明。

（二）询价。询价小组要求被询价的供应商一次报出不得更改的价格。

（三）确定成交供应商。竞标小组根据符合采购需求、质量和服务相等且报价最低的原则确定成交供应商。

第七章 集中采购验收、资金支付及文件归档

第二十五条 行政管理部负责统一向所有参加投标的单位发出招标邀请函，招标谈判会议纪要的整理，会议纪要及相关招投标文件应存档保存至少15年。会议纪要经分管社领导及主管社领导批准后，由行政管理部向中标供应商发出书面中标通知书，并通知采购项目所在部门准备合同签订事宜。

第二十六条 集中采购货物的验收，按照我社固定资产管理有关规定办理。相关部门应按规定填写集中采购验收文件。

第二十七条 集中采购资金的支付，按照现行财务制度的有关规定执行。

第二十八条 集中采购文件由行政管理部统一归档管理，集中采购合同一份由社办归档，一份交资产财务部结算使用。

第二十九条 本办法于印发之日起试行，原《物资采购、工程项目管理规定》同时废止。

第三十条 本办法由社长办公会议负责解释。

第六篇

出版转型简史

数字出版从概念的诞生，到逐步发展壮大，经历了最初 2009 年的 799.4 亿元年产值，增长至 2017 年的 7000 亿元年产值，从数值上看，数字出版业是一个高速增长的产业。先后经历了爆发式增长、高速增长阶段的中国数字出版业，下一阶段，正向高质量发展阶段迈进。2009—2017 年数字出版产值见表 19-1，增长趋势见图 19-1。

表 19-1   2009—2017 年数字出版产值   （单位：亿元）

年份	2009 年	2010 年	2011 年	2012 年	2013 年	2014 年	2015 年	2016 年	2017 年
产值	799.4	1051.79	1377.88	1935.49	2540.35	3387.7	4403.85	5720.85	7000

图 19-1   2009—2017 年数字出版产值增长趋势图

自数字出版的概念的首次提起，数字出版产值首次统计的 2006 年，到写入国民经济十三五发展规划，到 2017 年数字出版产值 7000 亿元左右，数字出版的发展经历了波澜壮阔的历史进程，期间伴随着原国家新闻出版广电总局的成立、国家新闻出版署的成立等重大历史事件。

最后，让我们回顾一下：

那些年，我们"追"过的数字出版

2009 年，中国数字出版总产值达到 799.4 亿元，比 2008 年增长 50.6%，总产值首次超过传统书报刊出版物总值。

2010 年，号称中国电子书元年的这一年，数字出版产值达到 1051.79 亿元。2010 年 8 月 16 日，原国家新闻出版总署出台了《关于加快我国数字出版产业发展的若干意见》。《意见》对数字出版进行了概念界定：数字出版是指利用数字技术进行内容编辑加工，并通过网络传播数字内容产品的一种新型出版方式，其主要特征为内容生产数字化、管理过程数字化、产品形态数字化和传播渠道网络化。

2011—2012 年，数字出版产值继续保持高增长态势，两年产值分别达到 1377.88 亿元、1935.49 亿元。数字出版财政、人才、评估等各项宏观调控政策处于酝酿期，为即将到来的 2013 年数字出版"井喷式"的大发展奠定了牢固的基础。当时，国外的数字出版以三种模式为主："（1）Kindle 模式：阅读器+内容平台；（2）iPad 模式： 终端设备+内容平台；（3）Google 模式：网络平台 Google Editions"。国内数字出版尽管处于探索过程中，但是出现了五种主要的模式：（1）终端厂商主导的"汉王模式"：设备捆绑内容+网络书城；（2）电子书门户主导的"盛大模式"：内容为主，终端为辅；（3）运营商主导的"移动模式"：手机应用+G3 阅读器+手机阅读平台；（4）出版社主导的"上海世纪"模式：辞海阅读器+辞海天下网；（5）技术提供方主导的"方正模式"：数字图书 B2C 模式。

2013 年，在数字出版发展历史上，是具有里程碑意义的一年，是数字出版发展历程的一把刻度尺，也是承前启后的一年，在这一年各种利好政策纷纷出台，极大地鼓舞了广大数字出版从业者。这一年，数字出版产值达到 2540.35 亿元；这一年，新闻出版与广播电影电视管理机构合并，为数字阅读与数字视听的产业融合奠定了制度基础；这一年，是"数字出版转型示范元年"，国内首批数字出版转型示范单位公布，全国共计 70 家；这一年，是新闻出版转型升级元年，中宣部、财政部、原国家新闻出版广电总局三家联合，确立了"中央文化企业数字化转型升级"系列扶持政策，以"基础软硬件改造"为主题的国资预算支持计划开始实施；这一年，是人才培训元年，在北京小汤山完成了全国第一次数字出版负责人调训，堪称数字出版主任"黄埔元年"；这一年，是大数据元年，大数据进入新闻出版业，并揭开了科技赋能出版的大幕。

2014 年，数字出版产值达到了 3387.7 亿元。这一年，是资源库元年，中央文化企业数字化转型升级第二期——"特色资源库"扶持政策启动，为 100 多家文化企业开展资源数字化、数据化提供了政策保障；这一年，是融媒体元年，以政府项目为驱动、以机构融合为抓手、以资源互融为基础、以技术共融为支撑、以渠道通融为关键和以双效提升为目标的"融媒体"，成为推动传统媒体和新兴媒体融合发展的主要抓手，并在区域性融媒体、行业性融媒体、品牌性融媒体的构建方面取得了可喜业绩；这一年，《关于推动新闻出版业数字化转型升级的指导意见》正式发布，财政政策和资金扶持、引导文化企业数字化转型升级的"黄金期"真正到来。

2015 年，数字出版产值达到了 4403.85 亿元。这一年，是知识服务元年，由原国家新闻出版广电总局数字出版司牵头组织的知识服务工程正式启动，政策扶持、标准研制、试点单位征集工作全面展开——共计确立了 8 项团体标准、首批 28 家知识服务模式试点单位；这一年，是 ISLI 国际标准元年，ISLI 作为国际标准正式确立，推动我国在国际信息与文献标识符标准领域实现了"零"的突破；这一年，是行业级运营平台元年，中央文化企业转型升级三步走的第三步——引导、扶持文化企业建立健全行业级数字内容运营平台政策公布并实施；这一年，是出版融合发展元年，《关于推动传统出版和新兴出版融合发展的指导意见》正式公布，为推动传统出版影响力向网络空间延伸指明了方向、厘清了路径；这一年，全国数字出版转型示范单位第二批 100 家正式公布，为全行业确立了标杆和示范。

2016 年，数字出版产值实现 5720.85 亿元。这一年，是数字出版职称元年，经过长达五年的筹备，全国第一个数字出版职称——数字编辑职称序列，由原北京市新闻出版广电局发布和实施，构建了"数字新闻、数字出版、数字视听"和"内容、技术、运维"所构成的"三横三纵"相对完善的职称体系；这一年，北京市委宣传部推出了北京市新闻出版"百人工程"（第一批）人才，共计 12 名数字出版骨干获得该项殊荣；这一年，是"AR出版物元年"，据不完全统计，当年至少出版 AR 图书 87 种，相对于 2015 年而言，增加了 480%；这一年，是新闻出版新型智库建设元年，以融智库为代表的新型智库，引领了建筑、农业、教育等各专业出版领域智库的成立和壮大；这一年，是新闻出版业重点实验室的"元年"，总局先后遴选并公布了 20 家融合发展重点实验室和 42 家科技与标准重点实验室，为新闻出版数字化转型升级提供了科研支撑和学术支持；这一年，文化产业发展专项资金，首次推出了"重大项目+市场化配置资源"的支持模式，强化了市场在资源配置中的决定性作用，对文化企业的自我造血能力提出了更高标准和更严要求。

2017 年，步入新时代以来，数字出版正由高速增长步入高质量发展阶段。《新闻出版广播影视"十三五"发展规划》的若干重大工程正在落地和实施，数字化转型升级成果突出，财政政策调控更加科学合理，新闻出版高端智库建设步入规模化阶段，人才培养、评价、激励、任用机制更加健全，总之，数字出版作为出版新引擎和数字经济发展的新动能之一，亮点频出，成绩斐然。

2017 年 5 月，《关于深化新闻出版业数字化转型升级工作的通知》正式发布。确立了两个主要目标：推动新闻出版企业加快完成数字化转型升级；初步建成支撑新闻出版业数字化转型升级的行业服务体系。2017 年 5 月，第十三届深圳文博会期间，在原国家新闻出版广电总局的指导下，由 18 家中央社和近 20 家地方社所共同发起的"新闻出版业数字化转型升级成果展"，在 4 号馆——新闻出版·媒体融合馆盛大举行，全面展示了近年来我国新闻出版行业改革和发展的成就，呈现了新闻出版业数字化转型升级的新产品、新技术和新业态，传播和普及了融媒体的新理念、新创意和新模式。

2017 年 7 月，第七届中国数字出版博览会上，《2016-2017 中国数字出版产业年度报告》被发布了。《报告》显示：2016 年产业整体收入 5720.85 亿元，比 2015 年增长 29.9%，仍然处于高速增长阶段。新时代的数字出版正由高速增长向高质量发展阶段转型，提质增效始终是新闻出版业转型升级的目标和归宿。

2017 年，以增强现实、虚拟仿真、人工智能为代表的前瞻性科技持续作用于新闻出版业，在"出版+科技"的道路上向着"更高质量、更好效益、更可持续"的方向迈进。AR出版业态：在产业链层面，截至 2017 年底，全国共计出版了 AR 类出版物超过 300 种；AI出版业态：8 月 11 日，"四川九寨沟地震，中国地震网机器人写稿，用时 25 秒"。人工智能在新闻出版业的应用成为新闻出版数字化转型升级的新课题、新任务。2017 年 8 月底，原国家新闻出版广电总局发布了《关于开展数字化转型升级动态评估工作的通知》，对前两批 170 家转型示范单位和主管部门推荐的非示范单位进行动态评估。

2017 年 10 月，《新闻出版广播影视十三五发展规划（公开版）》在千呼万唤中，终于对外发布。

2017 年国有资本经营预算金和文化产业发展专项资金项目奉行"绩效制"改革：尊重市场规律，激发企业能动性，奉行"退后一步，站高一层"的原则，强化社会效益、经济效益和公益指标的考核，实现了财政宏观调控的更加科学化和合理化，进而将财政资金对文化产业发展的杠杆支撑作用进一步放大和提升。

2017 年，新闻出版高端智库建设取得了突破性进展，标志性事件主要有：其一，由融智库牵头发起的首届中国新闻出版智库高峰论坛在南京大学召开，得到了国内主流媒体的广泛报道，社会影响力较大；其二，新闻出版产业智库新型联盟正式成立，包含了 18 家从事新闻出版的企业、集团、技术公司和科研院所，确立把新闻出版产业研究作为主攻方向。

2017 年，数字出版人才队伍的培养上升了一个新台阶：第二次数字编辑中级职称考试的通过率大幅提升，传统出版首次设置了数字副编审、数字编审职称；数字出版千人计划于 11 月开班，近百名数字出版业务负责人和主管社领导成为千人计划首批培养人才，并完成了第一阶段理论学习的任务。

2018 年，第二批 CNONIX 国家标准应用示范单位公布，共计 29 家；第三批知识服务模式试点单位公布，共计 55 家；国家新闻出版署 1 号文，公布了 2017 年度科技与标准优秀重点实验室，共计 12 家；6 月 27-29 日，第二届中国新闻出版智库高峰论坛在桂林成功举办……

第十九章　转型升级的抽象与具体

在全书的最后，让我们对新闻出版转型升级的抽象与具体进行一些描述，以总结过去，以明晰未来，以飨读者。

第一节　转型升级的本质与特征

如上所述，数字出版年产值的统计，始于 2006 年，从 213 亿元的年产值，到 7000 亿元的年产值，成绩喜人。转型升级工程的启动，也有五六年的时间了，在产品、技术、人才等方面取得显著进展的同时，我们有必要对转型升级的基本研究范畴加以界定。

一、转型升级的概念与特征

通过抽丝剥茧，条分缕析，兴奋以后的冷静思考，可以得知：

新闻出版业数字化转型升级的内涵是指：运用新技术，挖掘新业态，优化生产要素，重塑生产流程，强化网络空间话语权，协同推进数字出版产业发展与事业提升。

转型升级的外延包含：产品数字化转型升级、技术数字化创新应用、流程数字化转型升级、销售渠道的数字化转型升级以及人员素质的数字化转型升级。

广义的转型升级，包括产业转型升级和企业转型升级。产业的转型升级要追溯到 2010 年的出版社转企改制，几乎所有的经营性出版社实现了由事业单位转变为企业的转型；至 2018 年 2 月，财政部、中共中央宣传部印发了《中央文化企业公司制改制工作实施方案的通知》，要求中央文化企业实现公司制改制，仍然是在延续产业转型升级的顶层设计和实施路径。

狭义的转型升级，主要是指企业转型升级。是企业的产业结构高级化的过程，其关键因素在于技术进步和应用，配套措施包括政策和资金的扶持，主要范围由产品、流程、渠道、人才的全面数字化转型升级所构成。

转型升级的主要特征包括：

1. 低附加值向高附加值转变

传统的出版业向读者所提供的产品仅仅是纸质图书，所提供的服务几乎没有附加值，在转型升级的语境下，通过二维码、微信公众号、关联数据库平台或者网站，为用户提供增值知识服务，使得用户在原有的图书知识基础上能够享受到额外的知识服务，这是低附加值向高附加值转变的体现之一；功能上，传统出版所提供的主要是整体阅读功能，转型升级语境下的新兴出版，向着碎片化阅读、查询、复制、粘贴、知识关联和知识图谱的方向进化，这也是高附加值的重要体现。

2. 高耗能高污染向低耗能低污染转变

传统出版业对于纸张、油墨等原材料高度依赖，属于高耗能高污染的典型代表；转型升级语境下的新兴出版，一方面强化对绿色印刷的评估和考核，在财政项目的绩效评估中旗帜鲜明地强调绿色印刷指标；另一方面，以数字化为主题的新兴出版，主要依靠互联网、移动互联网进行传播，直接摆脱了纸张的载体，从源头上摒弃了高耗能高污染的帽子。

3. 粗放向集约转变

传统出版业的生产方式和盈利模式，相对而言较为粗放，以静态的"种、册、件"作为主要盈利点，以单本图书作为盈利最小单元，通过扩大销量的方式来实现营业收入扩大和利润增长。转型升级视角下的新兴出版，则是要将最小盈利单元进一步细化，以"篇、章、节"甚至是"条目"作为最小销售单位，开展数字化、碎片化、数据化的知识服务。二者之间的关系，好比生猪养殖业和猪肉批发零售业之间的关系：前者是粗放式的、整体打包的销售模式，后者是碎片化、拆分零售的方式，后者的利润空间和精细化程度远远超过前者。

4. 依赖技术创新

新闻出版业转型升级最明显的特征在于高度依赖科技创新，重视技术赋能出版的价值。作为一个古老的行业，出版业经历过的技术飞跃相对较少——雕版印刷、活字印刷是技术飞跃，"告别铅与火，迎来光与电"是技术跨越，如今，以数字化、数据化、智能化为引领的转型升级，更是一次技术创新应用。实践证明，近几年中央财政和地方财政对文化产业的支持重点，始终离不开技术创新应用，无论是基础软硬件改造、资源数字化加工、数字运营平台搭建，还是出版影视融合、大数据、增强现实、虚拟仿真、人工智能、区块链等方面的新闻出版项目，都是在找寻高科技与新闻出版业的结合点，把科技领域最新的成果应用到新闻出版业，以打开"出版+技术"的突破口。所以说，转型升级的过程，也是出版与科技融合的过程。

5. 依赖政策扶持

任何产业的转型升级，都离不开政策支持、资金支持和政府引导，文化产业转型升级，尤其是新闻出版业转型升级更是如此。回顾十二五时期、十三五开局之年到现在，政府主管部门在文化产业发展专项资金、国有资本经营预算金、新闻出版改革发展项目库等政策方面，对新闻出版业的转型升级给予了极大的支持。支持范围涵盖实体书店转型、融合发展重点实验室、基础软硬件改造、特色资源库建设、行业级数字内容运营平台搭建、知识服务工程等方向。政策、资金支持的过程，其实也是政府主管部门在履行宏观调控职责的过程，它保障着新闻出版业向着健康、可持续和高质量的方向发展。

6. 多层次与全方位

新闻出版业转型升级是全方位、立体化、多层次的，具体包含技术的创新应用、产品的数字化转型、流程的协同化升级、渠道的数字化转型、人员素质的全方位提升等。转型升级几乎涵盖了新闻出版的所有产业链条，从选题策划、内容审校、印制发行到衍生产品；转型升级的应有之义是新闻出版与外部产业的融合——新闻出版与影视、科技、农业、地质、法律等其他国民经济各行业的融合发展，这一方面是落实传统媒体与新兴媒体融合发展的国家战略部署，另一方面也是转型升级高级阶段的重要抓手和主要举措。

二、转型升级的本质

转型升级的本质是生产关系的变革，是在互联网、移动互联网的共同作用下，对原有的新闻出版生产关系进行调整和重塑，旨在提高生产效率，推动新闻出版企业实现跨越式发展。

新闻出版业转型升级包含三种属性：意识形态属性、文化属性和商业属性。就意识形态属性而言，转型升级的初衷和归宿在于推进传统新闻出版业增强网络空间话语权，牢牢掌握意识形态的领导权，确保新闻出版导向正确，坚持传递正能量，坚持弘扬主旋律。就文化属性而言，转型升级是为了在更广阔的渠道，向大多数用户传承知识，传播文明。就商业属性而言，转型升级是在第三次信息技术革命的大背景下，提升和改进传统的"种、册、件"的商业模式，培育壮大信息、数据、技术、标准等新动能要素的商业价值贡献度。

第二节　转型升级全貌概览

"不识庐山真面目，只缘身在此山中"。笔者以山中之人的身份，尽力梳理近十年的转型升级工作，以便读者更好地了解新闻出版业转型升级的过去和现在：

1. 标准化工作

标准化工作是新闻出版转型升级的重要领域：ISLI 国际标准的公布，使得我国在信息内容产业领域开始掌握国际话语权，推动我国在国际信息与文献标识符标准领域实现了"零"的突破；ISLI、CNONIX、知识服务等系列国家标准的公布与实施，是转型升级在全国范围内建章立制、确立规则的重要体现；数字出版业务流程与管理规范、AR 技术在出版业应用规范等一系列行业标准的研制与宣贯，既起到了行业普及的作用，也带动了一大批标准化人才的培养；此外，还有大量的工程标准、团体标准、企业标准持续制定与修订，累计开展了近万人次的标准培训宣贯。一言以蔽之，政府引导、市场驱动、社会参与、协同推进的标准化工作格局已经形成。

2. 知识服务

转型升级工程推进以来，共遴选出 110 家知识服务模式试点单位，包含专业组和综合组；组建了国家知识资源服务中心，有效聚集了专业领域内容资源，夯实了国家知识服务体系建设基础；制定了 8 项知识服务团体标准，正在研制 7 项知识服务国家标准。AR 知识服务、智能知识服务、大数据知识服务等知识服务的新模式、新业态、新路径正在探索并逐步实施见效。

3. 新技术：大数据、AR、VR、人工智能

转型升级工程推进以来，在政法、地质、海关等专业出版领域，已经构建出相对完善的大数据平台，确立了数据采集、数据存储、知识体系、知识标引、知识计算、大数据模型、大数据服务的"七步法"原理，探索出一条将大数据应用于新闻出版业可行路径。累计出版了 AR 出版物 300 多种，基本形成了"3D 模型库、AR 编辑器、输出展示系统"的 AR 出版产业链环节。VR 技术不断应用于在线教育和教育装备领域，智能教育机器人、智能科普机器人的创新型数字阅读产品层出不穷。

4. 融合发展：转融关系

从概念起源的角度来看，转型升级是新闻出版业的内生概念，而融合发展则属于"舶来品"，是落实国家媒体融合战略而采取"拿来主义"的态度而诞生的。

如前所述，转型升级、知识服务与融合发展之间的关系在于：转型升级是个过程，是个有起点无终点的过程，新闻出版业将处于并将长期处于转型升级的过程中；融合发展是一种状态，是传统媒体与新兴媒体、传统出版与新兴出版、传统业态与新兴技术相互交融、通融、互融、共融的状态；知识服务是目标，是新闻出版业转型升级的最终目标，只有当传统的新闻出版企业由资讯提供商、图书提供商成功转型为全方位、立体化、多层次的知识服务提供商时，转型升级的初衷才会实现，提质增效的目标也才会达成，传统出版与新兴出版、传统媒体与新兴媒体融合发展的状态也才会出现。

再有，转型升级是融合发展的基础，融合发展是转型升级高级阶段的产物和结果，只有通过扎扎实实地推进产品、技术、渠道、人才方面的数字化转型升级，才有可能迎来传统产业与新兴业态的融合，才有可能迎来传统产品和新兴技术方面的融合，才有可能最终实现传统业务和新兴业务在资源、技术、平台、管理、资本、人才等层面的融合发展和协同推进。

5. 科研支撑：政产学研一体化

在整个转型升级浩大工程推进的过程中，可以惊喜地发现，科研支撑与学术支持的作用越来越大，政产学研一体化进程在加速。20 家融合发展重点实验室、26 家专业类科技与标准重点实验室、16 家跨领域综合性科技与标准重点实验室、12 家优秀科技与标准重点实验室，俨然已组成新闻出版业新兴出版的重点实验室矩阵。数字出版基地、融合发展基地、科技创新基地、标准示范基地等一系列企业、高校共建基地如雨后春笋一般涌现，架起了一座座衔接学术与实务的桥梁。融智库、三农智库、建设发展研究院等一系列企业智库、专业智库、智库集群的成立，成为推动科技与出版融合、加速新兴出版提质增效的新引擎、新动能。在课题层面，原国家新闻出版广电总局每年的部社级课题大多侧重于知识服务、文化金融、人工智能等科技创新范畴，首批优秀科技与标准重点实验室也得到了国家新闻出版署的课题扶持，融智库则于 2018 年 6 月份在第二届中国新闻出版智库高峰论坛上，面向全国公布了 13 家中标单位、累计 200 万元的课题征集结果。

6. 宏观调控：产业扶持的"起"与"落"

在转型的过程中，我们欣喜地看到政府主管部门给予了大量的资金和政策支持，充分运用了财政宏观调控的手段，体现了社会主义宏观调控集中力量办大事的原则，这也是国外的文化产业发展所没有的优势和机遇。新闻出版数字化转型升级项目 2013～2015 年累计投入 20.39 亿元，支持项目 301 个。而今，这些项目正处于成果转化、运营推广的阶段。从最初的"重大项目+一般项目"的项目补贴为主的支持方式，到"重大项目+市场化配置资源"的扶持方式，再到"退后一步、站高一层"的"绩效制"扶持方式，中央财政在对文化产业转型升级，尤其是对新闻出版业数字化转型升级的支持力度是前所未有的，也实实在在地为重多新闻出版单位转型升级、提质增效提供了前瞻的政策指导和坚实的资金保障。

7. 人才培养

在新闻出版业转型升过程中，人才的遴选、培养、晋升、评估和激励成了重头戏，并且出台了诸多有分量、有实效的政策：2013 年，全国范围内第一次举办了数字出版业务负责人调训，堪称数字出版界的"黄埔一期"；2016 年，北京市数字编辑职称出台，由"数字新闻、数字出版、数字视听"和"内容、技术、运维"所构成的"三横三纵"职称体系正式确立；次年，原国家新闻出版广电总局职称评审序列设立了"数字副编审""数字编审"职称；2017 年，数字出版千人培养计划分别在武汉大学信息管理学院和北京印刷学院举办，第一阶段理论培训任务圆满结束。就行业而言，笔者所在的融智库，通过设立横向分库、纵向分库，累计培养和发展了新闻出版业专家 200 多名，为人才的培养、认可和表达机制贡献了绵薄之力。还有一个可以量化，并且颇有含金量的视角是：一大批数字出版主任纷纷成长为出版社社长、副社长、副总编等社领导，他们将以"传统+数字"的融合性视野，在新的工作岗位上，继续引领和推动转型升级工作走向纵深。

8. 规制手段：示范评比

从另外一个视角来看，转型升级也是政府主管部门规制行业发展的一个重要抓手，而转型升级所采取的重要规制手段便是示范评比。据不完全统计，自推进转型升级以来，在 ISLI、CNONIX、MPR、知识服务、技术供应商、重点实验室、标准示范基地等专业领域共计遴选和评比出示范试点单位 500 多家，在数字出版转型示范综合性评比中，共遴选出两批共 170 家全国数字出版转型示范单位。通过遴选和管理，充分发挥了规制的促进、激励性作用，进一步激发了被评选单位的积极性和能动性，并产生了在全行业、全国范围内的示范效应。

第三节　转型升级的现在与未来

新闻出版业转型升级，从主体的视角来看，包括传统新闻出版企业的转型升级和新兴互联网企业的转型升级，目前，新兴互联网企业在知识付费领域的高调表现，令诸多出版企业望尘莫及。而传统出版企业尽管经过了这么多年的转型升级推进，仍然没有在数字出版的市场化、产业化方面取得实质性进展。其原因在哪里？出路又在何方？

一、现在的症结——问题与原因

传统出版企业转型升级已持续了五六年，通过梳理可以发现，真正能够进行市场化经营和产业化盈利的数字出版企业少之又少，堪称凤毛麟角。传统新闻出版企业发展数字出版，推进转型升级所面临的主要问题有：

1. 项目成果转化能力差，项目预期设定目标难以全部实现

许多资金下拨到企业以后，好钢没有用在刀刃上，并没有发挥预期的"杠杆效应"和"撬动作用"。现实表现是：诸多文化项目的投资是石沉大海，花出去的是真金白银，收回来的是"废铜烂铁"——不成型、不成系统、滞后于时代的设备平台，不能够给出版转型以强力支撑，不能够给项目验收以有力回应。相反，诸多新兴互联网企业很少拿到相关财政支持，主要是凭借在市场上的摸爬滚打，它们立足市场、扎根市场、脚踏实地、步步为营，终探索出一条产业化发展的康庄大道，甚至是步入了资本对接的良性轨道。在项目目标实现方面，社会效益往往实现得较好，而预期经济效益则成为企业文产项目难以抚平的"痛"。许多项目自验收以后，便在市场上永远消失了踪影，销售规律没有掌握，销售职能的弱化、销售技巧欠缺往往是项目成果不落地、不接地气的实质性原因。

值得业界同人反思地是，2018年，文产资金在地方性重大项目的政策中，首次取消了对新闻出版方向的支持，这是个强烈的信号。这个"硬着陆"的到来，或许意味着对新闻出版转型的"输血机制"将告一段落。交给我们思考的剩下的问题是：一个对外不能从市场盈利、对内不能从政府争取财政支持的部门，换言之，一个没有"自我造血机制"的部门或者实体，其存在的价值和意义在哪里？

2. 体制机制僵化，难以适应现代竞争

相对于新兴互联网企业而言，传统新闻出版企业体制僵化、管理低效的重要表现是：授权机制的缺位。除了资源整合的权限、产品自主研发权、运营销售权限授权不足以外，即便许多公司化运营的数字出版企业，仍然存在着在决策程序上由原股东单位——新闻出版机构——行使决策权的怪诞现象，并没有按照现代企业制度的股东会、董事会、监事会、经理办公会的企业法人治理规则行使经营管理权限。

而在机制方面，传统新闻出版企业在决策、执行、管理机制方面所存在的低效、拖沓、怠惰问题，在人才、项目、运营机制等方面所存在的激励不到位、奖励不兑现、创新能力弱等问题，影响着其市场竞争能力的发挥。市场反应的迟滞、内部决策流程的冗长、营销理念的陈旧落后、强烈竞争理念的缺乏，这些也都是机制僵化的表现。长此以往，导致的后果是一个"爆款"产品的创意从出来到面市，往往突然发现部分民营企业已经在畅销了。

3. 渠道构建与转化能力弱，商业素养亟待提升

传统新闻出版企业开展数字化转型升级，存在的一个特别突出问题便是：没有收入或者收入微薄，没有能产生新的经济增长点。这种现状也影响着一些出版机构的决策层，部分决策者会把数字出版定位成"战略补充"甚至是"可有可无"。客观地讲，除了产品打磨不到位、缺乏工匠精神以外，最重要的原因便是营销销售能力较差。传统销售渠道的转化能力太差，而独立销售渠道的建设本身是一个漫长而艰苦的过程。前述转型升级的三种属性之一是商业属性，是改造提升传统出版动能，培育壮大新兴出版动能。数字出版人亟待提升商业素养，探索、掌握并运用商业规律，强化数字出版的盈利能力，以创新创业的使命感去开展经营管理，唯有如此，才能真正完成转型使命，才能真正实现融合发展。

4. 发展理念有待更新，综合素质有待提高

对转型升级、数字出版的理念定位，许多从业者始终停留在当初的部门转型、部门推动层面，实事求是地评判，一个部门、一个中心是很难扛起转型升级重任的。即便按照产业链布局来看，转型升级的产品、技术、运维、项目、科研各个岗位即便设置1人，也就达到了一个数字出版部的人员规模；扪心自问，五六个人、七八个人根本无法担起创新的经济增长点、推进传统业务和新兴业态融合、实现转型升级与提质增效等艰巨任务。所以，在发展理念与模式层面，只有奉行公司制，按照现代企业的制度办事，立足企业经营管理的高度，以优秀企业家的精神脚踏实地研发产品、应用技术、建立渠道，才能够彻底实现出版转型和产业升级。与此同时，数字出版从业者的学习能力、规划能力、经营能力、管理能力、执行能力、组织能力、协调能力、写作能力、演讲能力等综合素质需要与时俱进地提高；只有以时不我待、只争朝夕的精神去学习和实践，才能适应新时代，才能跟上新时代的步伐，才能在新时代继续完成转型升级的重要使命。

此外，传统企业开展转型升级所遇到的问题还有很多，例如大数据、人工智能、区块链等新技术的迭代与飞速发展，对社会各个行业提出的严峻考验，同样也在考验着数字出版人；部分专家知识结构陈旧、知识域有限，理论观点与实践业务相脱节，反而耽误了转型升级的进程；年长的数字出版人缺乏推进转型的激情，动力不足，年轻的数字出版人缺少推动升级的思路，经验欠缺，等等。

二、未来之未来——出路在何方

"上胡不法先王之法？非不贤也，为其不可得而法。"上述问题都是发展中的问题，发展中的问题只能通过发展的办法加以解决。

转型升级，路在何方？我们需要持续得优化完善体制机制，按照现代企业治理结构开展经营管理，加速高新技术的应用，建立健全独立、通畅的数字产品渠道，才能最终达成提质增效和融合发展的目标。当然，这一切，都是建立在数字出版从业者素质全面提升基础之上的。

1. 体制机制的转型升级

本着鼓励创新、鼓励新生事物发展的原则，优化转型升级的顶层设计：在体制方面，调整和完善数字出版的组织架构，尽可能按照公司制发展模式推动出版转型；在机制方面，制定、修订和完善人才机制、项目机制、销售机制和科研机制，发掘一切有利于推动转型升级的积极因素。人才机制之关键，在于按照市场价值延揽数字出版领军人才和骨干人才；项目机制之关键，在于用好激励和约束，在充分激励的同时，做到有效约束，目标只有一个——提高财政项目的成果转化度；销售机制之关键，在于充分激励，用高提成的策略挖掘销售人员的潜力，逐步建立健全独立、畅通的销售渠道；科研机制之关键，在于重视研发，培育壮大信息、数据、技术、标准、课题等新动能要素。

2. 企业治理的转型升级

遵循公司制发展模式，按照现代企业制度的"新三会"——股东会、董事会、经理会的结构进行经营管理，明确规划与执行、经营与管理的界限，做到不缺位、不越位、不抢位。根据市场需求，围绕用户需要，在数字内容产业的供给侧精心打磨产品，多提供高品位、个性化、多样化的精神文化食粮。

3. 技术应用的转型升级

以人工智能统领各项技术创新，大数据是人工智能的基石，AR 出版、VR 出版是知识服务的创新形态、知识图谱与知识计算引擎是知识服务的核心构成，智能阅读机器人、智能科普机器人是服务机器人与新闻出版业结合的重要突破口。将大数据、增强现实、虚拟仿真、知识服务、人工智能、区块链等技术的原理学懂、弄通，并将之应用在新闻出版产业链的各环节，加速这些高新技术的应用进程，切实做到技术赋能出版、出版与科技相融合。

4. 销售渠道的转型升级

采用内部转化的方法，对传统的发行渠道进行扬弃，改造提升传统出版渠道，逐步提高传统渠道转化为数字渠道的比例；独立自主地建构数字产品销售渠道，建立健全个人用户、机构用户客户关系管理系统，综合运用 B2C、 B2B、 B2G、 B2F 等商业模式，持续推动数字出版的市场化运营和产业化发展。

5. 人才队伍的转型升级

通过内部培养、外部延揽等方式，建设一支包含领军人才、骨干人才、一线人才的人才队伍，形成由资本、内容、技术、运维、管理等人才所构成的人才体系，重视发挥领军人才、骨干人才、年轻干部的关键性作用，建立起"实干、实效、实绩"的考评休系，全面推进数字出版从业者的转型升级，通过人员素质的提升，带动转型升级各方面、各层次的推进和落地。

后记：活法

又年长一岁，人生三十五，仍是打基础。不可随波浮沉，为了挚爱的亲人，为了期待的眼神。心若在，梦就在，看成败，人生豪迈。

《国语》有云，"不敢怠业，时序其德，纂修其绪，修其训典，朝夕恪勤，守以惇笃，奉以忠信，奕世载德，不忝前人。"长久以来，我始终保持着早起的生活习惯。除重大例外，早晨五点多起床，开启一天的生活，已经成为一种仪式。这个习惯大概保持了近十六年，始终没丢，是一大幸事。这或许与家族传承中勤劳的传统有关，也是由自发到自觉的活法的体现。

用心活着，认真面对自己的人生，努力过好每一天。活出生活的质量，活出生命的宽度、高度和厚度。日月不肯迟，四时相催迫。每一天对光阴的浪费，都是对生命的犯罪。活着，而不能混着。常常处于花天酒地、歌舞升平的生活，更多时候其实是在混生活、混社会了，最终会被生活把自己给混过去了。尽量减少无效的社交和应酬，多与充满正能量的人在一起，少与那些阴谋论者们接触，保持积极乐观、明朗阳光的心态。始终牢记自己的初心，不断践行自身的使命。

有些人想得到，却总是做不到，总是幻想不劳而获，可以用"思考的巨人，行动的侏儒"来描绘。想到了，也去做了，却做得不够，幻想着在最短的时间内实现最大的收获，实现物质和精神的自由。须知罗马不是一天盖起来的，伟大理想不是轻轻松松、随随便便、敲锣打鼓就能实现的。想到了，努力去做了，却也总是得不到，可以用"自发地活着"来形容，没有学习、探寻、认知和把握事物的规律。终于熬到了、得到了以后，"子系中山狼，得志便猖狂"，是肤浅的、无知的、可悲的；更可悲的是，不知道自身处于无知的状态。这样的人，是永远也不明白"夫唯不盈，故能蔽而新成"的境界了。

"慎独则心安，主敬则身强，求仁则人悦，习劳则神钦。"曾文正公一生勤勉，克勤克己，自而立之年起，以"日课十二条"修身养性，终成为近代历史第一人，有史以来"两个半圣人"之"半"。见贤思齐，我一直努力向先贤学习，修身、修心、养气、立德、立功、立言，努力做到不枉活过一回。我自认为天资并不算很高，唯有以勤奋立身立世，唯有保持终身学习的习惯，唯有不断探索自然、社会和历史发展的规律，才能不断提高行为的可预期性，不断推动主观认知与客观实际的无限接近。

"喜怒哀乐之未发，谓之中；发而皆中节，谓之和。中也者，天下之大本也；和也者，天下之达道也。"仍记得十三年前与四位大学校友探讨人生时的这段复述。做到"中""和"，难上加难，需要持之以恒的修为，毕其一生之修炼。回想过往，生活中工作中之急躁、浮躁，皆是与此相违背的。不偏不倚、绝对居中、凡事做一半的做法做派，是教条主义和形式主义，是与"中和"背道而驰的。这也为"和稀泥""老好人"所盛行提供了土壤和空间。窃以为，真正的中和，或许应该是适度，是审时度势，是对度的准确把握，对势的正确判断，该做到极致的时候就做到极致，该雷厉风行时就果断决策，该低调内敛时就韬光养晦，时移而事易，事易而备变。

新事物是符合历史发展规律的，吸收了积极、前瞻、正能量的因素，因而具有强大的生命力，能够不断壮大和发展；但是新事物的发展过程、成长过程并不是一帆风顺的，因为新事物摒弃了旧事物中消极、过时、腐朽的成分，站到了旧事物的对立面。旧事物往往不愿退出历史的舞台，往往会阻挠新事物的成长和壮大；这便需要进行伟大斗争，有理有据有节地斗争。要知道伟大斗争能够破除一切顽瘴痼疾，唯改革者进，唯创新者强，唯改革创新者胜。要知道伟大斗争是动力，昭示着担当精神，为伟大工程、伟大事业、伟大梦想破解难题，扫除障碍，提供动力引擎。从新旧事物的发展来看，新事物的成长，尽管道路曲折、密布荆棘，但是前途是光明的。子曰："后生可畏，焉知来者之不如今也"，便是对新生事物、继任者的期许与预判。实践证明也的确如此，继孔夫子之后，还出现了一个圣人——王阳明。

感谢那些一直关心、支持、指导和帮助我的领导、师友，感佩那些实干担当、勇于承担社会责任的优秀企业家，感谢那些相互提醒、相互协助、相互支撑、相互勉励的同侪，感谢各位同事的宽容、理解、奋斗与奉献。尤其感谢清华大学出版社促成了《吉光片羽：人工智能时代的出版转型》的出版。感恩妻子程立女士，我们相互监督而又共同成长进步，她的辛苦付出与分担家务，让我有更多的时间从事学习与实践；感谢给我带来开心与欢乐的女儿景程，祝愿她健康茁壮成长。感恩父母的养育之恩，时至今日，他们仍以特有的方式，心心念念我的生活与工作，古语有云"儿行千里母担忧"。感谢弟弟、弟媳、妹妹、妹夫对原生家庭的支撑、对父母的孝顺，能够让我更加安心、更加宽心的生活和工作。

今年是到北京的第十一年，曾艰苦度日，曾年少轻狂，曾路见不平拔刀而起，始终勤勉自律，始终守住初心，始终以高度负责的态度对待工作和生活，将开启学习、工作、生活的三重奏，继续努力奋斗，矢志不渝，践行属于自己的使命。高质量发展，净化朋友圈，见贤思齐，见不贤而内自省，平衡好生活和事业，协调好身体和精神，脚踏实地，再扩格局，放下过往，砥砺前行。

生活，属于那些正能量满满的人……

张新新

2019 年 4 月 8 日凌晨于枣园